纪念北京教育系统关工委成立30周年

本书编委会

主　任：张　雪

副主任：刘超美　朱常宝

成　员（按姓氏笔画顺序）：

丁　娟　马维娜　韦彦凌　卢思锋　吕焕卿　乔　永
闫彦斌　孙　铁　孙毓仁　杜永平　李宇明　李延安
杨　禾　张　铃　陈　默　陈亚菲　陈志新　线长久
郑文涛　赵青山　黄震华　韩景阳　韩福华

网络新媒体环境下
高校关心下一代工作研究

北京教育系统关心下一代工作委员会　编

人民出版社

序　言

青少年是祖国的未来、民族的希望。充分发挥“五老”优势作用，助力青少年健康成长成才，是关工委义不容辞的责任。30年来，北京教育系统关工委始终把立德树人作为根本任务，围绕中心、服务大局，主动作为、协同创新，创建和高质量开展了一系列品牌活动，不断推动关心下一代工作高质量发展，为助力青少年健康成长作了大量卓有成效的工作，赢得了社会广泛赞誉。

网络新媒体环境下关心下一代工作如何更好地开展，是我们近几年探索实践和重点思考的问题。值此北京教育系统关工委成立30周年之际，在参与者和人民出版社的共同努力下，《网络新媒体环境下高校关心下一代工作研究》一书付梓出版，标志着北京教育系统关工委在实践和理论研究方面向前迈进了一步，同时也是对北京教育系统关工委30周年华诞的献礼。

这部书反映了新时代对关工委工作的新要求。当前，信息化时代潮流与世界百年未有之大变局和中华民族伟大复兴战略全局发生历史性交汇，凸显了做好“互联网＋关工委”工作的重要性。青少年是名副其实的“网络原住民”，是互联网和智能化产品使用最活跃的群体，自然也成为受网络新媒体影响最大的群体。如何让青少年在网络新媒体环境下健康成长，是我们必须面对的课题。习近平总书记多次强调，过不了互联网这一关，就过不了长期执政这一关，互联网是当前宣传思想工作的主阵地。这个阵地我们不去占领，人家就会去占领。关心下一代工作要做到围绕中心、服务大局，发挥好助力作用，就必须与时俱进，适应新形势新变化。要把关工委工作做到学生聚焦的网络空间，渗透青少年健康成长的方方面面，使关工委工作在网络新媒体环境下展现新活力、新作为和新成效。

这本书回答了“关工人”对网络新媒体环境下关工委工作的新思考。网络新媒体的发展是大趋势，网络新媒体的运用就是必选项。青少年在网上，关工委的工作就要挺进网上。要做好关工委工作，就必须真正读懂青少年，了解他们这个阶段的思维特点、交流方式，明白他们思考的是什么，需求是什么，感兴趣的是什么，正在用什么、做什么，这样才能把关工委工作真正做到点上、做出成效来。对此，关工委工作必须树立互联网思维，创立“互联网 + 关工委”模式，提升关工委运用网络新媒体的能力水平，充分利用网络新媒体创新学习教育的内容和形式，运用学生喜欢的表达方式开展学习教育，从而增强学习教育的针对性、时代感和吸引力。网络新媒体环境下思想政治工作如何开展，关工委活动品牌如何打造，思政课程和课程思政如何推动，工作体制机制如何完善……这些问题与思考，都在书里得到了体现和回答。

这本书记录见证了北京网络新媒体环境下关心下一代工作的探索与实践。为深入贯彻落实全国高校思想政治工作会议精神，从 2017 年开始，首批有六所高校参与，开始了网络新媒体环境下高校关工委工作的试点探索研究。之后，我们通过开展征文、问卷调查、实地调研、统计分析、召开座谈交流会、申报课题、举办论坛、明确重点研究方向、成立“网络新媒体工作研究中心”等形式，不断深化在高校的实践探索和理论研究，参与的高校也增加至 11 所。在广泛征询意见的基础上，我们出台了指导性文件《关于加强新时代北京教育系统关工委网络新媒体工作的实施意见》，将研究与实践拓展到更多高校，并延伸到中小学，全市 16 个区的 32 所中小学参加试点工作。因此，说本书是一本总结探索与实践成果的书更为贴切。它展现了参与学校的创新探索、生动实践和鲜活经验，为将理论成果转化为解决实际问题的举措提供了参考。

30 年风华正茂时。在关心下一代的舞台上，广大“五老”始终牢记为党育人、为国育才使命，发扬“五老”精神，担当奉献，发光发热，薪火相传。看到广大青少年健康成长，我们感到由衷的高兴和欣慰。希望这本书能对各级各类学校提升铸魂育人的时代感、针对性和吸引力提供借鉴，这也是我们的心愿与期盼。

30 年未来更可期。北京教育系统关工委将以习近平新时代中国特色社会主义思想为指导，把新发展理念贯彻到关心下一代工作全过程，坚持目标导向和问题导向，与新时代同步，与青少年同心，守正创新，继续加强理论研究和实践探索，以首善标准不断推动关心下一代工作高质量发展，为助力培养堪当民族复兴重任的时代新人不断展现新作为，谱写新时代关心下一代工作的奋进篇章。

是为序！

北京教育系统关心下一代工作委员会主任

张 雪

目录

导论

一、研究意义

当前，全球信息技术创新日益加快，新一代信息技术蓬勃发展，互联网正在影响和改变着人类的思维、生产、生活和学习方式，互联网已成为青少年活动的新空间。根据2022年2月公布的第49次《中国互联网络发展状况统计报告》的数据显示，截至2021年12月，我国网民规模达10.32亿，互联网普及率达73%；网民使用手机上网的比例达99.7%。新媒体在我国也日益推广，如搜索引擎用户规模达8.29亿，网络视频（含短视频）用户规模达8.88亿，网络直播用户规模达7.03亿。可以说，网络新媒体正以前所未有的速度席卷而来，对当今政治、经济、文化、社会生活方方面面产生巨大影响。正如习近平总书记所指出的："互联网是一个社会信息大平台，亿万网民在上面获得信息、交流信息，这会对他们的求知途径、思维方式、价值观念产生重要影响，特别是会对他们对国家、对社会、对工作、对人生的看法产生重要影响。"①2017年，中共中央、国务院印发的《关于加强和改进新形势下高校思想政治工作的意见》要求："要加强互联网思想政治工作载体建设，加强学生互动社区、主题教育网站、专业学术网站和'两微一端'建设，运用大学生喜欢的表达方式开展思

① 《习近平谈治国理政》第二卷，外文出版社2017年版，第335页。

想政治教育。”网络新媒体的迅速发展对新时代关心下一代工作提出了新的机遇和挑战，迫切要求关工委工作要善于学习和利用新媒体新技术，推动关心下一代工作传统优势同信息技术高度融合，使关工委工作联网上线，增强时代感和吸引力。面对新形势新任务新要求，高校关工委如何做好网络新媒体环境下的关心下一代工作，充分利用网络新媒体唱响主旋律、传播正能量，实现主流价值观的有效传递，守护好网上精神家园，不断增强工作的针对性和实效性，使之更富有时代活力，更好落实立德树人根本任务，这是我们做好新时代关工委工作面临的一项新的重大课题。

二、探索与实践

近年来，北京高校关工委深入学习贯彻习近平新时代中国特色社会主义思想和习近平总书记对关心下一代工作的重要指示，主动适应网络媒体新环境，结合自身工作实际，在大学生思想政治工作、思政课程和课程思政、关工委活动品牌建设、体制机制建设等方面进行积极探索与实践，取得了一定成效。

（一）网络新媒体环境下助力大学生思想政治工作创新开展

调查显示，网络新媒体是大学生获取信息的主要渠道，是高校开展大学生思想教育工作的重要平台，网络新媒体已成为开展大学生思想政治工作的重要途径。

1. 新媒体在开展大学生思想政治工作中应用广泛

调查显示，目前高校运用网络新媒体开展学生工作的领域涵盖较全，其中学生日常管理类的内容最多，占 71.56%，思想政治教育类的内容次之，占 70.89%。此外，在思政课程教育、学生就业指导、心理健康辅导、学生奖励资助等方面也占 50% 以上。北京高校关工委老同志积极学习利用新媒体技术，主动与学校教务、学生等相关职能部门对接，积极通过线上开展行之有效的思想政治教育工作。

2. 网络新媒体是高校教师开展教育教学工作的主要平台

调查表明，高校教师使用新媒体开展工作的比例高达 82.08%，仅有 16.41% 的人很少使用或者不使用新媒体。目前，各高校积极鼓励教师使用新媒体开展教育教学工作，尤其是对新媒体平台不太熟悉的关工委老同志进行培训指导，适应运用新媒体技术开展教学活动和大学生宣传思想政治教育。

3. 大学生广泛接受运用网络新媒体平台开展思想政治工作

在针对网络新媒体环境下思想政治教育方式调查中，大学生基本认可线上或其他网络形式进行直接授课教学，这部分学生约占受访人数的 60%，尤其对老教授使用网络新媒体平台参与工作反响良好。而选择传统的线下授课、讲座等形式的人数较少，仅占受访学生总人数的 10%。此项调查表明，线上直播教学等运用网络新媒体开展教育的方式以其“足不出户、成本低、速度快”等优势已被学生广泛接受。

4. 网络新媒体在开展大学生思想政治工作时拥有强大的功能

高校教师在开展思想政治工作时，会使用新媒体进行通知发布、学习讨论、宣传教育、沟通联络等，也可以利用新媒体平台，实施网络舆情监控，能够较为精准地掌握学生舆情动态。年龄较大的老同志如果掌握了新媒体技术，就可以足不出户与大学生进行线上交流互动、开展教育。

（二）网络新媒体环境下关工委工作品牌建设广泛深入

1. 坚持立德树人，培育和践行社会主义核心价值观

围绕学习宣传习近平新时代中国特色社会主义思想，培育和践行社会主义核心价值观，近年来，北京高校关工委积极开展品牌建设活动，如北京大学“博雅银龄领航团”、北科大“院士回母校”活动、北京工商大学“读懂中国”活动、北京林业大学“阳光优材”项目、对外经贸大学理论学习组活动等，活动范围大、效果好。关工委在组织开展活动时，注重运用新媒体技术，抓住全国两会、重大节庆日等重要时间节点，利用学习强国等新媒体平台内容，组织线上线下深入学习讨论，取得了良好的育人成效。

2. 丰富活动载体，提升品牌建设活动的针对性实效性

注重选取充满正能量的内容，采取学生喜闻乐见、有吸引力的形式，如：在举办学习活动时，与参观爱国主义教育基地相结合；在开展“大手拉小手”读书活动时，运用网络新媒体力量，采用线上课堂的形式，开展线上读书交流；在举办“杰出校友回母校”活动中，讲座内容与特色专业紧密结合，除了讲述环节，还设置了问答环节，形成良好互动，充分调动了学生的积极性。

3. 注重工作创新，努力形成活动和品牌的长期效应

品牌活动绝不局限于单一内容，必须坚持在内容和形式上不断开拓创新，形成长期品牌效应。如：有的高校在捐献军训服装活动中，注重活动创新，在军训服上给小同学印上励志寄语；有的学校除了捐献服装，还扩展内容，捐献图书和教学物资，运用新媒体形式发展线上读书交流活动；通过教育扶贫活动，与地方教育关工委建立了联系，与部分学校“结对子”，有的高校还为当地的初中英语老师进行免费培训，提高当地学生英语教育水平。

4. 构建长效机制，把对青年学生的思想启迪和实际锻炼相结合

学校有关部门将活动列入计划，构建育人活动长效机制，促进关工委在网络新媒体下的品牌建设。部分高校关工委在组织活动时，不仅注重对同学们的宣传和引导，更注重使用新媒体技术，用同学们更易接受的方式进行。如：在“杰出校友回母校”活动中增加了学生记者现场直播环节，不仅锻炼了大学生的能力，而且还加深了他们对活动的认识，增强了他们利用网络平台组织宣传活动的能力。在举办大型活动后，召开总结表彰会，对表现突出的学院、班级和个人进行表扬等。

（三）网络新媒体环境下高校关工委深度参与思政课程和课程思政建设

1. 积极应对新挑战，思政课程和课程思政参与度逐步提高

网络新媒体技术的运用对于老同志们来说是个挑战。在经历了新冠肺炎疫情在线教学后，老同志们参与在线教学指导的技术水平有所提高。从问卷调查情况看，超过 90% 的关工委老同志、思政课教师和专业课教师认为新媒体便利了老同志参与思政课程和课程思政。老同志们参加课程设计、研讨、指导教学研究与教学实践等活动突破了时空和地域的局限，可以实现随时随地移动参与，极大提高了他们的参与度，使以往邀请老同志参与此类活动路途远、耗时久的问题得以有效解决。

2. 主动学习新技术，思政课程和课程思政参与方式多样化

从调研来看，老同志退休不“褪色”，离职不离岗，积极应对新挑战，主动学习新技术，参与思政课程和课程思政的方式呈现出显著的多样化特征。微信、微博、抖音等手机 App 和企业微信会议、腾

讯会议、微信群视频等网络视频会议软件均有不同程度的使用频率。问卷显示，微信是使用频率最高的新媒体 App，被调查者均表示自己熟悉且常用。其次是学习强国 App，其丰富且分类明确的学习板块和内容便捷了使用者。在视频会议软件方面，腾讯会议的使用频率高居榜首。新媒体 App 的高使用频率支撑了老同志高比例参与线上听课、研讨、会议、咨询指导和个别指导。

3. 多方合力协同，思政课程和课程思政参与成效十分明显

关工委老同志多数是已经退休的老党员、老干部、老教师。他们不计报酬，主动参与学校思政课程和课程思政等教育教学工作。调查来看，各高校都非常肯定老同志的作用，已经出台或即将出台相关制度，鼓励支持老同志参与工作，为老同志们参与思政课程和课程思政提供制度保障。有的高校还通过组建专项教师志愿者、学生志愿组织、微技术支持与辅导团队等方式，帮助老同志更好地参与思政课程和课程思政建设。思政课和专任教师普遍反映，网络新媒体环境下，关工委很有必要发挥独特优势助力教书育人，进一步激发了老同志运用新媒体新技术开展大学生思想政治工作的内生动力。

4. 关注网络热点，助力提升思政课程和课程思政教学吸引力

网络新媒体时代，青年教师与青年大学生在网络平台互动频繁，关工委老同志也顺应时代发展，及时转变参与思政课程和课程思政的模式，实时关注网络热点，增加与青年教师和学生的沟通互动，及时引导学生独立思考，学会冷静客观看待热议事件，鼓励青年教师将课堂教学与时势政策相结合，教导学生树立正确的价值观，在网络空间保持理性思维。调查表明，关工委“五老”（老干部、老战士、老专家、老教师、老模范）在帮助学生成长的同时，助推了青年教师的成长，使思政课程和课程思政有了更好的教学效果。

（四）新冠肺炎疫情期间高校关工委教学督导员队伍积极助力在线教学工作

1. 广泛学习和运用网络教学新媒体

新冠肺炎疫情期间，教育部专门下发《关于在疫情防控期间做好普通高等学校在线教学组织与管理工作的指导意见》，要求延期开学，做好预案，“停课不停教、停课不停学”。各高校关工委及时跟进，研究制定在网络新媒体环境下助力在线教学工作的创新思路，为线上教学把关，为促进教学质量助力。关工委老同志对腾讯会议、雨课堂等新媒体教学平台等从来没有接触过，线上听课、督导、交流，困难重重。针对此情况，各校关工委与本校教务处、教师教学发展中心等有关部门密切配合，组织学习线上教学平台的使用，学习利用网络教学平台进行线上教学的方法。有的高校关工委教学督导组还组织召开网络教学平台应用研讨会，极大增强了督导组老同志线上督导的信心。各高校关工委教学督导组老同志边学边用，随时登陆线上教学平台，采用多种形式开展在线教学质量监控。对教学的总体情况、线上教学效果、存在的问题及时提出意见和建议，确保教学质量。

2. 开展线上毕业设计巡查

受疫情影响，各高校 2020 届本科毕业生基本都采取线上方式开展毕业设计（论文）工作。各高校教务处、关工委督导组对指导教师提交的任务书、学生提交的选题报告以及毕业设计初期工作进展情况进行随机在线督查，这些督导措施对提高在线毕业设计教学质量起到了重要的作用。对于采用网络视频方式进行的毕业答辩，有的高校督导组通过随机抽查方式进行线上答辩过程巡视，并进行巡视评价，使毕业设计线上答辩更加规范化。

3. 组织线上集中考试巡考

受新冠肺炎疫情影响，2020 年春季学期所有考试均采用线上方式进行，有的高校关工委督导组安排了线上考试的巡考，从考试的组织形式、考试模式、考场设备、考场环境、考试秩序等方面进行巡视和评价，保证了考场和考试的严肃性。

（五）网络新媒体环境下特邀党建组织员队伍建设规范发展

1. 重视长效机制建设

2010 年 6 月，教育部办公厅下发《关于在高等学校聘请离退休老同志担任特邀党建组织员的意见》，专门就选聘离退休老同志担任特邀党建组织员提出了要求。2013 年 6 月，北京市委教育工委下发《关于进一步加强和改进高校学生党的建设的若干意见》，强调要加强组织员队伍建设；同时，还下发《关于进一步做好在大学生中发展党员工作的若干意见》，要求“聘请离退休人员党员担任特邀党建组织员”。此后，各高校相继制订了实施意见或办法，如，清华大学党委在 2010 年制定了《清华大学组织员工作管理办法》，北京科技大学党委在 2012 年制定了《关于聘请离退休老同志担任特邀党建组织员的实施意见》，北京交通大学党委在 2007 年制定了《关于加强组织员队伍建设的实施意见》。根据文件要求，各校选聘了一批离退休老同志，组建了组织员队伍。北京市委教育工委组织处根据党的十八大以来中央对特邀党建组织员工作提出的新精神、新要求，专门梳理了网络新媒体环境下高校党建和大学生思想政治教育工作方面的文献资料。北京教育系统关工委走访高校实地调研，促进高校以习近平总书记关于网络强国建设的重要论述为指引和基本遵循，加强网络建设和做好网络新媒体环境下青年学生的思想政治教育工作，锻造了一支过硬的特邀党建组织员队伍。

2. 严格落实岗位职责

一是发展党员工作。协助基层党组织制订党员发展计划，推动基层党组织对入党积极分子的培养和考核，规范发展党员各个环节的工作，督促检查新发展党员的质量状况，做好预备党员的教育、考察和转正的审查工作。二是党员教育工作。协助基层党组织分析了解党员的思想状况，调查了解党员队伍存在的问题，检查考核基层党组织的党员教育工作，总结推广典型经验，纠正存在的问题。三是党员管理工作。通过调查研究党员管理工作中出现的新情况、新问题，帮助基层党组织建立健全党的组织生活制度、民主评议党员制度、“三会一课”制度。四是基层党组织建设工作。协助基层党组织加强党的建设，做好党建调研工作，了解情况，把握动态，及时提出加强和改进基层党组织建设、发展党员工作和党员教育管理的意见建议。

3. 加强特邀党建组织员选聘和管理工作

有的高校专门制定了《组织员工作手册》，明确了组织员工作职责、工作内容和工作量要求，学校党委每年都会召开特邀党建组织员工作座谈会，对基层党建工作尤其是学生党员工作开展研讨和交流，针对工作中存在的问题提出改进意见和建议。

4. 与时俱进推动网络新媒体环境下工作创新

近年来，高校特邀党建组织员制度正在逐步健全并完善，然而随着网络新媒体时代的到来，高校大学生的思想政治教育和党建工作方式方法发生了一定的变化，特邀党建组织员也正面临着一系列新的机遇与挑战。北京高校注重引导特邀党建组织员积极学习新媒体技术，运用微信、腾讯会议等网络媒介，与广大青年学生网上沟通交流，取得积极成效。如，华北电力大学在明确党建组织员基本职责的基础上，积极结合新媒体环境下特邀党建组织员工作面临的新任务和新要求开展研究，并对做好组织员的遴选、加强组织员队伍建设提出了意见和要求。在疫情期间，北京工业大学特邀党建组织员坚持工作不断线，自学腾讯会议的使用方法，通过视频的形式指导二级党组织进行发展党员培训，给基层党组织讲党课，定期召开工作例会和专题会议沟通交流工作。北京经济管理职业学院特邀党建组织员和预备党员、入党积极分子一对一进行线上交流谈心谈话并做好记录和谈话截图，帮助掌握并稳定疫情时期学生的思想动态。同时，还出现了入党积极分子主动参与疫情防控的先进典型。

（六）网络新媒体环境下北京高校关心下一代工作体制机制不断完善

1. 加强组织建设

为切实发挥好高校党委对关工委的领导作用，有的高校实行双主任制，由主管学生工作和主管离退休工作的两位校领导任关工委主任，具体分管关工委工作。为把关工委各项工作落实落地，充分发挥老同志的各自优势，关工委成立若干工作组，如教学督导组、特邀党建组织员组、理论宣讲组等，每个工作组设双组长：现职党政领导任组长，发挥工作主导作用，负责下达本组工作任务；老同志任执行组长，负责组织老同志完成工作任务，发挥工作主体作用。这样的工作体制机制，不仅使关工委真正“围绕中心、配合补充，因地制宜、量力而为，立足基层、注重实效”，而且使关工委工作有序有效开展，充分调动起工作主导与工作主体双方的工作积极性，发挥了关工委“到位不越位、帮忙不添乱”的作用。互联网已成为广大青少年活动的新空间，学校的课堂教学、党团活动、思想政治教育对新时代关心下一代工作提出了新的要求，促使关工委工作必须适应新形势，占领新阵地，推动线上线下相衔接、促发展，推进网络新媒体环境下高校关心下一代工作体制机制的建设创新发展。

2. 加强队伍建设

各高校党委根据工作需要，当在职领导人事变动、老同志身体和年龄等情况变化时及时调整班子，动员选配组织能力强、理论水平高、有工作热情和威望、身体健康的低龄老同志充实班子，特别是选配好领导班子的主要负责同志。①

各高校党委重视动员、组织引导老同志，特别是新退休的老同志参加关心下一代工作。当前，在新媒体背景下，大学生思想政治教育的环境发生了重大变化，其中最明显的是大学生知识来源的多元化和思想观念的多样化，网络和新媒体的应用对高校关心下一代工作显得格外重要，教育效果与能否掌握和运用新媒体手段形成了非常密切的关系。近年来，很多高校在队伍建设方面进行了很好的探索，建立了对新退休有能力参加关工委工作的老同志领导谈话、动员制度，有的高校通过广泛宣传关工委的工作业绩、奖励制度影响一些刚退休的老同志参加关工委工作，有些高校关工委通过各种活动吸引了一些老同志参加关工委工作，不断适应网络新媒体环境下新时代新形势的新要求。

多数高校关工委都很重视日常办事机构（秘书处）建设，秘书处成员不仅有离退休老同志，还有现职干部。个别秘书处还探索聘请了研究生助管，不仅解决了老同志对新媒体操作不熟悉的问题，还锻炼了研究生的实践能力。

---

① 参见教育部党组：《关于加强新时代全国教育系统关心下一代工作委员会工作的意见》（教党〔2021〕34 号）。

多数高校现职领导注意激发参与关心下一代工作老同志的积极性，并做到从政治上、思想上和生活上关心他们，对担任关工委领导职务且坚持日常工作的给以适当补助，对因工作需要并经领导批准返聘的秘书处（办公室）工作人员，执行本单位返聘人员有关规定；对工作突出的老同志给予表扬和奖励。很多高校都依据上级文件建立了老同志工作补贴制度和奖励制度，从而保证了工作的正常开展，调动了老同志工作积极性。

3. 加强制度建设

很多高校关工委坚持改革、勇于创新，结合本校关工委工作实际，不断总结经验，逐步建立完善了必要的工作会议、学习培训、信息交流、档案管理等规章制度。在二级关工委组织建设过程中，也建立了工作规程，结合本校开展的特色项目落实工作规程。根据信息化加速趋势和老同志实际需求，网络培训学习制度也逐步建立，老同志也意识到提高新媒体运用能力水平的重要性。各高校关工委注重顶层设计，加强制度建设，为工作的顺利开展提供了有力的制度保障。

4. 加强统筹领导

很多高校党委高度重视关工委工作，同级党政领导主动担任关工委职务，如北京林业大学党委书记主动担任关工委主任。党委将关工委工作列入议事日程和工作计划，统筹安排部署，指定专人分管，定期听取汇报和研究工作，及时解决关工委遇到的困难和问题；学校大力支持关工委工作，有关重要文件、会议精神和工作要求及时向关工委传达、通报；召开涉及全局性的工作会议和有关德育、思政工作、学生党建等专题性会议时，会邀请关工委老同志参加。学校党委为关工委开展工作提供了必要的工作条件和经费支持。实践表明，学校党委重视是关工委工作有效开展的关键。

三、存在的问题

总体来看，近年来，北京高校关工委紧紧围绕中心工作，因势而变，顺势而为，改革创新，主动作为，运用新媒体增强关心下一代工作的针对性和实效性取得了一定成效。但与网络新媒体发展日新月异的形势相比，北京高校关工委工作还面临着一些问题和挑战。

一是一些高校对网络新媒体环境下的关心下一代工作系统谋划不足。在网络新媒体环境下做好关心下一代工作，要求各级党委必须加强顶层设计，统筹系统谋划，结合新媒体的优势特点，科学编制一系列规划方案，制定出台一系列政策举措，健全完善一系列工作机制，增强关心下一代工作的科学性、针对性和实效性。但从目前调研情况分析来看，各高校对网络新媒体发展规律尚需进一步深刻理解和把握。如何构建适应网络新媒体环境的关心下一代工作的长效机制，进而整体推动关工委工作创新发展还需进一步系统谋划。

二是少数高校对网络新媒体环境下关工委工作重视不够、投入不到位。各高校党委虽然均已建立了关工委组织，但在网络新媒体环境下，高校间关工委工作发展还不平衡。结合新媒体环境，大部分高校关工委工作开展得有声有色，但有少数高校由于思想认识不到位、重视程度不高，新媒体办公条件投入不足，影响了关心下一代工作的开展。

三是高校关工委推动网络新媒体的平台建设亟待规范。网络新媒体是一把“双刃剑”，在带来众多便利的同时，也存在一些问题，比如新媒体平台教育存在内容质量不高、资讯质量良莠不齐、易给大学生造成思想困惑等问题；新媒体平台开发深度不足，平台设置形式有待进一步完善，传统方法与新技术融合研究不够等问题。另外，网络学习是远程教育，老师与学生之间缺少面对面的交流，常常会受到外界的影响，对于自制力较差的学生，可能会带来一些问题。高校关工委如何有效利用好各级各类新媒体平台，使之更好地服务于立德树人还缺乏相应的工作经验。

四是构建"互联网+关工委"工作模式尚需完善。互联网已成为青年活动的新空间，是关心下一代工作必须进入的领域、必须占领的阵地。然而，关工委老同志年龄普遍偏高，对新媒体技术缺乏了解，学网、用网速度慢，跟不上新媒体技术的迅速发展和变化。如何推动高校关心下一代工作与网络新媒体深入融合，打造和完善"互联网+关工委"工作模式，不断提高育人实效，还要作出积极的努力和探索。

五是关工委运用网络新媒体加强宣传力度不够。近年来，关心下一代宣传工作正在不断加强，但在新媒体环境下，与培养担当民族复兴大任的时代新人的新要求和满足广大青少年对精神文化生活的新期待相比，关工委宣传工作还不同程度存在着宣传载体和手段不够新，针对性和时代性不够强的问题。只有深化思想认识，不断创新载体平台，运用新手段，增强宣传报道工作的针对性和时代性，新时代关心下一代宣传工作才能得到进一步加强和改进。

以上是笔者在调研过程中总结梳理出的网络新媒体环境下高校关工委工作中存在的一些主要问题，需要在下一步工作中不断改进。

四、思考与建议

（一）加强顶层设计，建立健全网络新媒体环境下关工委工作长效机制

习近平总书记指出："要创新改进网上宣传，运用网络传播规律，

弘扬主旋律，激发正能量，大力培育和践行社会主义核心价值观，把握好网上舆论引导的时、度、效，使网络空间清朗起来。”① 推动实现网络新媒体与关工委工作融合共进，是近些年才开始的工作探索和创新。实事求是地讲，高校在短时间内还没有建立起适应新媒体环境下的关工委运行机制。网络新媒体发展的大势提醒我们，必须坚持用互联网思维抓融合、促发展。高校关工委要大力加强网上正面宣传教育，旗帜鲜明坚持正确政治方向、舆论导向、价值取向，深化习近平新时代中国特色社会主义思想宣传教育，积极培育和践行社会主义核心价值观，提升传播力和引导力。要坚持以制度创新为支撑，不断探索完善实现网络新媒体与关工委工作持续融合的决策领导、组织推动、资金支持、人员培训等为主要内容的长效机制，为网络新媒体环境下关工委的创新发展提供坚强的制度保障，努力把网上的舆论引导和网下的思想工作结合起来，既会“键对键”，又能“面对面”，② 真正运用新媒体新技术使关心下一代工作活起来、强起来。

（二）转变工作理念，切实增强网络新媒体环境下关工委工作的主动性创造性

2016 年 12 月，习近平总书记在全国高校思想政治工作会议上强调：“要运用新媒体新技术使工作活起来，推动思想政治工作传统优势同信息技术高度融合，增强时代感和吸引力。”③ 这为高校关心下一代工作创新发展指明了方向。高校党委要高度重视在新媒体环境下更

① 《习近平谈政治理政》第一卷，外文出版社 2018 年版，第 198 页。

② 参见何玲：《更高站位关心下一代成长》，《中国教育报》2020 年 11 月 26 日。

③ 《习近平谈治国理政》第二卷，外文出版社 2017 年版，第 378 页。

好地发挥“五老”在教育青年成长成才和立德树人工作中的引领作用，运用互联网等新媒体、新技术加强和创新高校关心下一代工作，使之富有时代活力、更好立德树人。各高校关工委要紧紧围绕中心，服务大局，主动向学校党委汇报在新媒体环境下工作中取得的成绩及工作中存在的困难，争取学校党委对关工委工作特别是做好网络新媒体环境下的关心下一代工作的重视和支持，在加强青少年理想信念教育和思想道德建设、帮助青少年成长成才、为青少年健康成长营造良好社会环境等方面发挥积极作用，为新媒体环境下关工委开展工作创造良好条件。

（三）创新发展路径，积极探索构建新时代“互联网＋关工委”育人模式

“人在哪儿，宣传思想工作的重点就在哪儿，网络空间已经成为人们生产生活的新空间，那就也应该成为我们党凝聚共识的新空间。”① 现在的青年学生被誉为互联网的“原住民”，从小在互联网中长大，几乎无人不网、无日不网、无处不网，他们的思想观念更为开放和多元，独立性、选择性、多变性和差异性明显增强，需要加以正确引导。如果高校关心下一代工作仍然沿用老一套，还是老办法老方式，拒绝“互联网＋”等新技术手段，就有可能处处被动，难求实效高效。因此，各高校党委要“跳出高校看高校”，充分利用互联网功能和新媒体技术，推动关心下一代工作同网络信息技术高度融合。“要推进网上宣传理念、内容、形式、方法、手段等创新。”② 构建网上网

① 《习近平关于网络强国论述摘编》，中央文献出版社 2021 年版，第 82 页。

② 《习近平关于网络强国论述摘编》，中央文献出版社 2021 年版，第 75 页。

下同心圆，推动理想信念教育常态化制度化，构建立体化多维度的立德树人工作体系。要把线上传播与线下教育有机结合起来，不断拓展网络新媒体育人渠道，实现信息内容、技术应用、平台终端、管理手段共融互通，催化融合质变，放大一体效能，打造一批具有强大影响力的网络育人新领域新模式，使关心下一代工作联网上线，增强时代感和吸引力。

（四）积极创造条件，着力提高关工委老同志学习运用网络新媒体的能力水平

目前，移动互联网已经成为信息传播主渠道。“随着5G、大数据、云计算、物联网、人工智能等技术不断发展，移动媒体将进入加速发展新阶段。”① 特别是新冠肺炎疫情的暴发，成为互联网经济新模式的加速器，网络办公、网络教学等取代了传统的工作、教学模式，成为工作的新模式。高校党委要充分认识网络新媒体的传播特点和规律，主动适应大学生的多元化沟通交流需求，准确把握网络新媒体环境下关心下一代工作的趋势和特点，使互联网这个最大变量变成推动关心下一代工作新的增长点。关工委老同志具有明显的政治优势、理论优势，在网络新媒体环境下，具有发挥这些优势的空间。高校党委要因势利导，创造条件，通过各种渠道、形式的网络技术培训，着力提升老同志运用新媒体技术的能力和水平。广大老同志也要主动适应新形势，主动适应信息化要求，善于学习和运用互联网，强化树立“互联网 + 关工委”工作新思维，主动学习新媒体知识，主动将新媒技术和手段运用到关工委工作中。

① 《习近平关于网络强国论述摘编》，中央文献出版社2021年版，第82页。

（五）树牢阵地意识，精心组织网络新媒体环境下关工委宣传思想工作

习近平总书记强调，“过不了互联网这一关，就过不了长期执政这一关”①。“互联网是当前宣传思想工作的主阵地。这个阵地我们不去占领，人家就会去占领”②。2017年4月，中共中央、国务院印发了《中长期青年发展规划（2016—2025年)》，要求“强化网上思想引领。把互联网作为开展青年思想教育的重要阵地，团结、带动和壮大网上积极力量”。党的十九届五中全会通过的《中共中央关于制定国民经济和社会发展第十四个五年规划和二〇三五年远景目标的建议》中明确要求：“加强网络文明建设，发展积极健康的网络文化。”新形势下，构筑网络舆论正能量宣传阵地势在必行。现在的大学生，“00后”越来越多，他们朝气蓬勃、充满活力、积极自信，但知识体系建构尚未完成，世界观、人生观、价值观尚未完全成形，社会阅历尚不丰富，情感心理尚不成熟。这对网络新媒体环境下高校关心下一代工作提出了新的更大挑战。高校关工委工作要坚持守土有责、守土负责、守土尽责，做到因势而谋、应势而动、顺势而为，努力建设好属于自己的网络新媒体传播平台，牢牢占据舆论引导、思想引领的传播制高点。要充分利用各大媒体、网站、微信公众号等的强大宣传作用，积极主动在网络发声，形成网上网下同心圆，使其具有强大传播力、引导力、影响力、公信力，教育引导青年大学生在理想信念、价值理念、道德观念上紧紧团结在一起，让正能量更强劲、主旋律更高昂，与时俱进推动关心下一代工作更加人性化、科学化，更富感染力和吸

① 《习近平关于网络强国论述摘编》，中央文献出版社2021年版，第3页。

② 《习近平关于网络强国论述摘编》，中央文献出版社2021年版，第65页。

引力。

关心下一代工作，是事关党和国家前途命运、事关中华民族伟大复兴的大事。习近平总书记强调，广大“五老”是党和国家的宝贵财富，是加强青少年思想政治工作的重要力量。各级党委和政府要加强对关心下一代工作的领导，支持更多老同志参加关心下一代工作，使广大“五老”在关心下一代的广阔舞台上老有所为、发光发热，为培养社会主义建设者和接班人作出新的更大贡献。北京教育系统关工委坚持以深入学习宣传贯彻习近平总书记对关心下一代工作的重要指示精神为契机和动力，弘扬“五老”精神，发挥“五老”优势，牢牢把握服务青少年的正确方向，助力落实立德树人根本任务，充分发挥老同志在理想信念教育、思想道德教育、革命传统教育等方面的特殊优势和不可替代的作用，主动融入新时代网络新媒体浪潮，积极开展网上关心下一代工作，扎实推进网上关工委建设，使互联网这个最大变量变成最大增量，高质量推进教育系统关工委工作再上新台阶，切实担负起党和时代赋予我们的关心下一代的重任！

课题组：北京教育系统关工委　刘超美　郑文涛　朱常宝　杨禾　李延安　马维娜　乔永　丁娟

执笔人：郑文涛　李延安

第一章 网络新媒体环境下高校大学生思想政治工作研究

第一节　网络新媒体环境下高校大学生思想政治工作思考与实践研究

根据2022年8月公布的第50次《中国互联网络发展状况统计报告》数据显示，新媒体在我国日益推广，截至2022年6月，我国短视频用户规模达9.62亿，网络新闻用户规模达7.88亿。①

可以说，网络新媒体正以前所未有的速度迅猛发展，对当今政治、经济、文化、社会生活方方面面产生了巨大的影响。特别是新冠肺炎疫情期间，互联网新媒体发挥了重要作用：国家政务服务平台建设"防疫健康信息码"，助力疫情精准防控；网络新闻与社交平台形成有效联动，及时传播动态，破解谣言，凝聚人心，鼓舞斗志；远程办公、在线教育等互联网应用有效满足网民工作、学习、娱乐等切实需要，助力网民的心理疏导……总之，互联网新媒体为我国抗疫斗争的伟大胜利作出了巨大贡献。

同样，互联网新媒体给当前高校思想政治教育工作带来了巨大的影响。在新的历史环境中，高校的思想政治教育工作如何增强针对性

① 中国互联网络信息中心：第50次《中国互联网络发展状况统计报告》，2022年8月，见https://www.cnnic.net.cn/gywm/xwzx/rdxw/20172017_7086/202208/t20220831_71823.htm。

和实效性，是对所有思政工作者提出的重要课题，也是“如何培养人”这一重大命题的关键所在。习近平总书记特别要求：“做好学校思想政治工作，既要管好课堂，也要管好课外，既要管好网下，也要管好网上……牢牢掌握意识形态工作领导权，用马克思主义占领高校意识形态阵地。”[①]在网络新媒体时代，高校思想政治工作一定要增强时代感，提升吸引力。所谓“时代感”，是要求高校思想政治教育工作理念和方法与时俱进，在实践中发展、论证和完善育人理论；所谓“吸引力”，则要求高校思想政治教育工作手段和形式紧紧围绕青年学生成长，以人为本。

北京大学关工委采取问卷调查、代表访谈等方式，用定量与定性结合的研究方法，对部分北大辅导员和大学生进行调研，下面根据调研结果与工作实践，谈一谈当前网络新媒体环境下高校大学生思想政治工作的思考与探索。

一、应对网络新媒体新形势，把握机遇，迎接挑战，掌握主动权

正如习近平总书记所指出的：“现在，网络空间情况复杂，主流当然是好的，但也有很多杂音噪音，甚至有很多负面言论。这个战场很重要，对青年人影响很大，很多青年都是在网上接受信息的。”[②]我们必须承认，网络新媒体对传统的大学生思想政治工作带来一定的冲击。

第一，从服务对象看，网络新媒体对大学生正确世界观、价值观

① 《习近平关于网络强国论述摘编》，中央文献出版社 2021 年版，第 58 页。

② 《习近平关于网络强国论述摘编》，中央文献出版社 2021 年版，第 49 页。

和人生观的养成构成挑战。

被称为“网络世代”“网络原住民”的当下青年可以说在网上成长起来，互联网深刻影响着他们的价值判断、行为习惯、心理性格。根据我们的调查显示，在校学生上网时长均在6小时以上，83%的学生反映，互联网成为他们信息获取的重要来源。

然而，一方面，网络信息的泛滥给青年的健康成长带来巨大的挑战。由于网络传播快速、透明、无边界，网络信息庞杂，网络舆论环境相对自由，各种良莠不齐的信息资源均可在网络上获取。对于人生阅历、知识储备不算丰富的大学生而言，往往难以准确甄别、客观分析和正确认识，极易造成思想困惑，产生价值观的偏差，影响正确价值观的形成与塑造。① 调查的同学们中，67%的同学反映，网络信息太庞杂泛滥，“乱花渐欲迷人眼”，容易导致迷惘、不知所措。另一方面，互联网的特征也形塑了青年的思维方式和行为习惯，对思政和德育工作带来困扰。网络的多元化、碎片化、娱乐化，容易导致功利主义、感官主义、自由主义、虚无主义、道德相对主义和怀疑论产生。尤其是近年来网络“饭圈”文化泛滥，给青少年带来严重影响。81%的受访同学认为网络新媒体上信息碎片化。这给高校大学生思想政治工作带来阻力。

第二，从工作主体来看，网络新媒体对思政工作者提出新的要求。

在传统的思想政治教育过程中，教育者掌握了信息传播的主导权、信息解释的话语权。但是在网络时代，互联网打通了虚拟与现实

---

① 参见蒋广学等：《全环境育人理念的探索实践与网络思想政治教育的时代创新》，北京大学出版社2016年版，第46页。

的界限和时间、空间的局限，表现出不同以往的师生关系与主客体关系。当代青年学生伴随互联网一起成长，在信息获取、技术资源方面具备天然优势，在现实教育场域中的主体性也愈发彰显，青年的信息话语权抬高，个体自主意识逐渐上升。成长于网络新媒体环境中的青年学子，可能会更容易接受网络上的言论，对师长的传统教导有所抵触。这导致传统教育中教育者拥有的优势减弱，对最终的教育效果产生消极的影响，传统的思想政治教育方式出现“失灵”的危险。

但是，我们也必须看到，网络新媒体也给高校思想政治工作带来新机遇。

一是有利于拓展思想政治教育工作的方法选择。传统的思想政治教育手段基本上以课堂教学为主，同时辅以专题讲座、社会实践等，受物理时空限制，覆盖范围十分有限。但是互联网时代的信息传播，具有传播方式多元、速度快、成本低、内容丰富、互动性强以及覆盖率高等优势。特别是新冠肺炎疫情发生以来，一段时间内，利用网络新媒体开展思想政治工作成为唯一的途径。高校利用互联网开展大学生思想政治教育，由传统的“面对面”发展为“键对键”，可以拓展教育空间，改进教育的方式和方法，突破了传统文字为主、单一说教的形式，形成了集文字、图像、声音为一体的多维模式，从而大大增强了对青年学子的吸引力；还可以充分利用如微信、微博、客户端等“两微一端”平台将内容发布，速度更快，辐射范围更广，突破了时空限制，让更多学生受到启发和引导。

二是有利于提升思想政治工作的针对性、实效性。网络世界具有虚拟性，这种虚拟性在一定程度上可以降低人们的顾虑，拉近彼此交流的心理距离，相比面对面交流，青年学生更愿意在网络上真实地表达自己的真实见解，在微博、朋友圈、BBS、贴吧等平台表露自己的内心世界。网络可以说提供了一面了解青年内心的“镜子”，拉近学生与思想政治教育工作者之间的心灵距离，使教育者能及时掌握学生内心动态，进而提升大学生思想政治教育工作的实效性和有效性。此外，互联网还提供了先进的信息分析技术，可以依托互联网技术，通过网络问卷调查等方式收集信息，并结合大数据分析，充分运用大数据研判舆情，为我们开展工作提供了重要参考。借助于互联网、大数据、新媒体，我们开展思想政治教育也可以实现“精准化”“定量化”。

总之，网络新媒体对大学生思想政治工作既带来挑战，又带来机遇。脱离互联网，就可能失去青年学生；抓住机遇、积极拥抱，则可以通过互联网新技术新手段，对思想政治工作进行升级改造，扩大育人成效。面对新形势，高校必须增强紧迫感、责任感，增强机遇意识，因势而谋、应势而动、顺势而为，力争抢占制高点，把握主动权，推进思想政治工作转型发展。

二、坚定根本立场，不抵触、不逃避、不动摇、不气馁

在应对网络新媒体挑战中，首先应坚定立场，不抵触、不逃避、不动摇。

（一）坚持与时俱进不抵触

有人曾说，20 世纪 60 年代之前，掌握了纸媒，就意味着掌握话语权；20 世纪 90 年代之前，掌握了电视则拥有话语权；如今，掌握互联网新媒体就拥有话语权。面对互联网新媒体，思想政治教育工作者必须主动作为、顺势而为，才能有所作为。美国人类学家玛格丽特·米德提出著名的“三喻文化”理论。她将整个人类的文化划分为

三种基本类型：前喻文化、并喻文化和后喻文化。“前喻文化，是指晚辈主要向长辈学习；并喻文化，是指晚辈和长辈的学习都发生在同辈人之间；而后喻文化则是指长辈反过来向晚辈学习”①。她认为，当代世界文化传递方式是后喻文化，年长的一代若不想落伍于时代，只能努力向年轻人学习。“三喻文化”理论对我们理解当前的思想政治工作富有启发性，即思想政治工作者要善于学习、顺应时代潮流。

“与时俱进”就是我们不仅要顺应，更要引领，要学习新技术，提升新能力，成为互联网时代的“弄潮儿”。高校思想政治教育工作者要能够成为引领潮流的“意见领袖”，引导网络舆论导向，把握舆论内容，凭借其自身的影响力对信息进行更深层的传播甚至二次扩散，同时使传媒信息的覆盖面、辐射范围、认知程度等方面的拓展、深化与提升成为可能。

（二）坚持守土有责不逃避

诚如习近平总书记所说，“互联网是当前宣传思想工作的主阵地。这个阵地我们不去占领，人家就会去占领”②。对于互联网舆论阵地必须做到守土有责、守土尽责。

“互联网日益成为意识形态斗争的主阵地、主战场、最前沿。”③互联网舆论斗争也是伟大斗争的一部分，在互联网这个阵地，也要敢于斗争、敢于胜利。

有效治理网络谣言、壮大主流舆论，是一个必须解决好的重大课

---

① ［美］玛格丽特·米德：《文化与承诺：一项有关代沟问题的研究》，周晓虹、周怡译，河北人民出版社 1987 年版，第 27 页。

② 《习近平谈治国理政》第二卷，外文出版社 2017 年版，第 325 页。

③ 《习近平关于网络强国论述摘编》，中央文献出版社 2021 年版，第 55 页。

题。思想政治教育工作者要增强政治敏锐性和鉴别力，在重大政治原则和大是大非问题面前站稳立场、态度坚决、亮剑作为，对错误思潮和言论旗帜鲜明予以批驳，敢于发声，掌握互联网舆论斗争主动权，对于互联网舆论阵地必须做到守土有责、守土尽责。要坚持守土有责不逃避，积极在网络发声，特别是要及时应对网络舆情，“对模糊认识要及时廓清，对怨气怨言要及时化解，对错误看法要及时引导和纠正”①。牢牢抓住机遇，积极应对挑战，把占领新兴媒体舆论作为舆论引导工作的重中之重，做到正能量充沛、主旋律高昂，构筑新时代网络正能量舆论引导阵地。

在进行互联网舆论引导时，要掌握一定技巧，要有理有利有节开展舆论斗争。习近平总书记指出：“对一般性争论和模糊认识，不能靠行政、法律手段解决，而是要靠马克思主义真理的力量，靠深入细致的思想政治工作，用真理揭露谎言，让科学战胜谬误。”②要善于运用思想政治教育方法中的理论引导法，即教育者有目的、有计划、有步骤地向受教育者进行马克思主义相关理论的教育宣传、感染熏陶等，通过使受教育者系统地学习、了解、掌握马克思主义理论，以逐步树立科学世界观、人生观与价值观的思想政治教育方法。思想政治教育里的引导强调的是以理服人。在网络新媒体环境中，这一思想政治教育方法仍然适用，特别是面对思想文化的多元化，要保证人们形成正确的人生观、世界观、价值观，坚持马克思主义的指导地位，就必须坚持思想政治教育工作中的理论引导，以理服人，“用真理的力量感召学生，以深厚的理论功底赢得学生”③，在传递主流意识形态的

---

① 《习近平谈治国理政》第二卷，外文出版社 2017 年版，第 336 页。

② 《习近平关于网络强国论述摘编》，中央文献出版社 2021 年版，第 50 页。

③ 《习近平谈治国理政》第三卷，外文出版社 2020 年版，第 330 页。

过程中教育、引导、保证青少年树立、践行社会主义核心价值观。

（三）坚持根本任务不动摇

互联网是用来提升和变革教育的技术手段，而技术手段最终应服务于教育目的，所以我们在积极学习互联网的同时，不能过分夸大互联网的变革作用，不能忘掉初心。正如习近平总书记在庆祝中国共产党成立100周年大会上的讲话中所说："马克思主义是我们立党立国的根本指导思想，是我们党的灵魂和旗帜。"[①]思想政治工作必须以"巩固马克思主义在意识形态领域的指导地位，巩固全党全国人民团结奋斗的共同思想基础"[②]为根本任务、关键职责，教育引导青年学子明白马克思主义为什么行、中国共产党为什么能、中国特色社会主义为什么好，用马克思主义观察时代、把握时代、引领时代。这是我们高校思想政治教育工作的目标和方向，不可动摇。无论技术如何发展，要始终坚持立德树人的根本任务，必须紧紧围绕、牢牢把握这个根本方向和目标。

因此，思政工作应树立"教育为本、技术为用"的工作思路，坚持以德为本、德育为先，让青年学生从一开始就扣好人生的"第一颗扣子"，用习近平新时代中国特色社会主义思想铸魂育人，引导青年增强"四个意识"，坚定"四个自信"，做到"两个维护"。加强理想信念教育和革命传统教育，扎实开展"四史"教育，特别是党史学习教育，推动红色基因渗进血液、浸入心扉，教育青年听党话、跟党走，把爱国情、强国志、报国行自觉融入坚持和发展中国特色社会主

① 习近平：《在庆祝中国共产党成立100周年大会上的讲话》，人民出版社2021年版，第12页。

② 《习近平谈治国理政》第一卷，外文出版社2018年版，第153页。

义、全面建成社会主义现代化强国、实现中华民族伟大复兴的奋斗之中。

三、树立开放思维、平等思维、共享思维、协作思维

应对网络新媒体，高校思政工作不仅仅是技术的提升，而是视野的进一步开阔和思维的进一步创新，特别是要树立互联网思维。习近平总书记要求，“要主动适应信息化要求、强化互联网思维”①。何为互联网思维？“互联网思维就是要按照互联网的特点和规律思维。”②一般来说，开放、平等、互动、协作、共享，是互联网最重要的几个特点，也是互联网思维需要树立的内容。

（一）树立开放思维，注重形式新颖、内容活泼

开放是互联网的特性，互联网没有时间界限也没有地域界限。它无时不在，无处不在。进入“互联网+”时代，传统的高校思政教育模式也应从封闭走向开放。

这种开放是形式的开放，传统的单一思想政治教育方式已经不能适应“互联网+”环境，必须利用新技术对教育手段进行“升级换代”，对传统的一些思想政治教育资源进行改进和包装，以大学生喜闻乐见的方式如微视频、动漫、直播等开展活动。

这种开放也是内容的开放。当前，不少高校虽然建立了思想政治教育网站，但是空有形式。这类网站的内容应与时代相融合，契

① 《习近平关于网络强国论述摘编》，中央文献出版社 2021 年版，第 11 页。

② 周文彰：《谈谈互联网思维》，《光明日报》2016 年 4 月 9 日。

合学生现实状况。比如在用语上，可以引入互联网语言。最近几年，习近平总书记在新年贺词中用了“蛮拼的”“点赞”“朋友圈”“世界那么大”等网络语言，获得了良好的传播效果。思政工作也应当利用互联网的话语风格，提升魅力，赢得受众，引起共鸣，达到春风化雨、润物无声的教育效果。

总之，根据不同受众采取不同的特点，改进形式，改善文风，善于使用视频、音乐等形式，让议题更富吸引力和感染力；同时结合智库专业研究报告等方式，强化公信力、权威性，将“活泼”与“严肃”巧妙结合起来，做“走心”的宣传，用大家喜闻乐见的形式、易于理解的语言，扩大影响力和覆盖面。

（二）树立平等思维，尊重青年主体地位

习近平总书记要求我们要学会“通过网络走群众路线”，“走好网上群众路线”。① 这就要求我们必须尊重工作的对象——青年，用平等的思维、尊重的姿态面对青年。当前青年群体，实质上已然成为当下网络社区中的主体力量。因此，思想政治教育工作开展必须尊重青年的主体地位，“从教育的主宰者和主导者向教育的引导者和辅导者转化，不断激发青年在成长教育中的主体性、主动性并加以正确引导，从而赢得青年、赢得教育”②。

具体而言，一是要把握当代大学生特点，只有准确把握他们的特点，才能精准设定教育目标和任务，确定富有针对性的教育内容。当前，随着互联网新媒体发展，“信息大爆炸”出现，在丰富激增的信

① 《习近平关于网络强国论述摘编》，中央文献出版社 2021 年版，第 12 页。

② 蒋广学等：《全环境育人理念的探索实践与网络思想政治教育的时代创新》，北京大学出版社 2016 年版，第 211 页。

息面前，人们反而更容易选择自己更关注的内容，陷入了所谓的“信息茧房”。因此，传播者如果想更好引导受众，必须“学会通过网络走群众路线，经常上网看看，潜潜水、聊聊天、发发声，了解群众所思所愿，收集好想法好建议，积极回应网民关切、解疑释惑。善于运用网络了解民意、开展工作”①。做好青少年思想政治工作，要坚持从群众中来，到群众中去，贴近实际、贴近生活、贴近群众，绝不能高高在上、自说自话，必须要调查研究，了解青年学生的关注点、兴趣点。在此基础上，“进一步优化传播方式，提高舆论引导的针对性”②。

二是要迎合青年学生需求，以学生为核心选择教育内容和方式。2017 年 2 月，中共中央、国务院印发了《关于加强和改进新形势下高校思想政治工作的意见》，指出要加强互联网思想政治工作载体建设，加强学生互动社区、主题教育网站、专业学术网站和“两微一端”建设，运用大学生喜欢的表达方式开展思想政治教育。这给今后的高校思想政治工作提出了要求，指明了方向。在网络新媒体上开展思想政治教育，一个比较有效的办法是采取典型教育法。在我们的调研中，76% 的受访学生觉得容易受到身边榜样的教育引导。尊重学生主体、以学生为核心，就是要从学生中挖掘先进榜样，利用互联网新媒体加强宣传。先进典型的模范和榜样作用，通常具有强大的说服力，能够有效地增强思想政治教育的说服力、感染力、影响力。榜样的形象化、真实性更易于被人们接受，在接受典型教育的过程中，会减少生硬的、单一的理论学习的刻板性，特别是代表着事物正确发展方向的正面典型教育，能够更好地发挥典型教育的示范功能，易于被

① 《习近平关于网络强国论述摘编》，中央文献出版社 2021 年版，第 4 页。

② 王贤卿、彭丽：《技术现象学视域下的舆论引导与主流意识形态引领》，《中州学刊》2020 年第 12 期。

同学们接受和共情。

（三）坚持共享思维，积极整合思政资源

互联网经济最为明显的特征之一就是共享性。共享经济本质上就是利用互联网平台将闲置资源利用起来提供服务。思想政治教育非一个部门或一门课程所能解决，需要各部门、各岗位人员、各类教学和实践活动的协同，要善于利用互联网技术，包括大数据、云计算、物联网等，提升思想政治教育的水平。

"共享"首先是资源的共享。要利用互联网的信息传输功能积极整合高校思想政治教育资源，实现思想政治教育优质资源的有效共享；整合多种育人载体，把线上传播与线下教育有机结合起来，把显性教育和隐性教育结合起来，"坚持显性教育和隐性教育相统一，挖掘其他课程和教学方式中蕴含的思想政治教育资源，实现全员全程全方位育人"①。

"共享"还要求高校思想政治教育工作视野要走出校外，有效借助社会力量，寻求文化育人、实践育人的平台依托，构建立体化多维度的立德树人工作体系，特别是促进和助力家校社协同共育，除了巩固传统的学校"战场"，还要开辟社区"战场"，积极参与、开拓社区教育，协力推进思想政治教育活动纵深发展；挺进家庭"战场"，思想政治教育也要协助家长，帮助广大家长掌握正确家庭教育理念和科学方法。

（四）树立协作思维，构建互动育人模式

协作性、互动性、参与性是互联网的重要特征。在互联网快速

---

① 《习近平谈治国理政》第三卷，外文出版社2020年版，第331页。

发展的背景下，传统的单纯号召、生硬说教方式，效果大打折扣。习近平总书记指出，思想政治理论课“要加大对学生的认知规律和接受特点的研究，发挥学生主体性作用”；“要坚持灌输性和启发性相统一，注重启发性教育，引导学生发现问题、分析问题、思考问题”。[①]高校思想政治教育是一项系统性的社会工程和全局工程，因此，必须转变单一教育观念，改变沿袭多年的以思政教育工作者为主导，自上而下机械式的“单向通行”育人模式，向“交互参与”的升级版转换。[②]利用互联网新媒体平台，多与青年学子沟通对话，让学生从单纯的“听”转换为既“听”也“说”，通过跟帖、点赞、评论等方式表达自己的意愿，在互动协作中获得成长，从而既能调动学生的积极性，让学生真正参与到育人工作中去，又能及时了解学生的思想动态，进一步对症下药、因地制宜。

关心下一代工作也要善于运用互联网思维，积极适应网络新媒体时代，提升工作水平。广大“五老”在革命、建设、改革实践中积累了丰富经验，具有不可替代的政治优势、经验优势、威望优势，是加强青少年思想道德建设的宝贵资源，是确保中国特色社会主义建设事业薪火相传的一支重要力量。在网络新媒体时代，“五老”要加强对新时代下青少年思想道德建设和成长环境中的重点问题、难点问题的调查研究，及时摸清青少年成长中的新情况、新问题，积极探索解决问题的途径和措施。同时，“五老”和关工委工作人员也要强化互联网思维，积极运用微博、微信、手机客户端等现代媒介传播正能量，不断提升关心下一代工作队伍的整体素质和工作能力。

---

① 《习近平谈治国理政》第三卷，外文出版社 2020 年版，第 331 页。

② 参见阮俊华：《互联网思维与育人机制创新》，《中国青年研究》2015 年第 3 期。

实现中华民族伟大复兴是近代以来中华民族最伟大的梦想。习近平总书记在庆祝中国共产党成立100周年大会上指出："今天，我们比历史上任何时期都更接近、更有信心和能力实现中华民族伟大复兴的目标，同时必须准备付出更为艰巨、更为艰苦的努力。"①青年一代生逢盛世，肩负重任，要以实现中华民族伟大复兴为己任，把青春奋斗融入党和人民事业，成为实现中华民族伟大复兴的先锋力量，不负时代，不负韶华，不负党和人民的殷切期望。关工委也要在大有可为的时代舞台上积极发光发热，围绕中心、配合补充，主动作为、协同创新，立足基层、注重实效，坚持服务青少年的正确方向，全力培养德智体美劳全面发展的社会主义建设者和接班人，为实现中华民族伟大复兴的中国梦贡献力量。

课题组：北京大学　陈默　陈凯

执笔人：陈默　陈凯

第二节　新媒体环境下大学生思想政治工作初探

一、新媒体环境给大学生思想政治工作带来巨大挑战和难得机遇

信息化时代，互联网特别是智能手机的普及，给人们带来了方便快捷的交流方式。网络已不单纯是一种技术，更是一种文化。一是在

① 习近平：《在庆祝中国共产党成立100周年大会上的讲话》，人民出版社2021年版，第17页。

社会生活中，这种工具的使用已成为人们须臾离不开的行为习惯；二是网络新媒体对青年大学生人生观、价值观的形成产生着重大影响；三是新旧媒体的融合发展，使人们接受信息方式不仅由传统的纵向传播变成横向多渠道传播，因而需要多种手段交互使用，使传统和现代方式相互融合，互为补充。

数据表明，相对于报刊、电视、广播等传统媒体而言，网络新媒体已深入到社会生活的各个层面和领域。值得注意的是，青年人是广大网民的主体，高校处在信息化工作推进的前沿。习近平总书记指出，互联网主要是年轻人的事业。这就给高校利用互联网开展思想政治教育工作带来了机遇和无限可能性。

（一）网络新媒体拓展大学生思想政治工作新思路

习近平总书记指出："做好学校思想政治工作，既要管好课堂，也要管好课外，既要管好网下，也要管好网上，坚决防范和清除各种错误政治思潮、分裂主义、宗教活动等对学校的侵蚀。要加强校报校刊和网络治理，严明教学纪律，牢牢掌握意识形态工作领导权，用马克思主义占领高校意识形态阵地。"①

在中国共产党成立 100 周年之际，中共中央、国务院向全国印发了《关于新时代加强和改进思想政治工作的意见》。因此，加强思想政治工作不仅是学校，也是家庭、社会和学校教育的共同责任，是摆在全党全国人民面前的共同使命。面对网络新媒体带来的机遇与挑战，高校肩负着利用网络新媒体，为党育人、为国育才，培养德智体美劳全面发展的社会主义事业接班人的重要任务，有鉴于此，我们必

① 《习近平关于网络强国论述摘编》，中央文献出版社 2021 年版，第 58 页。

须把握形势，抓住机遇，采取措施，把网络新媒体建设成为思想政治教育的重要阵地，营造阳光向上的育人氛围。

网络新媒体为大学生思想政治教育提供了难得机遇，有助于全方位提升大学生思想教育水平。习近平总书记在中国共产党成立100周年大会上的讲话中指出，“新时代的中国青年要以实现中华民族伟大复兴为己任，增强做中国人的志气、骨气、底气”[①]。因此，我们要充分利用互联网优势，构建党委统一领导，党政齐抓共管，各方共同参与的思想政治工作新格局。教育引导大学生努力成长为担当民族复兴大任的时代新人，培养他们胸怀大志、舍我其谁的豪情，锲而不舍、永不言败的精神，把个人理想和人生价值的实现融入国家富强、民族复兴的伟大事业，用青春和汗水奋力谱写新时代的青春之歌，努力为党和人民争取更大光荣。

（二）网络新媒体是一把“双刃剑”，必须扬长避短

实践证明，网络新媒体是一把“双刃剑”，机遇和挑战并存。

第一，网络新媒体成为开展大学生思想政治教育的主要途径。网络新媒体以其检索便捷、信息量丰富等特点获得了迅猛发展，特别是公众号、微信、微博、抖音等新媒体蓬勃发展，改善了传统媒体如报纸、杂志等版面限制，降低了信息传播的门槛，使得信息资讯获得了爆炸式增长。但与此同时，网络新媒体也是一把“双刃剑”，在带来诸多便利的同时，也有其自身存在弊端，如信息良莠不齐、鱼龙混杂，低俗信息充斥其中，虚假信息屡见不鲜。这些成为大学生获取正

① 习近平：《在庆祝中国共产党成立100周年大会上的讲话》，人民出版社2021年版，第21页。

面信息的障碍。在人生观价值观形成阶段，大学生如不警惕，很容易受到负面影响。这就要求教育工作者在利用网络新媒体开展思想政治教育时，必须对信息进行甄别拣选，提高网络新媒体传播信息的有效性和可靠性。

第二，利用网络新媒体开展大学生思想政治教育工作尚需进一步推进。大学生对新鲜事物总是保持着好奇心，这符合青年人的特点。调查情况表明，除了用传统媒体获取资讯之外，他们对微信、微博、抖音等新媒体传播方式偏爱有加。而现实情况是，高校教育工作者和有关部门，除利用微信公众号发布正面信息之外，恰恰在利用这些短平快的新媒体传播信息方面是工作的短板。

第三，动员“五老”利用网络新媒体参与大学生思想政治教育工作。这是中国特色的制度安排，也是思想政治工作的体制创新，通过对“五老”工作队伍开展技术培训，帮助其更好开展大学生的思想政治教育工作。目前，利用网络新媒体开展思想政治教育已经比较普遍，并且取得一定成效，但也应该看到，其工作的深度广度不够。与此同时，在海量信息面前，如何提高大学生的鉴别能力，帮助他们自觉趋利避害，还需进一步研究。

二、新媒体环境下开展大学生思想政治工作的现状分析

（一）网络新媒体成为大学生获取资讯的主要途径

第一，网络新媒体对大学生有很强的吸引力。思想政治教育在高校是必修课，是大学生能够树立正确的世界观、人生观、价值观的灯塔。网络新媒体带来的颠覆传统媒介的特性能更多调动大学生的阅读、观看欲，提升思想政治工作的教育教学成果。通过网络新媒体获

取信息更加方便快捷，大学生认为网络新媒体的社交性、互动性更强，可以丰富、便利生活，使其获取的信息更多元。这些数据显示网络新媒体在获取信息等多个方面都对大学生的学习和生活有很大帮助。高校教师可以利用先进的教学手段，丰富思想政治教育教学手段，改进教学模式，借助“学习强国”等平台，吸引大学生积极参与，使学生从阅读者转变为参与者，利用网络新媒体平台构建“线上＋线下”的教育模式，打破传统思想政治教育自上而下的教育模式，充分发挥大学生的主观能动性，培养大学生主动接受思想政治教育的良好习惯。

第二，大学生对网络新媒体的依赖越来越明显。网络新媒体突破空间限制，获取海量丰富的思想政治教育资源，全面广泛接收各类信息知识，加深思想政治教育学习的参与度。手机、电脑等已经成为大学生获取信息的重要载体。网络新媒体环境下思想政治教育方式趋于多样化，教育教学载体丰富，学习素材能以文字、图片、视频、音乐等形式呈现，知识传播途径趋向多元化，提高了学习的趣味性，也便于大学生对知识的接收、理解和运用。大学生在日常的学习和生活中对于网络新媒体的依赖程度很高，微信、微博、抖音等网络新媒体的使用范围非常广泛。

第三，利用好网络新媒体对大学生成长成才具有很大的帮助。传道授业解惑的师者是人类灵魂的工程师，不管教育领域和现代信息技术发生如何变化，教师与学生的关系依然是传递者和接受者的关系。积极利用网络新媒体，创新教学观念，利用网络新媒体开展思想政治工作对大学生的成长成才很有帮助。在利用网络新媒体开展思想政治相关信息推送时，要体现内容为先原则，要重视推送信息的内容和质量，保证更好的宣传教育效果。

（二）网络新媒体成为开展大学生思想政治教育的重要平台

第一，网络新媒体开展学生思想政治教育工作的功能强大。高校教师在开展思想政治教育工作时，可使用公众号、微信群等进行通知发布、学习讨论、宣传教育、沟通联络等。网络新媒体由于自身的优势，在给学生发布信息、开展宣传教育、进行联络沟通等方面具有天然的优势，也便于高校教师进行网络舆情监控，能够高效精准地掌握学生舆情动态。

第二，网络新媒体开展大学生思想政治教育工作的应用领域广泛。在网络新媒体普遍应用的背景下，高校教师掌握网络新媒体的教学应用方式，坚定政治方向，践行社会主义核心价值观；在日常教育教学中带领学生及时关注热点问题，并调动自身理论知识，结合案例展开讨论，以此来激发学生学习的兴趣；高校教师以学生为中心，将课本上抽象的语言转化为生动、通俗易懂的语言，并广泛收集身边案例使得教学语言更贴近学生生活，从而增强学生学习的兴趣和注意力，更好地实现思想政治工作的目标。高校教师利用网络新媒体在思想政治教育、学生日常管理、进行心理健康辅导、学生奖励资助、开展学生思想政治工作、课程思政工作等多个领域开展工作。网络新媒体已经应用到大学生思想政治教育工作各个方面，应用范围广泛。

第三，网络新媒体开展学生思想政治教育工作的发展前景良好。高校官方微博、微信公众号等以图片、视频、文字的形式发布相关的思想政治教育工作内容，为学生提供形式多样的平台，促进学生学习和有效互动，为高校的思想政治教育工作提供更多新的发展思路。学校党委和思想政治教育工作部门高度重视网络新媒体在开展学生思想政治教育工作中的使用情况，在思政工作中积极推进使用网络新媒体开展学生思想政治教育工作，使用网络新媒体开展学生思想政治教育工作的效果良好，公众号等发布重要信息的网络新媒体平台得到了学生的普遍认同。

三、新媒体环境下开展大学生思想政治教育工作的措施思考

（一）进行统筹规划，整合高校资源打造网络新媒体集群

大学生思想政治教育工作是一项庞大的系统工程，高校应统筹规划，逐渐打造思想政治教育的网络新媒体集群，建立和完善利用网络新媒体开展大学生思想政治教育的体制机制。要在学校党委的领导下，统筹大学生思想政治教育各部门、学校关工委，权责明晰，增强各部门的系统观念、“三全育人”观念，充分发挥各级党组织作用，积极应对大学生思想政治教育过程中的各种问题，建立健全考评机制，科学合理进行系统划分，利用网络新媒体建设一个管理层级明确、工作效率高的大学生思想政治教育网络。高校网络新媒体环境下的思想政治教育教学，要建立健全教育教学体系，使其更具有社会主导力和宣传竞争力，能够推动社会发展，弘扬主流文化，培养出综合性素质人才。高校应建设完善的网络管理制度体系，以弘扬正能量、主动屏蔽不良信息为原则。加强对思想政治教育领导体系的建设，以党委统一领导，层层负责，从高处到低处形成网格状的领导教育教学工作系统。

（二）明确平台定位，利用网络新媒体构建校内外学习交流平台

如今高校校园网络得到了迅猛发展，这给高校教师和大学生开展各项工作和学习提高带来了极大的便利，也逐渐改变了大学生的学习

和生活方式。要在深刻把握网络新媒体规律特点的基础上，借助网络新媒体的海量资讯以及信息传播快、范围广的优势，打造网络新媒体教育网络，要利用科技进步的力量，推动大学生思想政治教育工作向前向好发展。网络新媒体技术的成熟以及发展为高校思想政治教育工作提供了更多的可能性，无论是微博、微信、微视频都能在以年轻一代为主体的大学生群体中得到认可、认同和使用。应明确平台定位，通过网络新媒体的技术创新加强大学生思想政治教育工作。要营造与高校校园文化相契合的阳光向上的网络新媒体文化氛围，构建校内外学习交流平台，让高校校园优秀文化传统与网络新媒体文化形成相互促进、相互提高的和谐文化氛围。

（三）内容第一，提高网络新媒体对大学生思想政治工作的适应性

网络新媒体拓展了高校思政工作的视域和教学手段，思想政治教育在现代信息化技术支持下，极大丰富了思想政治教育的方式、方法和内容，并在数据技术的加持下，能够快速适应思想政治教育所面临的新常态，让网络新媒体为思想政治教育建构体系拥有了更多的表现路径和模式。网络新媒体能够为大学生思想政治教育提供海量信息，高校思想政治教育工作者和思想政治教师则需要从中拣选并整合对大学生有益的信息开展思想政治教育工作。应突出和加强以内容建设为中心原则，利用网络新媒体通过原创内容、专栏写作等方式，整合多方面的力量，做好大学生思想政治工作。特别是要发挥学校关工委和离退休老教师作用，做好关心下一代工作，并借助社会及杰出校友资源，全方位、综合性做好大学生思想政治教育工作，以此为主要内容提高网络新媒体对大学生思想政治教育工作

的针对性、实效性和教育效果。

（四）线上线下结合，以大学生喜闻乐见的形式开展工作

新冠肺炎疫情的暴发，使得大学生在一段时间内必须在家学习。上网课等在线学习方式成了大学生不可或缺的重要学习手段。实践证明，利用网络新媒体开展线上教育教学，是大学生教育特别是思想政治教育的必要手段和有益补充。将线下教育与线上教育相结合，能够突破时空局限，拓展创新教育教学方式方法，拓宽思政教育内容。利用网络新媒体开展喜闻乐见的线上教育形式，在思想政治教育、学生日常管理、心理健康辅导、学生奖励资助、学生就业指导、思政课程教育等多方面发力，有益于增强大学生思想政治教育工作的时代感和吸引力，能够收到较好的教育效果。

（五）打造新思政模式，促进网络新媒体与大学生思想政治工作融合

要通过建设高质量的高校网络新媒体思想政治教育平台，提高网络新媒体环境下大学生思想政治教育的实效性。通过公众号、微信群、微博、抖音等新媒体平台，开发更具高校特色的网络新媒体应用程序。通过开发应用程序，提高网络新媒体应用效率，同时以网络新媒体平台为基础，不断增加人、财、物投入。通过加强对思政教师的网络新媒体业务培训，提升大学生思想政治教育的管理效果与服务水平。根据需要，学校普遍设立了二级关工委，在具体实践中，“五老”讲师团、老教授宣讲团围绕中心工作，面向大学生作报告、作辅导，不断增强大学生爱国爱校情怀，助力高校思想政治教育工作。

（六）拓展教育资源，关工委“五老”助力大学生思想政治教育工作

2020年是中国关工委成立30周年，习近平总书记指出，青少年是祖国的未来和民族的希望。中国关工委成立30年来，特别是党的十八大以来，团结带领广大老干部、老战士、老专家、老教师、老模范等离退休老同志，不忘初心、牢记使命，为促进青少年健康成长发挥了重要作用。

关工委“五老”助力大学生思想政治工作显得尤为重要，“五老”具有独特的榜样优势，有崇高的理想信念、坚定的革命意志和政治立场，对党和国家的革命、建设、改革伟大实践有着切身体会。他们通过现身说法，能使大学生在接受思想政治教育时更加信服。学校关工委可充分利用新媒体平台，形成传统工作方式与网络新媒体方式互为补充的新局面，并探索线上教学督导、线上党课、线上谈心、线上咨询等新的活动方式创新大学生思想政治教育形式。

随着网络的进一步发展以及新技术的不断进步，网络新媒体逐渐成为大学生学习生活中不可或缺的重要方面，也深刻影响着大学生的思想和行为方式。思想政治教育工作必须把握新时代新机遇，不断发挥网络新媒体的积极作用，进一步创新大学生思想政治教育的新方向、新途径。这不仅是教育和思想政治工作者难得的机遇，也是我们不可推卸的责任。高校思想政治教育工作者，必须充分认识到在扩大对外开放新形势下，运用网络新媒体做好高校思政工作的重要性、紧迫性，切实维护好高校意识形态安全。要筑牢思想防线，坚持用马克思主义指导高校思想政治工作，深入开展“四史”学习教育，引导广大青年学生进一步增强“四个意识”，坚定“四个自信”，做到“两个维护”。

当今世界，世纪疫情和百年未有之大变局叠加，机遇和挑战并存。在此背景下，我们面临着更多风险和挑战。我们必须不断增强忧患意识，统筹发展与安全，积极应对、妥善处理各种风险挑战。思想政治教育是践行社会主义核心价值体系的主要内容。要通过线下线上相结合的方式，不断完善思想政治教育的教育教学方法，推进大学生思想政治工作传统教育优势与网络新媒体高度融合，为培养德智体美劳全面发展的社会主义建设者和接班人作出新的贡献。要充分发挥关工委“五老”的独特优势，他们是当前思想政治教育工作不可或缺的重要力量，要动员鼓励更多老同志讲好中国共产党的故事、讲好中国故事。

课题组：北京邮电大学　赵青山　朱开明　李方　王明华　董明明

执笔人：董明明

第三节　网络新媒体促进大学生思想政治教育工作研究

一、新媒体概念的相关概述

（一）新媒体的内涵

新媒体的概念是相对于传统媒体而言的，是科技与媒介紧密结合的产物，是在互联网技术、数字信息技术、大数据、云计算等现代技术的支撑下，创设出的具有交互性、融合性、个性化服务等特点的信息传播方式。通过新媒体，大众能够实现身份的转变，能够通过各种移动终端参与到社会事务的意见表达中。

如今，随着新媒体技术的迅猛发展，新媒体的内涵和外延也在不断发展变化之中。当前，以微博、微信、抖音为代表的“两微一抖”逐渐成为高校大学生网络活动的中心，本节正是基于大学生日常使用频率较多的数个新媒体平台进行研究。

（二）新媒体的特征

1. 算法推送个性化

在信息传输过程中，新媒体可以依照大众的需求，通过算法推送具有针对性的服务，以此更好地满足大众对信息的需求。由此可见，传统媒体的大众化传播特点是难以与新媒体特点进行对比的。新媒体在把握大众的基础上，促进自身更好地发展，以此使大众更加注重新媒体行业，从而受到更多人的喜爱。

2. 大众选择多样化

新媒体受众范围极广，同时由于新媒体信息传播速度快且实效性高，大众对信息具有更多的选择。新媒体信息可以被评论，有助于信息发布者和受众进行互动。传统媒体主要是使用“主导受众”的发展模式，而新媒体重点使用“受众主导”的发展模式，这对新媒体的发展具有积极的推进作用。

3. 表现形式丰富化

新媒体在传输信息的过程中，呈现出多样化的发展特征，可以通过图文与视频的方式传输信息，改变了传统媒体相对静态的传播模式，使信息传播更具动态性与形象性的发展优势。在信息表现过程中，通过运用信息技术，使信息搜索更具高效性与便捷性。

4. 信息发布实时化

新媒体在传输信息的过程中，可以不受时间与空间的限制，随时随地加工并传播信息。而大众可以通过移动终端设备与信息技术手段，随时随地获取并浏览信息。如此一来，大幅度提高了大众获取信息的速度，并且提高了获取信息的便利性。

二、运用网络新媒体开展高校学生思想政治教育的必要性和重要性

随着新媒体技术的发展，网络新媒体正在深刻改变着人们的生活，影响着人们的行为习惯和思想认知，同样它也深刻影响着大学校园里的大学生们。立德树人是高校的根本任务，高校学生思政教育如何在网络新媒体技术的发展中变得更具时代性、科学性和创新性，这是每一个教育工作者都应思考的问题。北京教育系统关工委认真贯彻落实上级精神，自2017年至今持续开展网络新媒体与高校学生思政教育的调查研究，对这一问题进行了深入的思考，得出了具有重要参考价值的成果，有助于人们对运用网络新媒体开展高校学生思政教育这一问题的研究。

习近平总书记在庆祝中国共产党成立100周年大会上的讲话中指出："未来属于青年，希望寄予青年。一百年前，一群新青年高举马克思主义思想火炬，在风雨如晦的中国苦苦探寻民族复兴的前途。一百年来，在中国共产党的旗帜下，一代代中国青年把青春奋斗融入党和人民事业，成为实现中华民族伟大复兴的先锋力量。"① 新时代青

① 习近平：《在庆祝中国共产党成立100周年大会上的讲话》，人民出版社2021年版，第21页。

年更要有坚定的理想信念，特别是在中华民族即将实现伟大复兴的历史时刻，必须头脑清醒，信念坚定，永远跟党走，树立正确的世界观、人生观和价值观。

（一）运用网络新媒体开展高校学生思想政治教育的必要性

新媒体的出现和普及影响了当代大学生的思维模式、认知方式、心理意识，增强了其创新能力，但也有可能带来一定的负面影响。习近平总书记指出，“互联网已经成为舆论斗争的主战场。有同志讲，互联网是我们面临的‘最大变量’，搞不好会成为我们的‘心头之患’。西方反华势力一直妄图利用互联网‘扳倒中国’”①。习近平总书记强调：“在互联网这个战场上，我们能否顶得住、打得赢，直接关系我国意识形态安全和政权安全。”②在网络新媒体环境下，大学生思想政治教育面临着许多新的挑战，高校开展思想政治教育工作也会遇到较之以前截然不同的困难和问题。只有更好认识和把握现代信息技术，积极应对网络新媒体给高校学生思政教育工作带来的影响，才能不断培养出社会主义合格建设者和接班人，使我们始终立于不败之地。

（二）运用网络新媒体开展高校学生思想政治教育的重要性

大学生思想政治教育是落实高等教育立德树人任务的重要载体。在信息时代的背景下，网络新媒体成为学生日常学习生活的关键组成部分，这就需要高校在学生思政教育工作中，结合学生思维特点和网络习惯，将网络平台作为思政育人的新阵地，不断创新育人场域与范

① 《习近平关于网络强国论述摘编》，中央文献出版社 2021 年版，第 50—51 页。

② 《习近平关于网络强国论述摘编》，中央文献出版社 2021 年版，第 51 页。

式，提升育人水平与质量。不断总结高校新媒体思政教育先进经验，挖掘探究学校新媒体思政教育建设理念及实践策略。同时，我们必须清醒地认识到，网络信息的泛滥对青年的健康成长带来巨大的挑战。各种良莠不齐的信息资源均可在网络上获取，对人生阅历、知识储备不算丰富的大学生而言，往往难以准确甄别、客观分析和正确认识。从工作主体来看，网络新媒体对思政工作者提出新的要求。互联网打通了虚拟与现实的界限、时间和空间的局限，表现出不同以往的师生关系与主客体关系。但网络新媒体也给高校思想政治工作带来新机遇，一是有利于拓展思想政治教育工作的方法选择。高校利用互联网开展大学生思想政治教育，可以拓展教育空间，改进教育的方式和方法，突破了传统文字为主、单一说教的形式，大大增强了对青年的吸引力。二是有利于提升思想政治工作的针对性、实效性。网络拉近学生与思想政治教育工作者之间的心灵距离，使教育者能及时掌握学生内心动态，进而提升大学生思想政治教育工作的实效性和有效性。

三、网络新媒体环境下高校学生思想政治教育面临的机遇与挑战

（一）新媒体时代高校学生思想政治教育面临的机遇

新媒体凭借快速、高效、渗透性强等特点，一跃成为用户人数众多的信息获取渠道。借助新媒体，建设广泛交流平台，能够与学生实现互联互动，让信息输出及回馈落地有声，这为深入开展高校思想政治教育提供了机遇。

1. 思政教育传播途径增加

互联网为学生的学习提供了便利，构建了多元多层的网络模式。新媒体的强黏合度和互动性，可以更好地实现多方向传播信息。高校

可以充分发挥新媒体的传播优势，促进新教育模式的探索，本着互动、双向的原则开展思想政治教育工作，打造新时代的新教育格局，提高教育效果，为思想建设发展造就新平台。

2. 思政教育方式改变

传统的思想政治教育主要依托报纸、电视、广播等媒介，无法实现高效的信息交流，很难提高学生的积极性和参与度，教学成本高、教学效率低。随着新技术的发展，越来越多的新媒体出现在我们身边，网络信息无处不在，潜移默化地影响着人们的思想和行为。因此，思想政治教育需要积极运用新媒体，探索新的教育方式，建立针对学生的门户网站平台，开发微信小程序，让学生能够随时随地接收到最新、最快的信息，提高学生认知，实现思想政治教育的目标。

3. 思政教育发展机会增多

新媒体能够传播的信息量远大于传统媒介，有助于丰富思想政治教育内容。传统的教学模式以教师为主导，将思想政治相关理论知识单向传输给学生，学生被动接受，互动性不强，工作易出现倦怠。在新媒体时代，教育工作者需要重新对自我定位，从新视角、新思路、新时代出发，重新审视当下的思想政治教育工作，拓展运用新媒体信息平台，发挥其积极作用，从方法上注重多样化，基于新媒体去发展并落实好思想政治教育工作。

（二）新媒体时代高校学生思想政治教育面临的挑战

1. 对于学生的挑战

运用新媒体设备和技术，可以提高思想政治教育的多样性、趣味性以及实现性，从而达到更好的教学效果。与此同时，大学生社会经验较少，容易受到新媒体负面信息的影响，这对高校思想政治教育工作也带来了挑战。

（1）影响学生价值观的形成

新媒体在给人们带来丰富、便捷、开放、共享信息的同时，也夹带着大量异化的信息或思想，其开放性赋予的多元表达、多元传播必然带来文化、思想、价值的多元化，这些多元信息中的一些负面信息容易给大学生群体带来负面影响。他们的思想受到多元价值观念的冲击，易产生价值观的偏离。虚拟的新媒体环境让大学生脱离了现实中的人际交往，缺少了具有真情实意的体验，加之网络当中一些负面文化的传播，不利于大学生的健康发展与正确合理的价值观的形成。

（2）影响学生思维能力的发展

信息高度开放为学生的学习提供了丰富资源，同时也会使其更加依赖网络媒介，独立思考能力和创新能力将会受到影响。新媒体主体的大众化、新媒体内容的庞杂性、新媒体表达的隐蔽性都是教育工作的难点，加大了高校思想政治教育的挑战性。

2. 对于传统媒体的挑战

在新媒体时代，原本主要依托于传统媒体开展的思政教育工作优势局面已经被打破，高校学生思政教育的第一课堂和第二课堂都需要适应网络新媒体的时代要求，生发出新的活力和威力。比如，在大学校园，因为网络新媒体时代的到来，信息传播的载体、技术、方式发生改变，原有传统媒体的优势锐减，需要进行与时俱进的革新，从而重新焕发出生机和活力。比如，高校的广播台、电视台，作为校园传统媒体，因为新媒体的出现，其受众量持续减少，广播台、电视台、热线电话不像以前那样“热”了，热线电话这一传统的传播者与受众的互动交流方式鲜有人使用。作为传统媒体的校报和杂志也面临着同样的境遇，传统纸媒的信息传播速度和热度难与网络新媒体匹敌。具体到学院的传统媒体宣传与各类线下杂志订阅也面临着相似的问题。因此，传统的报刊、广播台、电视台等传统媒介，纷纷开通微信公众平台、新浪微博、短视频网站、抖音等新媒体平台，将传统业务与新媒体展现形式相结合，以获取受众关注，传播平台信息，重新成为高校思政教育的重要阵地。

四、网络新媒体环境下高校学生思想政治教育现状

（一）高校学生网络新媒体应用情况

1. 日常获取信息途径方面

相比于报刊等传统媒体，大多数学生选择使用智能设备，其中使用手机和电脑的人数最多。这样的情况基本符合现代化的生活，智能设备的储存便捷使之成为获取信息方式的最佳选择。而在其他途径中，大多学生选择通过与老师、同学日常沟通获取信息，但沟通的载体也离不开集成了现代化通信技术的电子媒介工具。

2. 学生青睐网络新媒体原因方面

学生大多认为网络新媒体在获取信息上更多元、更快捷，在获取信息中提高了社会、政治活动的参与度。他们认为，网络新媒体不仅促进了个人能力的提升，而且丰富、便利了他们认识世界的过程。只有极少数人认为网络新媒体对个人没什么作用。

3. 网络新媒体平台的使用方面

对于网络新媒体平台的使用，高校学生的选择较为多样，但绝大多数学生会选择使用微信、微博、QQ、哔哩哔哩、抖音等目前网络用户较多使用的软件平台，使用微信的学生人数最多，基于短视频传播和交互技术的抖音也越来越受到人们的青睐。当然也有少数人会选

择使用 Twitter、小红书、知乎等媒体平台。高校学生使用网络新媒体时，对新媒体具体信息形式的选择较为多样，其中图片、音乐、视频、文章和微信推送的使用频率相对较高。

4. 应用网络新媒体平台的时段方面

高校学生对新媒体的日常使用时段，多数集中在中午、晚上和夜间三个时段。夜间 21—24 时使用新媒体的人数最多，也会有少数人选择在凌晨去使用新媒体。

5. 应用网络新媒体平台的时长方面

高校学生在每日浏览时长中，对新媒体的使用大多控制在 4 小时内，但调查表明，大多数人使用时长在 2—4 小时以内，平均使用时长超过 6 小时的学生仅占极少数。

6. 对于新媒体条件下思政教育的态度方面

对于运用微信公众号推送思政教育等内容，大多数学生表示认可，但对推送的内容和表现形式要求较高，他们更希望推送的思政教育内容内涵更丰富，表现形式更灵活多样。他们对于通过网络新媒体开展思政教育的效果是肯定的，相信对自己成长成才方面会起到重要的作用。

（二）网络新媒体自身存在的问题

目前，网络新媒体的问题主要在于信息本身的质量和含义参差不齐，信息碎片化、精品信息少等问题也是学生们关注的现象。网络信息的纷繁复杂对大学生世界观、人生观、价值观的树立产生一定影响。大学是学生世界观、人生观、价值观形成的重要时期，学生获取到的网络信息资源对其世界观、人生观、价值观的树立有举足轻重的影响。

（三）高校运用网络新媒体开展学生思政教育的现状

1. 高校运用网络新媒体开展学生思政教育的积极方面

（1）在运用网络新媒体实现学生思政教育的功能形式方面，因网络新媒体技术的强大和智能化，高校思政教育工作者使用网络新媒体的频率很高，党政管理干部、思政课专职教师、专兼职学工干部普遍通过网络新媒体手段来高效完成发布通知、宣传教育、沟通联络、学习讨论、网络舆情监控等工作。

（2）在运用网络新媒体开展学生思政教育的具体领域方面，网络新媒体被广泛运用于学生思想教育、日常管理、心理辅导、奖励资助、就业指导等相关领域，涵盖了学工思政教育工作的方方面面，并发挥了重要作用，给学生工作干部开展各项工作提供了很多的便利条件。

（3）在网络新媒体运用于学生思政教育的前景方面，运用网络新媒体开展学生工作普遍受到高校老师和学生的喜爱和支持。比如，通过线上直播开展思政课教学等方式以“足不出户、成本低、速度快”等优势已被学生广泛接受。学工干部通过会议软件等新媒体手段，可以实现在线与学生点对点、一对多的信息交互。此外，很多高校设置了工作室、专门岗位和经费来加大网络新媒体运用于学生思政教育的投入，确保网络新媒体发挥更加重要的作用。

2. 运用网络新媒体开展学生思政教育的不足方面及原因分析

（1）平台运营管理能力不足。新媒体的发展需要复合型人才，一要懂得新媒体应用技术，二要对网络热点事件、社会热门事件有一定的敏感性，三要具有一定的创新意识，能有效将传统文化与网络文化有机结合。但由于高校开始运作新媒体的时间还很短，管理者本身对新媒体的认识还不足，对此类复合型人才的培养还没有形成系统，导致人才相对缺乏，进而致使平台运营能力有一定的不足。

（2）平台教育内容质量有待提高。在项目组开展的问卷调查中，学生普遍认为网络新媒体环境下思想政治工作存在“形式大于实事”“内容对年轻人缺乏吸引力”等问题。新媒体平台教育内容应将思想政治理论与生活实际结合起来，紧紧围绕社会实践和热点问题阐释理论。当前，高校内大多数新媒体平台过于依赖固有知识，不能有效地组织和加工教育内容，需要进一步将框架内的理论知识与社会实践联系起来。高校网络新媒体平台不能只完成正常的教育内容传播任务和目标，还要关注思政教育领域中新的科研成果，注重延伸与教育内容相关的知识点，做到“贴近实际、贴近生活、贴近学生”。此外，思政教育类新媒体平台作为党的理论路线方针政策的传播者之一，其内容的理论水平直接影响大学生对相关问题的认知深度，但一些高校新媒体平台在传播教育内容的过程中缺乏应有的理论深度和广度，对一些理论和热点问题解读和整合不到位，对学生应该掌握的重点问题和难点问题把握不够准确，导致教育内容的传播仅仅停留在表层，不能用理论透彻地阐释问题。

（3）需加强资金和人力保障。新媒体技术的发展日新月异，将新媒体与思政教育工作相融合仅为近几年探索的方向，高校在短时间内难以建立起完善的运营机制。在指导教师方面，新媒体的指导教师多为辅导员兼任，未配备专人管理，辅导员既有大量本职的事务性工作，缺少足够的时间和精力进行精品网络作品的创作，且辅导员自身理论水平和管理水平还有很大提升空间，需不断在交流学习和技术培训中提高网络育人能力。在学生团队方面，各级各类新媒体平台一般采取学生社团运营，成员每年换届，人员流动大、连续性差，工作能力参差不齐，导致产出的网络文化作品质量不稳定。

同时，由于缺乏统一的培训机制，新成员的选拔和培养需要消耗比较多的时间和精力。此外，在资金保障和激励措施方面，根据调研访谈，目前校内各新媒体团队大多只有简单组织架构，相应激励机制不完善或激励作用不强，甚至无激励等保障措施，需加强资金和人力保障。

（4）需要有效的协同合作。根据调查，很多校园新媒体平台的发展基本是独立运营，学校开设官方微博、微信，隶属学校宣传部管理，学校行政部门、二级学院、各级学生组织开设的微博、微信分属不同部门管理，没有形成统一管理，很少有从“品牌”角度作出整体、科学战略规划的学校。另外，有些新媒体平台栏目设置不合理，重点内容不突出，信息发布反馈不及时，互动功能不完善，不能充分发挥新媒体的教育引导作用。

五、网络新媒体环境下优化高校学生思想政治教育的对策

（一）提升新媒体环境下大学生思想政治教育工作者水平

大学生管理者需要精准把握时代的需求，不断提高工作水平，以适应新媒体环境，提升思政育人水平。活跃在学生教育教学一线的教师是对同学们实施教育管理的核心力量，根本任务就是做好学生思政教育工作。高校要制定科学的培训制度，定期组织相关业务培训，加强校内各新媒体平台的交流学习，同时引入校外主流媒体平台、兄弟高校新媒体平台等优秀学习资源，提升工作者的专业能力水平，使其具备敏锐的网络意识和专业的网络素养，让思想政治教育理论知识与学生喜闻乐见的形式相结合，引导学生建立正确的理想信念。

（二）加强思想政治教育工作者和大学生媒介素养培养

首先，面对不断发展的信息化社会，高校学生思政教育工作者必须不断加强媒介素养，进而提高自身的管理能力和开展思想政治工作的能力，提升在面对不同媒体、不同信息时的选择能力、质疑能力、理解能力、评估能力、创造和生产能力以及思辨反应能力。在媒介使用较为广泛的背景下，思政工作者首先应树立媒介使用意识，增强网络话语权，积极向学生传递正向信息。其次，要主动学习媒介方面的理论知识和技能知识，为正确熟练地使用媒介奠定基础，同时也可以带动大学生共同学习，引导学生在繁杂的媒介信息中辨别选择自身需要的正确信息。最后，要自觉遵守媒介道德规范，加强道德修养，注重良好媒介道德形象的塑造，带动学生营造积极向上的媒介使用氛围。比如，可以探索将辅导员媒介素养作为一个重要指标纳入辅导员考核、评聘和奖励机制之中，从制度建设方面引导辅导员注重自身新媒体思维和能力的培养，同时可以起到激励作用，激发辅导员参与的动力与热情，变被动学习为主动学习。

（三）积极构建大学生思想政治教育的新媒体矩阵

大学生网络思政教育体系不是单独存在的个体，而是由各部门、各单位所组成的。由于学生数量多和现实情况多变，仅依靠各新媒体平台单独作战无法实现行之有效的网络思政教育，所以要充分发动高校各级力量，统筹学校、学院、年级、班级、宿舍等各级力量，发挥不同平台的教育优势，进行有协同性的网络思政教育。同时，整合校内外新媒体资源，在新媒体矩阵的促进下，形成大学生网络思想政治教育合力。例如，华北电力大学于 2018 年建立起“学院新媒体联络人制度”，以各学院新媒体辅导员为依托，加强校院两级联系，能够做到学校信息在第一时间的上传下达，保证教育资源及时传递到学院、师生之中，同时学生的思想、行为状况也能在第一时间得到获取、处理和上报。要引导教育者积极投身新媒体矩阵的建设中，引导学生积极参与教育过程，形成全校参与的大学生网络思政教育氛围。

（四）完善新媒体环境下大学生思想政治教育保障监督机制

新媒体时代，大学生思政教育课堂不仅局限于线下，利用大数据、互联网平台可以更好地开展高校思政教育工作，这意味着大学生思政教育监督体系需要随着时代要求不断更新。网络时代下的高校思想政治教育工作是否成功，关键在于学生是否能对各种网络信息形成正确的价值选择和思想认知。因此，高校可以主动在网络舆情的分析和认识方面加强对学生的教育，可尝试组建网络舆情分析兴趣小组，创建高校思想政治教育工作的创新路径，使学校在网络舆情事件的研析中构建与学生和谐对话的环境，促进学生主体性意识和批判性思维的发展，让学生正确看待网络舆情事件，肩负起新时代大学生的使命和责任。此外，制定思政教育评分体系，将其加入对思政教育工作者的考评体系，将思政教育工作进行一定程度的量化，督促思政教育工作者不断进步、自我完善。

（五）加强线上线下教育协同，发挥育人合力

通过优化资源分配，做到线上和线下思政教育的有机配合、统筹规划，打好“组合拳”，实现“知”“情”“意”“行”的统一。在教育设计上，要从大学生思想认知的实际出发，围绕高校人才培养的目标，突出重点、突破难点，将线上教育和线下教学的内容整合好。线上教育主要借助集视频、音频、图表、动画、图片、文字为一体的新

型网络教育媒介，开展虚拟的思想政治教育。线下教育可以突出理论难点、热点问题的研讨，注重提高运用马克思主义基本理论分析和解决实际问题的能力素质，从而形成线上教育与线下教育融合共进的合力。

（六）营造与校园文化相契合的健康向上的网络文化氛围

网络已经不单纯是一种技术，更是一种文化。网络工具的使用已成为人们的行为习惯。人们传递、接受信息的方式，由传统的纵向变为横向多渠道。网络平台上的内容来自社会存在，如果说平台内容是“流”，那么社会存在就是“源”。“流”需要管理，“源”更需要净化。校园文化就是这个“源”，对大学生思想品德的形成起着非常重要的作用。因此，实际校园文化建设和网络校园文化建设是相互影响的，在通过网络对学生进行思想教育时，必须把两者有机结合起来。建设优秀的校园文化，为网络提供全面、及时、精彩的网络信息，营造健康的网络文化环境，引导大学生健康、文明、向上的网络生活，在为大学生学习、生活、就业等方面提供便利的同时，也实现了网络思想政治教育的功能。

（七）充分发挥关工委在大学生思想政治教育中的桥梁纽带作用

以老带新是党的优良传统。以“五老”为中坚力量的老同志群体是大学生思想政治教育工作队伍的重要补充和辅助，其作用是其他组织所无法替代的。新媒体时代，大学生面临西方敌对势力意识形态的渗透，面临多元网络文化的冲击。帮助青年学生树立正确的世界观、人生观、价值观，任务艰巨且意义重大。老同志队伍是我们党在长期的革命斗争中造就的重要战斗力量。坚定的政治信仰、鲜明的政治立场、扎实的理论基础、丰富的育人经验和独有的亲和力、感染力是老同志在开展大学生思想政治教育工作中的宝贵财富，是通过长期的艰苦奋斗积累、锤炼形成的。学校可以聘任离退休老教师作为学生成长"1+1"导师，借助微信、QQ等新媒体手段，与学生进行交流互动，引导学生树立远大理想，培养学生创新实践能力，助力学生快速成长成才。同时，学校应积极搭建老同志群体发声平台，通过微视频展示老照片、讲述老故事的方式引导青年学生知史爱党、知史爱国，以马克思主义理论武装自己，践行社会主义核心价值观。

课题组：华北电力大学　任华　朱常宝　沈岚　王新军　张青岳
执笔人：任华

第二章 网络新媒体环境下高校关工委工作品牌建设研究

第一节 关工委工作品牌建设面临的问题与挑战

党的十八大以来，以习近平同志为核心的党中央高度重视互联网的治理与发展。当下，新一轮科技革命和产业变革加速演进，人工智能、大数据、物联网等新技术新应用新业态方兴未艾，互联网迎来了更加强劲的发展动能和更加广阔的发展空间。习近平总书记指出："当今时代，以信息技术为核心的新一轮科技革命正在孕育兴起，互联网日益成为创新驱动发展的先导力量，深刻改变着人们的生产生活，有力推动着社会发展。"①"互联网已经融入社会生活方方面面，深刻改变了人们的生产和生活方式。"②

在这一时代背景下，本节以北京市高校关工委品牌建设调研及优秀案例分析为基础，以对外经济贸易大学关工委工作实践为例，研究探索网络新媒体环境下高校关工委品牌建设中的现存问题和品牌的形成机理，提出高校关工委品牌建设的优化框架和进路，为高校关工委在网络新媒体环境下的品牌建设工作提供实践参考，为高校落实落细立德树人根本任务，培养德智体美劳全面发展的社会主义建设者和接

① 《习近平关于网络强国论述摘编》，中央文献出版社 2021 年版，第 149—150 页。

② 《习近平关于网络强国论述摘编》，中央文献出版社 2021 年版，第 33 页。

班人贡献力量。

一、关工委品牌建设实践与现状

为切实了解网络新媒体环境下高校关工委品牌建设情况，本节研究以问卷调查方式对北京市各高校关工委工作人员、高校青年教师及学生开展相关调研。本次调研采用线上形式共发放400份问卷，回收有效问卷395份，回收有效率为98.75%。其中，高校关工委工作人员22份，占比5.57%；高校青年教师176份，占比44.56%；高校学生197份，占比49.87%。调查对象来自北京大学、对外经济贸易大学、中央财经大学、北京电影学院、北京第二外国语学院、北京工商大学、北京科技大学、北京林业大学、首都经济贸易大学、北京农学院、北京北大方正技术学院等十余所高校，每所高校的问卷数量、组成结构比例相近。问卷内容涉及高校关工委开展活动情况以及对高校关工委品牌活动的认知与态度。

（一）高校关工委教育实践活动开展的问卷调研

本次调研就高校关工委开展教育实践活动的基本情况，如活动开展次数、面向对象、载体、组织模式、途径、支持、考核评价机制等情况进行提问，调研结果如表2.1至表2.8所示。

表2.1　您所在的高校关工委平均一学年组织多少次面向各位开展的教育实践活动（单选）

次数	工作人员		青年教师及学生	
	数量（人）	百分比（%）	数量（人）	百分比（%）
0次	0	0.00	0	0.00

续表

次数	工作人员		青年教师及学生	
	数量（人）	百分比（%）	数量（人）	百分比（%）
1—3 次	6	27.27	171	45.84
4—6 次	10	45.45	117	31.37
7 次以上（含 7 次）	6	27.27	85	22.79
总计	22	100.00	373	100.00

表 2.2　您所在的高校关工委开展的教育实践活动是否面向师生（单选）

答案	工作人员		青年教师及学生	
	数量（人）	百分比（%）	数量（人）	百分比（%）
是	22	100.00	372	99.73
否	0	0.00	1	0.27
总计	22	100.00	373	100.00

表 2.3　您所在的高校关工委开展的教育实践活动主要面向对象（单选）

答案	工作人员		青年教师及学生	
	数量（人）	百分比（%）	数量（人）	百分比（%）
未面向师生	0	0.00	1	0.27
本科一、二年级学生	2	9.09	8	2.14
本科三、四年级学生	4	18.18	45	12.06
未作师生明确区分	16	72.73	263	70.51
青年教师	0	0.00	56	15.01
总计	22	100.00	373	100.00

根据调查结果（如表 2.1 至表 2.3 所示），北京市高校关工委每学年均有组织教育实践活动，其中，45.45% 的工作人员选择“4—6 次”，

45.84% 的青年教师及学生选择“1—3 次”。数量方面，高校关工委积极组织开展教育实践活动，但是有可能由于宣传等问题，工作人员和青年教师及学生对于开展次数的了解有差异。在面向对象方面，基本所有人都选择了“面向师生”，72.73% 的工作人员与 70.51% 的青年教师及学生都选择了“未作师生明确区分”，说明多数高校关工委的教育实践活动既面向教师，也面向各年级学生，活动对象范围未作局限。

表 2.4　您所在高校关工委面向学生开展的教育相关活动的载体是什么（多选）

答案	工作人员		青年教师及学生	
	数量（人）	百分比（%）	数量（人）	百分比（%）
开展课堂教学	4	9.52	145	38.87
开展线上师生讲座	4	9.52	39	10.46
开展线下师生讲座	16	38.10	95	25.47
开展师生实践现场教育	4	9.52	35	9.38
对青年教师开展教学帮扶	14	33.33	26	6.97
其他载体	0	0.00	33	8.85
总计	42	100.00	373	100.00

根据表 2.4，在选择活动载体时，工作人员主要选择了“开展线下师生讲座”及“对青年教师开展教学帮扶”，分别占 38.10% 和 33.33%，而青年教师及学生最多选择了“开展课堂教学”和“开展线下师生讲座”，分别占 38.87% 和 25.47%。一方面，高校关工委开展教育活动主要采取线下形式；另一方面，工作人员和青年教师及学生对于“开展课堂教学”和“对青年教师开展教学帮扶”的载体认知有差异。

表 2.5 您所在高校关工委面向师生开展的教育实践活动组织的模式是什么（多选）

答案	工作人员		青年教师及学生	
	数量（人）	百分比（%）	数量（人）	百分比（%）
高校关工委依托二级关工委间接开展活动	10	22.73	402	55.60
高校关工委直接面向全校师生开展活动	10	22.73	151	20.89
高校关工委借助职能部门、学生组织力量开展活动	14	31.82	87	12.03
与个别学院保持长期合作开展活动	8	18.18	56	7.75
其他	2	4.55	27	3.73
总计	44	100.00	723	100.00

根据表 2.5，在选择活动组织模式时，工作人员主要选择了“高校关工委借助职能部门、学生组织力量开展活动”，占 31.82%。其他模式“高校关工委依托二级关工委间接开展活动”、“高校关工委直接面向全校师生开展活动”以及“与个别学院保持长期合作开展活动”比例相近。青年教师及学生最多选择了“高校关工委依托二级关工委间接开展活动”，其中“高校关工委借助职能部门、学生组织力量开展活动”只占 12.03%，与工作人员所选的相差较大。这说明高校本身关工委开展活动模式多样，主要还是借助职能部门、学生组织力量开展活动，但师生认知是主要依靠二级关工委开展，可能在职能部门和学生组织开展活动时，未能有效表明为关工委活动，造成认知差异。

表 2.6　您所在高校关工委面向各位开展的教育实践活动组织的途径是什么（多选）

答案	工作人员		青年教师及学生	
	数量（人）	百分比（%）	数量（人）	百分比（%）
高校主页或企业号客户端推送	12	31.58	277	39.35
合作院系 / 二级关工委报道与宣传	16	42.11	136	19.32
师生之间口口相传	2	5.26	58	8.24
院系通知	4	10.53	150	21.31
高校宣传板、展板等宣传	2	5.26	17	2.41
校园广播媒体宣传	2	5.26	43	6.11
其他	0	0.00	23	3.27
总计	38	100.00	704	100.00

根据表 2.6，对于活动组织宣传途径，工作人员主要选择“合作院系 / 二级关工委报道与宣传”，占 42.11%，其次为“高校主页或企业号客户端推送”，占 31.58%。而青年教师及学生认为“高校主页或企业号客户端推送”为主要模式，占 39.35%，“院系通知”和“合作院系 / 二级关工委报道与宣传”分别占 21.31% 和 19.32%。从调研数据得知，一方面，高校关工委主要依靠新媒体手段，如高校主页和企业号推送、合作院系报道进行宣传。另一方面，师生获知活动主要通过线上途径，其中高校企业号推送、合作院系报道或通知为主要获取渠道。

表 2.7 您所在高校对关工委面向师生开展的教育实践活动的支持主要体现在何处（多选）

答案	工作人员		青年教师及学生	
	数量（人）	百分比（%）	数量（人）	百分比（%）
活动指导支持	14	31.82	301	41.40
活动经费支持	6	13.64	25	3.44
活动场地支持	8	18.18	23	3.16
“五老”育人力量支持	16	36.36	295	40.58
不了解	0	0.00	78	10.73
其他	0	0.00	5	0.69
总计	44	100.00	727	100.00

根据表 2.7，在高校关工委对活动的支持方面，工作人员多数选择了“‘五老’育人力量支持”和“活动指导支持”，分别占 36.36% 和 31.82%，青年教师及学生也认为主要是这两方面的支持，分别占 40.58% 和 41.40%。在活动经费支持和活动场地支持方面，工作人员选择比例均在 10% 以上，而师生选择比例不到 4%，说明关工委在提供精神指导的同时也提供了物质支持，但师生认知中关工委主要还是在精神指导上给予支持。

表 2.8 您所在高校有无对面向师生开展的教育实践活动的考核 / 评价机制（如收集师生对关工委讲座的反馈等）（单选）

答案	工作人员		青年教师及学生	
	数量（人）	百分比（%）	数量（人）	百分比（%）
有	14	63.64	83	22.25
无	6	27.27	60	16.09
不了解	2	9.09	230	61.66
总计	22	100.00	373	100.00

开展品牌建设活动，如北京大学“博雅银龄领航团”，中央财经大学“老少共话”活动，北京科技大学“院士回母校”活动、“红色1+1”活动，北京工商大学“读懂中国”活动，北京第二外国语学院“助教助学”老教授党员先锋队等。本节以对外经济贸易大学关工委（以下简称“贸大关工委”）开展的品牌建设活动为重点进行阐述。

（三）“互联网 +”时代下的高校关工委品牌建设——以对外经济贸易大学为例

贸大关工委围绕立德树人的根本任务，贯彻“围绕中心、配合补充，因地制宜、量力而为，立足基层、注重实效”的工作方针，30年来开展了许多有意义的工作，曾多次在教育部关工委和北京教育系统关工委的大会上介绍举办活动心得体会。贸大关工委开展的关工委理论学习组的学习活动、校史和校园文化讲座、杰出校友回母校活动、教育扶贫活动、老少支部共建活动、读懂中国采访活动等一系列品牌建设活动内容充实，得到校内外青年师生的广泛关注和好评。探究以上获得成功的品牌活动，归纳起来有以下几个共同特点。

1. 紧紧围绕立德树人的根本任务，弘扬社会主义核心价值观

贸大关工委的重要活动紧紧围绕学习与宣传习近平新时代中国特色社会主义思想展开。每年两会以及习近平总书记有重要讲话发表，关工委均组织学习研讨会，事先做好充分准备。会上大家踊跃发言，深入讨论，并对工作提出意见和建议，效果良好。在开展活动时，紧密结合实际，传承、弘扬优秀思想及文化。例如，结合重要时间节点，组织理论学习组、老少支部共建等活动，开展党史、新中国史、改革开放史、社会主义发展史教育；在确定校史与校园文化讲座内容时，注意把校史讲座与国史教育结合起来，通过学校的历史，说明学

校的命运和国家的命运是密切联系在一起的，突出校训的诠释，传承校园文化；此外，还结合学校“外语 + 专业”以及国际化的办学特色，以学科带头人的事迹勉励学生成长成才，以热爱学生的教师的故事激励学生感恩回报，以优秀校友的事例为学生树立榜样，发扬贸大传统，传承贸大精神。

2. 新媒体环境下，教育内容与多样形式有机结合

开展品牌活动时，贸大关工委十分注重选取富有针对性的内容，采取活泼、有吸引力的形式，如学习活动常与参观爱国主义教育基地相结合。2018 年的教育扶贫夏令营在河北省隆化县董存瑞烈士纪念陵园举行开营仪式，在庄严的氛围与英雄事迹的激励下，学生们集体宣誓，传承红色基因。夏令营活动主要内容是励志教育与英语口语提高，为了更加有效地达到活动目的，主办方采取观看影片、读书、谈心和篝火晚会等丰富多样的形式，学生均表示收获颇多。在开展“大手拉小手”读书活动时，面对交通不便问题，贸大关工委结合实际，运用网络新媒体力量，多次与承德结对中学采用线上二、三课堂形式，组织大学生和中学生开展线上读书交流，效果良好。在举办“杰出校友回母校”活动中，讲座内容结合学校自身的特色专业，请杰出校友讲述自己的工作经历，勉励同学们把当前的学习与未来为国家多作贡献紧密结合起来。形式上，讲座除了校友讲述环节，还设置了问答环节，学生就感兴趣的内容向杰出校友进行提问，形成良好互动，充分调动学生积极性。除了讲座之外，还组织学生记者对杰出校友进行采访，在校园网推送，以方便大家更深入地学习校友事迹。

3. 长期坚持和开拓创新相结合

品牌活动绝不局限于一场活动的内容，而更应有长期的效果。贸

大关工委组织活动时，在内容和形式上都不断开拓创新，形成长期品牌效应。例如，全面建成小康社会以前，教育扶贫活动是关工委特色品牌活动之一，这起始于捐献军训服装。2013 年以来，贸大关工委因捐献服装数量多质量好等因素，一直是北京教育系统关工委的捐献军训服装先进单位。在坚持原有形式外，贸大关工委还注意活动方式方法的创新，先是在捐献军训服装时加上给小同学励志的寄语，后来由捐献服装扩展到捐献图书和教学物资，还运用新媒体形式开展线上读书交流活动。通过教育扶贫活动，对外经济贸易大学与承德市教育关工委建立了密切联系，与隆化县和围场县的学校结了对子，既捐献了物资，还为当地的初中英语老师提供免费培训，提高了当地学生英语水平。另一特色品牌活动——校史与校园文化讲座也既坚持了传统又进行了创新，最初每年仅为本科新生讲，后来扩大至研究生新生，2016 年将对象范围扩大到每年新入职的全体青年教职工。这项活动与时俱进，每年增补内容，如今已正式纳入本科和研究生的新生入学教育计划和新入职教职工的岗前培训计划。

4. 对青年师生的启迪和实际锻炼密切结合，形成青年师生积极参与的长效机制

高校关工委的各项活动，不仅应注重对同学们的宣传和引导，更要注重使同学们从中受到教育、得到锻炼、增长才干。例如，贸大关工委在“杰出校友回母校”活动中增加了学生记者采访环节，捐献军训服装活动中形成关工委和各学院志愿团协同合作的有效机制，从策划、海报推送、动员、组织收集和存储的各个环节均由学生志愿团担任主角，不仅加深了学生对活动意义的认识，也增强了他们在组织、宣传方面的能力。教育扶贫夏令营、线上“大手拉小手”的读书活动，均由大学生担任主角。他们以自己的能力帮助他人，既获得了成就

感，也增强了参与积极性。

此外，在老少支部共建的学习活动中，对外经济贸易大学信息学院学生一支部把学生党员和申请入党的积极分子分成小组，选取专题，集体进行准备和发言演示，老同志积极加入讨论、进行补充，取得很好的效果，成为该学院学生党团学习活动的常态。在2019年"读懂中国"的采访活动中，贸大关工委通过各学院分团委进行动员和组织，不仅做到了活动全覆盖，而且为全面建立二级关工委打下良好的基础。在举办大型活动后，还召开总结表彰会，对表现突出的学院、班级和个人进行表扬，既落实了活动从一届学生到下一届学生的传递，也形成了青年师生积极参与的长效机制。由于以上共同特点，老同志积极参与，每年有新的计划、新的突破，活动受到同学们的欢迎，大家踊跃参与、收获满满。学校有关部门也将以上活动列入每年计划，年年传承且拓展新内容，促进了校关工委在网络新媒体环境下的品牌建设工作。

二、关工委品牌建设面临的新问题新挑战

在教育部关工委和北京教育系统关工委带领下，北京市各高校关工委引用品牌理念、方法，结合高校思想政治工作特点，以离退休老同志为主体，以高校学生为面向，以铸魂育人为价值旨归，以教育实践为主要抓手，为关心大学生和青年教师健康成长作了大量实实在在、卓有成效的工作，发挥了不可替代的作用。但是，在网络新媒体环境下，高校关工委的品牌建设和工作开展面临着新的问题和困难，亟待研究和解决。

（一）关工委品牌建设的组织成员考核体制有待加强完善

目前，高校关工委主要以离退休老同志为主体，但因激励机制和动力不足、教师年龄偏高、组织重视程度不够等原因未能充分发挥老同志的优势，关工委的品牌价值有待提高。高校离退休老干部有着关心时政大事和学校发展、政治立场坚定、专业知识扎实、教育和管理工作经验丰富、对高校感情深厚、空闲时间较多等特点。根据调研结果，青年师生在思想道德、知识能力、心理素质、身体健康等方面都有较高需求，但是目前许多高校仍主要发挥老同志人生阅历对师生的引领作用，而对于离退休老同志在理论积淀、情感激励、时间充足等方面的利用仍有不足。此外，仍有高校缺乏配套的完善组织架构和考核评价机制，缺少收集师生对关工委活动的反馈意见，难以及时根据实际情况评价或改进活动的后续开展。

（二）关工委品牌建设的教育对象时代特征明显

如今，大学生已从“90后”变为“00后”，而“00后”成长在互联网新媒体环境下，具有显著的个性特征：思维活跃、崇尚自由、自我意识强、善于学习等。此外，因互联网传播迅速、内容丰富等特点，大学生知识来源多元化，思想观念多样化、对于教育路径有不同选择，这些方面都对大学生的思想有一定的影响。教师队伍也不断年轻化，这也给关工委品牌建设和活动开展带来挑战。

（三）关工委品牌建设的载体及宣传途径有待与新媒体更好结合

目前，高校关工委活动多以开展线下师生讲座、课堂教学、师生实践现场教育等形式进行，多是老同志讲、同学们听，多停留在传统固化模式上，青年师生在活动中参与较少、互动性弱、活跃度低。宣传途径也主要为合作院系或二级关工委报道宣传、师生之间口口相传、高校主页或企业号客户端推送等传统途径，没有及时适应时代发展与变革、没有充分运用新媒体平台的力量，如微信公众号、微博、短视频、直播等平台，宣传力度和影响力受限。在运营新媒体平台时，需要注意平台运营人员的管理能力，平台教育内容的质量，资金和人力保障，高校关工委与合作院系、二级关工委、职能部门、学生组织的协同合作等问题。

三、关工委品牌建设的建议及思考

网络新媒体环境对于高校关工委品牌建设既是机遇也是挑战，在品牌建设过程中，要结合新媒体力量，找准品牌定位、树立品牌意识、打造品牌形象、加强品牌管理、拓展品牌宣传。针对上述问题，结合调研结果及案例学习经验，笔者就网络新媒体环境下高校关工委品牌建设提出以下建议及思考。

（一）打造高校关工委品牌，找准定位、做好推广延伸

1. 坚定不移以习近平新时代中国特色社会主义思想为指导，以立德树人为根本任务，贯彻关工委的工作方针

关工委的工作方针是：急党政所急、想青少年所需、尽关工委所能。在开展工作时，一方面，关工委的工作离不开校党委的领导、指导和支持。关工委同志既要加强自身学习，还要主动争取校党委指导和支持。年初召开关工委全委会研讨确定一年的中心工作，年末向党委汇报一年的工作，形成体制机制。另一方面，关工委在工作时要围

绕中心、配合补充，因地制宜、量力而为，立足基层、注重实效。在与学校各有关部门商讨工作时，要在坚持立德树人根本任务的基础上，做好配合补充的角色。有为才能有位，才能得到各有关单位的理解和支持，形成合力，相互合作，发挥老同志的政治优势、威望优势、经验优势、时空优势和情感优势。关工委的工作是必要的、有效的，也是可以配合开展的。师生参与度高、有所收获，关工委的工作才能顺利进行，要打造有品牌特色的活动。

2. 坚持以学生为中心的指导思想，老同志与青年师生平等对话、相互激励

关工委工作，归根到底是为学生服务的。因此，在活动的策划、联系、进行和总结的过程中，都要坚持以学生为中心，挖掘自身特色，紧贴学生需求。内容设计方面，要能服务立德树人根本任务，并让学生产生共鸣；活动形式方面，要能吸引学生，增加他们的参与度和积极性，使他们的能力得到锻炼，思想得到提高；活动结果方面，要认真总结重大活动，表扬先进集体和个人，深化活动意义，放眼长远影响。同时，要妥善看待老同志与青年师生的关系。在关工委的各项活动中，老同志应起引导和激励作用，而非枯燥说教。例如，在院士和杰出校友回母校活动中，老同志以讲故事的方式讲述国家的变化和自身的亲身经历与奉献，拉近与同学之间的距离。青年师生积极参与互动，与老同志交流思想。在这样的平等交流中，青年师生既可增长知识、学习老同志的精神、获得激励，老同志也能从青年身上看到未来，深化情谊。

3. 充分发挥关工委老同志的独特作用

广大“五老”是党和国家的宝贵财富，是加强青少年思想政治工作的重要力量。高校离退休老同志工作年限长，为党的教育事业、祖

国建设贡献了青春年华，是高校稳定和社会发展需要高度重视的力量。他们政治立场坚定、专业知识及教学经验丰富、具有发挥余热的强烈意愿，因此在关工委品牌活动开展中，应充分发挥老同志的独特作用，以他们的人生阅历、理论基础、深厚情怀引领青年师生，利用自身优势进一步加强对学生的思想政治教育，关心学生成长成才，关爱经济上有困难的学生，激励学生爱党爱国、奋发图强。同时，也要在关工委老同志中进一步倡导、弘扬“忠诚、关爱、创新、奉献”的精神，推动老同志主动作为、积极参与大学生思想政治教育和青年教师培养等工作。

4. 完善关工委工作机制，提高工作人员素养

在开展品牌建设活动中，十分重要的因素之一是关工委的组织建设和机制完善。其中最重要的机制是民主集中，实现成员分工合作，雷厉风行，有事及时沟通，开短会，办实事。有意见和想法直截了当提出来，达成共识后迅速落实，这样才能成为一个团结高效的集体。同时，工作中也应注意动员和吸引更多的老同志参与关心下一代工作，组成核心学习小组，聘请报告团成员，聚集各种资源，这样才能使活动有声有色。重大问题要及时请示校党委，得到校党委的指导和支持，这样才能克服种种困难，把事业推向前进。此外，也应注重提升关工委工作人员的素养，具体体现在以下三个方面。

第一，工作人员需要快速领会上级精神，结合实际，勇于创新。如，2016 年 9 月，教育部关工委部署开展以“坚定理想信念，传承科学精神，感悟科技人生，规划职业生涯”为主题的“院士回母校”活动，贸大关工委结合文科院校无院士的实际情况，认真研究，创新开展“杰出校友回母校”系列活动。活动通过展现老校友刻苦学习、不懈创新、甘于奉献的品德风范，展现贸大人经贸报国的理想追求以

及为实现中华民族伟大复兴中国梦所作出的努力，引导青年学生树立正确的人生观、价值观和择业观。目前，这项活动已经正式被教育部关工委命名为“院士和杰出校友回母校”活动，而贸大关工委的做法也被其他院校所借鉴。

第二，对关工委组成人员和骨干人员进行理论和业务培训，加强学习，与时俱进，不断创新，自我完善，不断提高政治素养和工作能力。

第三，规范关工委工作人员的工作作风，培养奉献精神。要使关工委的活动成为品牌，细节决定成败。在开展工作中，必然会遇到诸多挑战，在面对实际困难时，需要关工委工作人员起带头作用，发扬优良作风，发挥奉献精神。

5. 应用新媒体新技术，切实做好宣传推广工作

宣传思想工作是党和国家的重要工作，也是做好关心下一代工作的重要环节，任何时候都不能放松。它体现着关工委的工作方向，承载着关工委的工作任务，事关关工委的工作大局，对内凝聚人心、鼓舞士气，对外提高知名度、树立良好形象，因此必须下大力气抓实抓好。政治引领、把握方向是做好信息宣传工作的前提；领会上级意图、突出重点是做好信息宣传工作的基础；快速、准确是做好信息宣传工作的关键；充分利用多种渠道是做好信息宣传工作的保证；充分利用多媒体、实现多种媒体融合是信息宣传工作发展的方向；了解受众、有针对性是信息宣传工作的突破点；处理好传播与安全的关系是信息宣传工作的重要环节。因此，需要深入了解宣传对象，受众面要广一些；利用好各种载体，宣传渠道要多一些；突出重点，信息宣传力度要大一些。要切实推广宣传品牌活动，塑造品牌形象，完善品牌建设。

（二）实现品牌建设与网络新媒体的有机结合

1. 利用新媒体平台，丰富活动载体

当前，关工委开展活动的主要载体依然以传统的课堂教学、讲座、实践教育、座谈会为主，活动规模和参与度、影响力有限。活动的主要对象“00 后”生长在网络环境下，他们习惯使用新媒体去获取信息，热衷于使用微信、QQ、微博、抖音、B 站等各类平台。新形势下，各高校关工委应借助新媒体平台，构建新媒体矩阵，比如建立大学生思想政治教育微信群，开设微信公众号、微博账号，定期发布相关信息，提高宣传效果，也可鼓励大家踊跃留言、积极讨论，增加互动，进一步促进老同志和青年师生的交流。同时，也可以通过拍摄视频，在抖音、B 站等平台进行发布，利用新媒体的传播优势，扩大受众范围，增加活动影响力。

2. 老同志与时俱进，熟悉新媒体

一些老同志因为各种原因，习惯于传统媒体，对新媒体缺乏了解。而当下青年师生主要使用新媒体平台，这就造成了差异。一方面，老同志需要改变观念，主动学习新技能；另一方面，关工委也可组织志愿活动，邀请青年学生志愿者发挥自身优势，教会老同志熟悉智能手机和新媒体，如使用微信聊天、视频通话、运营公众号、发微博、刷抖音等，帮助老同志跟上新媒体浪潮，更好地适应新媒体环境。

3. 活动内容与新形式密切结合，增强时效性和针对性

老同志对传统媒体比较熟悉，相关活动内容也主要集中在分享自身经历，解答学生疑问等方面。在新媒体环境下，关工委应探索如何利用新媒体形式更有效地传达立德树人方面的内容。比如，青年学生多数在短视频、微博平台进行娱乐消遣，关工委也可利用这些平台，

以视频或文字图片的方式进行活动宣传，帮助老同志进行分享。此外，在老同志与青年同志的互动中，老同志往往会慢一点儿，而年轻人反应快、思维活跃。关工委应及时把握青年思想脉搏，了解青年师生关心的问题及需求，有针对性地进行引导。同时，老同志也可结合自身阅历，针对时事热点进行宣传工作。如，2020 年是脱贫攻坚的决胜之年，老同志通过分享亲身经历，帮助学生更切实形象地体会党和国家取得的辉煌成就，激发学生爱国之情。

4. 有效整合资源，助力提升活动有效性

现在，思想教育方面的资源非常多，有全国高校“读懂中国”活动的优秀作品、院士和杰出校友回母校的典型案例，而且新的模范人物层出不穷，社会上为青年人所关注的热点问题也很多。关工委需要把校内外的各种资源有效整合起来，避免形成“光号召而实不至”的情况。同时，在资源丰富的情况下，关工委需要合理规划活动内容及数量，做到既不给师生和有关部门增加负担，又可事半功倍，达到预期效果。

2020 年，纪念中国关心下一代工作委员会成立 30 周年暨全国关心下一代工作表彰大会召开时，习近平总书记作出重要指示强调，广大“五老”是党和国家的宝贵财富，是加强青少年思想政治工作的重要力量。各级党委和政府要加强对关心下一代工作的领导，支持更多老同志参加关心下一代工作，使广大“五老”在关心下一代的广阔舞台上老有所为、发光发热，为培养社会主义建设者和接班人作出新的更大贡献。

习近平总书记指出，十年树木，百年树人。祖国的未来属于下一代。做好关心下一代工作，关系中华民族伟大复兴。习近平总书记强调：“建成社会主义现代化强国，实现中华民族伟大复兴，是一场接力跑，我们要一棒接着一棒跑下去，每一代人都要为下一代人跑出一个好成绩。”[①] 高校关工委要充分动员老干部、老战士、老专家、老教师、老模范等离退休老同志在各项学习教育中发挥政治优势、经验优势、智慧优势和威望优势，强化“五老”思想引领作用，动员“五老”为学校发展、青年师生队伍建设献计献策、发挥余热、贡献力量。

在庆祝中国共产党成立100周年大会上的讲话中，习近平总书记指出：“新时代的中国青年要以实现中华民族伟大复兴为己任，增强做中国人的志气、骨气、底气，不负时代，不负韶华，不负党和人民的殷切期望！”[②] 青年兴则国家兴，青年强则国家强。广大“五老”帮助青年师生在成长过程中坚定信念、增强本领、涵养品德，老骥伏枥，志在千里；至诚报国，壮心不已。

历史昭示未来，征程未有穷期。当前，网络新媒体环境对于高校关工委品牌建设的影响日益显现，各高校关工委坚持与时俱进，发挥微信、微博等新媒体平台的作用，尝试把微信、抖音、美篇等作为推进学习教育的有效载体和重要手段，在利用新媒体促进宣传的基础上，积极推送学习资料、最新动态等。因此，未来如何更好地结合新形势、新挑战、新技术开展教育实践活动，充分发挥新媒体技术运用对高校关工委品牌建设的提升作用，优化多方协同机制对高校关工委品牌建设的保障作用已成为高校关工委工作亟需重视的课题。在各高校已有不少有益经验的前提下，如何进一步提升老同志参与度，发挥二级关工委的作用，努力做好为立德树人根本任务服务等问题，都需

---

① 习近平：《在庆祝改革开放40周年大会上的讲话》，人民出版社2018年版，第43—44页。

② 习近平：《在庆祝中国共产党成立100周年大会上的讲话》，人民出版社2021年版，第21页。

要高校关工委认真对待并在实践中加以解决。同时，要锻长板、补短板，不断把关工委的工作推向前进，为培养德智体美劳全面发展的社会主义建设者和接班人作出贡献。

前程无限好，还需更努力！

课题组：对外经济贸易大学 徐文兵 黄震华 黄戈林 张楚翘 李可心

执笔人：李可心

第二节 关工委工作品牌创建与发展

本节从关工委工作品牌创建与发展在北京高校关工委工作中的地位着手，梳理北京高校关工委品牌建设与创新历程，进一步厘清网络新媒体环境对关工委品牌建设的影响和北京高校关工委品牌建设面临的困境，以问题为导向，立足新发展阶段，对在网络新媒体环境下加强北京高校关工委工作品牌建设进行探索性思考，以期打造可复制、可推广、可联动、可持续的新时代北京高校关工委工作新品牌，推动首都高校关工委工作高质量发展。

一、工作品牌创建与发展在北京高校关工委工作中的地位

成立关工委组织是具有中国特色的制度性安排，是我们党加强青少年思想政治工作的创新。高校关工委组织“五老”围绕中心、服务大局、开展工作，需要找准自身的工作着力点，这个着力点一方面要

能够充分发挥“五老”优势作用、吸引更多青年学生主动参与，另一方面要能够推动高校思政育人工作有效持续性的开展。品牌识别度高、认知度高、具有可持续性等专有特性正好符合关工委工作着力点的需求，因此北京高校关工委自成立以来，始终围绕立德树人根本任务，组织“五老”发挥优势作用，将品牌概念引入关工委工作中，创新工作模式，创新工作载体，突出工作特色，在推动教育部关工委“十大工作品牌”丰富发展的基础上，开展了一系列卓有成效的实践活动探索，在实践中总结经验、将经验再次运用到活动中，在循环往复的探索过程中，凝练并打造出一个又一个鲜活的北京高校关工委活动品牌，创建了高校关工委工作的“北京样板”，打造了在全国高校关工委推广的特色工作品牌。

北京高校关工委工作品牌的创建、培育与发展，丰富了关工委活动载体，提升了活动品牌建设的针对性、实效性，形成了活动品牌的长效机制，助力高校关工委立足新时代配合主渠道做好高校立德树人工作。关工委工作品牌建设已经成为北京高校关工委配合学校主渠道开展青少年理想信念教育和思想道德建设不可或缺的重要组成部分。

二、北京高校关工委品牌建设与创新历程

关工委工作品牌的创新、培育、发展、推广是一个系统工程，其中，离不开上级关工委的工作指导与政策支持，离不开基层关工委的创新、探索、实践与总结，离不开各相关单位的配合与支持。经过十几年的探索与努力，尤其在《中共教育部党组关于加强全国教育系统关心下一代工作委员会建设的意见》（教党〔2009〕20 号）发布以来，全国高校关工委按照“围绕中心、配合补充，因地制宜、量力而为，

立足基层、注重实效”的工作方针，积极配合主渠道做好高校思想政治教育工作，助力大学生成才和青年教师健康成长，在关工委工作品牌的创建、探索与实践中作了大量卓有成效的工作，取得了一批影响力大、辐射力强的工作品牌。2013 年，教育部关工委在参评的众多典型案例中评选出高校关工委工作十大品牌，分别是特邀党建组织员、“五老”报告团、主题教育活动、青蓝工程、校园文化传承、社团指导、大学生涯导航、老少共话、帮困助学、专题调研。在教育部十大关工委工作品牌效应的示范引领下，在各级教育系统关工委主管部门的精心指导下，各地高校根据各自资源优势，大胆探索、积极创新，认真研究网络新媒体环境下关工委工作特点、工作品牌需求条件变化等，经过多年培育，在十大品牌基础上又衍生出很多有特色的工作品牌，打造了一大批可推广、可复制、可联动的关工委工作品牌，如“院士回母校”“大国工匠进校园”“老校长下乡”“家校共育，立德树人”等。这些品牌的推广应用为做好高校关工委工作注入了新的时代活力。

（一）北京教育系统关工委特色工作品牌

1.“读懂中国”活动品牌

“读懂中国”活动是教育部关工委推出的助力主渠道开展思政教育的品牌活动，旨在通过身边人讲自身事，感动影响身边人，让在校大学生在记述和传播老同志的故事中深刻感受我国发生的历史性变革和取得的伟大成就，深切感悟中国共产党的历史担当和社会主义制度的优越性，进一步坚定跟党走中国特色社会主义道路的信心。教育部关工委于 2018 年在全国 20 所部直属高校试点开展主题为“改革在身边 开放在眼前”的“读懂中国”活动，由试点高校二级关工委指导青年大学生面对面访谈学校“五老”人员，了解他们亲身经历中值得纪念的事件、感悟、经验和体会，以征文和微视频形式记录展示，取得了显著成效，成为“五老”发挥作用和高校关工委开展思想政治工作的有效平台。

从2019年起，结合党和国家发展历程重要节点，每年一个主题，教育部关工委在全国高校关工委全面开展“读懂中国”活动。通过组织青年学生与有影响力的本校、本地“五老”以结对、交流和座谈的形式进行深入交流，挖掘、记录、整理他们的入党初心和历程及为党奋斗的感人事迹和真实感悟，由青年学生围绕年度主题，通过征文、微视频、短视频、舞台剧等形式进行展示和传播。提交作品类型由2019年仅有的征文和微视频，发展到2021年的征文、微视频、短视频、舞台剧等形式。经过三年时间的探索、创新与发展，2021年的活动作品形式丰富多彩，内容更加聚焦正能量，表现手法更加贴近青年学生。

截至2021年，“读懂中国”活动已经连续开展了三年，在新冠肺炎疫情防控常态化的背景下，各地高校不断探索借助网络新媒体手段开展相关工作，积累了大量经验。在组织实施上，依托各校宣传部、校团委等部门的优势资源，作品质量逐年提高，真正达到了立德树人的活动效果。每年依托时代主题开展的“读懂中国”活动，已逐渐成为各高校关工委的主打品牌。

2.“守正大讲堂”活动品牌

“守正大讲堂”是北京教育系统关工委的创新品牌，是北京教育系统关工委贯彻落实习近平新时代中国特色社会主义思想、坚持立德树人、教育引导青少年培育和践行社会主义核心价值观、培养德智体美劳全面发展的社会主义建设者和接班人的新平台和新载体。“守正大讲堂”整合各种优质资源，让教育系统“五老”和社会各界杰出人士与学生面对面、点对点，用上一代人的初心使命感染教育下一代人，帮助下一代人增强对习近平新时代中国特色社会主义思想的理论认同、思想认同、情感认同、行为认同，引导青少年以实现中华民族伟大复兴为己任，把个人理想与国家民族前途命运紧密联系在一起，真正融入“两个一百年”奋斗目标之中，担负起时代赋予的光荣使命，听党话、跟党走。“守正大讲堂”首场讲座于2019年10月30日在清华大学举办。

北京教育系统关工委在创建“守正大讲堂”活动之初就在长效机制上下功夫，持续将活动列入每年的重点工作中，每年举办三至四场大型讲座或报告，尤其是2020年的“北京大学援鄂医疗队先进事迹报告会”在网上播出后，得到首都高校师生的广泛关注，关工委的影响力瞬间得到广泛传播。短短的三年间，“守正大讲堂”影响力和传播力已经辐射到首都各高校，成为首都高校青年教师与青年学生所熟知的关工委工作品牌，也是北京教育系统关工委的经典品牌。

3.“院士回母校”、“杰出校友回母校”和“大国工匠进校园”系列活动品牌

“院士回母校”和“杰出校友回母校”系列活动是由教育部关工委组织开展的品牌活动，旨在搭建在校大学生与院士学长和本校杰出校友的互动沟通平台，通过院士、杰出校友现场讲座、与学生面对面交流互动，使青年学生从院士和杰出校友的报国经历、体会和感悟中受到启迪，从而进一步树立远大理想和报国志向。如，清华大学邀请“人民英雄”国家荣誉称号获得者、中国工程院院士陈薇回母校为本科新生做报告，分享其率领团队研制重组新冠疫苗让世界再次见证“中国速度”的感人故事，勉励同学们在人生选择中要始终肩负使命、

坚定目标、专注做事；北京交通大学、中国矿业大学等高校关工委举办校友报告会30余场，北京第二外国语学院、北京工商大学等高校以校庆为契机举办“杰出校友回母校”系列主题活动和校友座谈会，发挥校友育人作用，推动学校“三全育人”综合改革向纵深发展。

“大国工匠进校园”是面向职业院校师生开展的品牌活动，旨在邀请大国工匠为在校师生讲述自身敬业、精业、奉献的故事和感悟，诠释工匠精神的深刻内涵，搭建职业院校思政教育新平台，让学生从抽象到具体地了解工匠精神，如首钢工学院、北京交通运输职业学院等职业院校以工匠精神为主题举办了多场宣讲会，为学生树立“大国工匠”远大理想提供成功案例和示范引领。

4. 北京教育系统关工委思政课教学督导员队伍

为贯彻落实习近平总书记在学校思想政治理论课教师座谈会上的重要讲话精神，配合做好思政课程和课程思政育人工作，北京教育系统关工委在配齐、建强、用好思政课教学督导员上下功夫，成效明显。

2018年，北京教育系统关工委经深入10余所高校调研后印发了《北京高校“五老”参与“思政课程”和“课程思政”建设实施方案》，对思政课教学督导员配备标准、任务职责等作出明确规定。2020年12月，北京市委教育工委发布《关于推进北京高校思政课质量保障工程的若干措施》，将前期聘请的思政课信息员纳入学校教学督导团队统一管理，建强思政工作力量。截至2020年底，北京高校已按1∶2000的师生比例配齐思政课教学督导员，思想课教学督导员从2018年的40余名增长到2020年的540余名，全部实现统一管理、统一待遇保障。思政课教学督导员群体已经成为高校思想政治教育不可或缺的一支队伍。

（二）北京高校关工委特色工作品牌

在开展好并延续“教育部十大品牌”的基础上，北京各高校立足自身特色，结合自身优势资源，也都在积极创建自有特色新品牌。

1. 北京大学“博雅银龄”系列品牌活动

北京大学关工委深入学习贯彻习近平总书记系列重要讲话精神，认真落实《关于进一步加强和改进离退休干部工作的意见》等文件精神，坚持把为党和人民的事业增添正能量作为价值取向，积极探索新形势下加强和改进离退休干部工作的新方法、新途径，打造了“博雅银龄”系列品牌活动，推进工作稳步发展。

完善“博雅银龄导师团”团队建设。北京大学一直高度重视组织队伍建设，组建了“特邀党建组织员”“教学督导组”“博雅银龄导师”“人生导师”等老同志骨干队伍，通过立体化、多维度的方式发挥老同志在大学生思想政治教育工作中的作用。近年来，北京大学以各领域著名专家学者为依托，完善“博雅银龄导师”团队建设，发挥校团委作用，充分发挥老同志优势，在学术科创、社团活动、社会实践等课外活动方面加强对大学生的指导。特别是认真贯彻习近平总书记“要坚持不懈传播马克思主义科学理论，抓好马克思主义理论教育”的指示精神，积极发挥老教授、老学者的理论优势，开展“青年马克思主义者培养工程”，从“博雅银龄导师团”中选聘马克思主义研究领域老专家、老教授带着青年学子一起研读马列经典，让马克思主义主旋律唱得更响亮。

组建“博雅银龄领航团”。以党建组织员和刚刚退休的院系党委书记为依托，组建“博雅银龄领航团”，主要开展两方面工作：依托学生资助中心“领航计划”，通过“博雅银龄领航团”老同志与家庭经济困难学子“大手拉小手”，对青年学子进行人文关怀和心理疏导，引导他们树立正确的人生观、世界观与价值观；充分发挥老书记信念坚定、党性坚强、经验丰富的优势，组织新老两代党支书传帮带活动，搭建新老支书沟通交流的平台，以老带新，培养青年党支书过硬的政治思想素质与较强的业务素质，培养社会主义可靠接班人。

此外，北京大学关工委充分利用网络新媒体资源平台，与北大电视台合作，将之前访谈老同志的视频制作为短片，在北大电视台开设“博雅银龄”专栏，2021 年开始每周一期定期播出，展示老同志风采，助力“四史”学习教育；打造“博雅银龄讲堂”，邀请相关领域老专家在电视台演播厅宣传党的路线方针政策，在全媒体平台播出。

2. 北京航空航天大学打造“654321”离退休工作与关心下一代工作融合品牌体系

近年来，北京航空航天大学努力构建将离退休工作与关心下一代工作相互融合的工作体系，围绕如何更好地优化整合老同志发挥作用的平台，提升发挥老同志优势作用的项目品牌，更好地促进学生成长成才，更好地服务青年教职工发展，开展了一系列探索，打造了“654321”离退休工作与关心下一代工作融合品牌体系。

“6 个平台”：丰富育人渠道，通过思源讲堂、老年大学、展览展示、网络平台、国粹课程、老少共建等 6 个平台老少共享，向学生和青年教师输送精神。老同志和青年师生共享平台资源。面向青年师生开设国粹课程，将中国文化推向世界。以学生优秀党员到老同志党支部任支委为桥梁，加强支部结对共建。老年社团和大学生社团开展共建。

“5 个工作组”：完善工作机制，通过远航、先锋、致真、春雨、求实等五个工作组统筹协调，全面推进关工委日常工作。远航——思想政治组协助配合做好学生和青年教师的思想政治教育工作；先锋——党建工作组协助配合做好党建工作；致真——科学文化组协助配合做好学生的科学文化教育工作；春雨——教学督导组协助配合做好教学咨询、督导及青年教师发展辅导等工作；求实——调研宣传组负责关心下一代工作的调研、学习和宣传。

“4 支队伍”：健全专家队伍，“五老”报告团、特邀党建组织员、教学督导组、大学生人生专属导师团等 4 支队伍深耕精作，发挥立德树人专业优势。“五老”报告团动员一批“五老”人员，围绕各类主题组织一批报告，菜单式提供相关单位选用。选聘一批优秀的思政老干部作为特邀党建组织员。聘请一批有丰富教学经验的老同志作为教学督导员。通过双向自愿原则，选聘一批老教授担任大学生人生专属导师，通过老少日常生活互帮互助、学习交流，老教授为大学生传授关于生命、生活、生涯的生动深刻见解，让大学生切身感受到老教授的人生智慧。

“3 个涉老组织”：统筹人才资源，离退休党组织、“三老”协会、老年社团等三类涉老组织共建共享，发挥涉老组织工作合力。离退休党委委员、“三老”协会负责人、老年社团负责人均为校关工委委员。离退休党支部书记、学院“三老”协会分会会长担任学院关工委委员。“3 个涉老组织”围绕立德树人工作协调联动，发挥合力。

“两类丛书”：讲好老故事、唱响主旋律，编撰北航老故事系列和正能量作品系列两类丛书，传承北航精神、增添正能量。先后编辑出版了《信仰之光——北航离休干部为民族谋复兴奋斗故事》等 7 本约 259 万字的北航老故事系列丛书，使青年师生感受北航人坚定不移的信仰力量。组织编辑老同志书画、摄影、篆刻、手工优秀作品集 7 本（册）。每年均组织赠书仪式，帮助青年师生增强“四个意识”，坚定“四个自信”，做到“两个维护”。

根据表 2.8，有关活动的考核 / 评价机制方面，工作人员有 63.64% 选择了“有”，但有 61.66% 的师生选择“不了解”，且“有”和“无”的选项比例差异不大。因此，在活动的考核 / 评价机制方面，高校关工委仍有较大改善空间。

（二）高校关工委品牌建设活动的总体现状

调研教育实践活动开展情况的同时，笔者还就高校关工委品牌活动进行调研，包括品牌活动要求、价值优势等方面。综合整理调研结果得知：

一是从品牌认知度方面，教育实践活动需要满足教育实践内容识别度高、教育实践产生影响力大、师生获得感强、老同志认同度高这些要求才能成为品牌活动。

二是在具体实践方面，各高校关工委工作人员更注重教育实践活动的影响力，而青年师生更关注实践内容的识别度。

三是从活动出发点方面，教育实践活动可以从提升学生思想道德、知识能力、创业就业、心理素质等方面，提升青年教师师德师风、职业发展能力、心理素质以及身体素质等需求方面考虑活动内容。

此外，活动也应充分了解离退休老同志的人生阅历、理论积淀等对师生的引领。因此，高校关工委应更加关注活动内容是否具有特色、形式是否能吸引更多人参与、是否能满足青年师生需求、是否能充分发挥老同志优势从而从构建品牌价值等方面去策划活动内容。

为了更深入了解高校关工委品牌建设实践，本研究还对各高校关工委的工作人员进行采访，了解学习高校关工委品牌建设优秀案例。在教育部关工委和北京市教育系统关工委指导下，各高校关工委积极

“1 个基地”：打造育人基地，一个为老志愿服务基地支撑大学生社会实践教育，实现劳动育人。指导成立思源大学生记者团和思源大学生实践团，设立了一批大学生志愿服务项目，让大学生在服务老同志的点滴实践中，培养自己吃苦耐劳品格，感受老教授、老干部的高尚德行，润物无声、潜移默化，不断塑造学生的世界观、人生观、价值观。

3. 北京第二外国语学院“双助双服”老教授党员先锋队

在脱贫攻坚战中，北京第二外国语学院校党委积极响应中央“精准扶贫、教育扶贫”号召，组织英语和旅游专业的老教授，成立“双助双服”老教授党员先锋队。以“助力基础教育教学、助力青年师生成长，服务青年师生、服务社会大众”为目标，连续 8 年在河北承德、河南信阳、内蒙古赤峰和西藏拉萨等地开展“贫困地区助教助学专项行动”，举办培训班 24 个，培训师生近万人次。2020 年，北京第二外国语学院老教授党员先锋队获“全国关心下一代工作先进集体”荣誉称号。

同时，在京津冀欠发达地区建立老教授助教助学基地 6 个、大学生社会实践基地 3 个，带动数百名二外在校大学生开展义务支教助学活动。开展“夕阳红爱心助学金计划”，老教授钱炜、史美珍捐助的助学金受助生已达 100 多人，使教育扶贫“双助双服”品牌效应凸显。

北京第二外国语学院关工委深入挖掘工作载体，持续加强老教授党员先锋队品牌建设。2019 年至 2020 年，充分利用“两刊两微多群一网”内部宣传体系的同时，通过报纸、电台、杂志、学习强国等主流媒体大力开展宣传工作，树立榜样、推广先进事迹，提升了学校关工委的工作成效和社会影响力。

4. 北京服装学院“北服故事 · 口述历史”和“青春映晚霞 · 同

心创和谐”老少共建新品牌

自《北京教育系统关心下一代工作委员会工作规程》(京教工〔2016〕50号)发布以来，北京服装学院党委高度重视关工委工作，认真落实工作规程要求和北京教育系统关工委主任《在北京高校二级关工委组织建设工作推进会上的讲话》精神，制定《北京服装学院关于建立学校二级关心下一代工作委员会的意见》等制度，实现二级关工委组织建设全覆盖，积极开展关工委工作，成立了老党员先锋队和“五老”宣讲团，联合学校党委宣传部一起创办了“北服故事·口述历史”，和二级院系创建了“青春映晚霞·同心创和谐”老少共建新品牌。

近三年，老党员先锋队和“五老”宣讲团急党政所急，发挥优势，积极作为，为学校本科教学、研究生教学督导、思政课教学督导、党建工作督导、党史学习教育等方面工作作出了积极贡献，为学校学科建设发展、教学质量提升、学生成长成才、党建规范化建设等诸多方面保驾护航，成为学校发展不可或缺的力量。

“北服故事·口述历史”品牌活动旨在重温北服创建史，激励今日北服人，在回顾学校发展历程中，增强师生爱党、爱国、爱社会主义以及爱校热情。此活动由校关工委联合校党委宣传部、学生工作部、校团委以及各院系二级关工委共同开展，每年从离退休“五老”人员中选出一部分老同志，开展相关主题活动，再现他们的亲历、亲见、亲闻，记录学校的每一个重要阶段和精彩瞬间，使北服历史在口述故事中得到传承、发扬与光大，帮助青年学子树立远大志向与报国理想。活动已经持续开展四年，四年来总共访谈30余位老同志，他们的故事在学校微信公众号、网站和校报上连载，获得广大师生的持续关注与好评。

北服 2018 年创建的“青春映晚霞·同心创和谐”老少共建品牌，经过四年持续有力的精心培育，已成为北服二级关工委名副其实的新着力点和新平台。四年来，各二级党组织每年都将老少共建主题活动列入党建重点工作，学校人事部门将二级关工委工作列入当年量化考核指标，校关工委围绕中心工作提出当年活动主题，各二级关工委围绕主题开展丰富多彩的老少共建活动。一方面，夯实了“党建带关键、关键融入党建”的工作举措；另一方面，在全校营造领导高度重视、校关工委各成员单位相互配合、各二级党组织积极搭建平台、吸引更多老同志和更多学生参与活动的工作氛围，真正实现了二级关工委组织建设和开展活动全覆盖，关工委的影响力在全校范围内得到极大提升。

（三）北京高校通过网络新媒体开展品牌活动概况

1. 各高校通过线上线下多种手段开展“读懂中国”活动

2020 年和 2021 年的“读懂中国”活动是在新冠肺炎疫情防控常态化的情况下，采用线上线下相结合的方式开展的。各高校根据自身情况，采取行之有效的措施，基本上圆满完成了“读懂中国”的相关活动。例如，北京服装学院关工委根据疫情防控要求以及学生延后返校的客观情况，主要通过线上的方式开展。例如，邀请校关工委委员、北京市思政课信息员通过腾讯课堂为学校第 14 期党员发展培训班 313 名学员做《青年强则国家强》的专题党课，这是关工委第一次线上开展活动；邀请离休老党员将自己革命年代的事迹写成回忆文章，组织相关二级关工委和同学们线上阅读学习，开展主题征文活动等。“读懂中国”活动得到学校党委的高度重视，得到校内各职能部门的大力支持，得到各二级关工委的积极响应，尤其是党委宣传部新媒体中心，安排专人参与活动策划、活动拍摄、视频制作、稿件采写等工作，为“读懂中国”活动开展提供专业支持。

2. 线上举办“守正大讲堂”

2020 年 5 月，北京教育系统关工委与北京大学关工委共同在线举办“北京大学援鄂医疗队先进事迹报告会”，特邀北京大学第三医院援鄂抗疫国家医疗队队长和北京大学援鄂医疗队“90 后”党员代表讲述抗疫前线的点滴故事、感人瞬间，北京普通高等学校、高职院校、民办普通高校师生 6 万余人同时在线参加，仅当天直播累计观看人次就超过 20 万人次。此次活动得到了各院校党委的高度重视和大力支持。学生工作部、研究生工作部、宣传部、马克思主义学院等相关部门在活动中通力合作，为活动成功举办作出了贡献。不少高校在学校网站、微信公众号上对报告会进行了广泛宣传，将组织工作落实到各学院，组织同时段所有上思政课的学生同步在线听课，组织其他时段上思政课的学生及时回看。援鄂医疗队的先进事迹在首都高校师生中引起了热烈反响。可见，在网络新媒体环境下正确运用新媒体技术与手段开展关工委活动，将助力关工委工作品牌的传播与成长。

3. 北京教育系统关工委配合教育部关工委开展“‘院士回母校’和‘大国工匠进校园’——线上讲堂 · 重温经典”宣传展示工作

将线上讲堂作为重要的思政课素材，以多种形式组织学生学习，进一步拓宽关工委助力思政工作渠道，充分发挥优质思政教育资源的育人作用，使更多学生受到立德励志教育。北京教育系统关工委印发活动通知，形成了普通高等院校、中小学校、职业院校、民办高校等一体推进的大思政工作格局，有效扩大了活动覆盖面。北京教育系统关工委微信公众号每周推出“线上课堂 · 重温经典”活动内容，并在各工作群广泛转发，号召各基层关工委及时关注和推进宣传展示工作。各高校关工委及时转发活动信息，各二级关工委采取多种形式组织学生收听收看，如中国地质大学高校关工委联合相关部门，发挥学工系统新媒体矩阵协同效应组织学生观看，将线上展示内容与党员教育、职业规划教育相结合，深化了活动内容、拓展了活动渠道，提升了“线上课堂·重温经典”活动的宣传展示效果。

4. 北京工业职业技术学院关工委利用网络新媒体平台开展“大国工匠进校园”等活动

北京工业职业技术学院关工委充分利用新媒体强大的信息传播功能，建设官方微信公众号、微博等平台，聚焦大国工匠进校园、师德先锋评选、青年教师基本功大赛、全国技能大赛、“北京大工匠”评选等活动，利用多种形式宣传校友爱岗敬业、报国奉献的先进事迹，充分彰显榜样示范作用，增强工匠精神的辐射渗透力，强化培育学生工匠精神的效果。校园里的学生社团活动是学生第一课堂的延伸，也是育人的重要平台，学校始终坚持用工匠精神打造学生社团，保证社团活动的质量，使学生社团始终沿着正确轨道健康发展。

5. 北京教育系统关工委思政课教学督导员队伍线上开展工作

2020 年，在新冠肺炎疫情防控关键时刻，20 多所高校思政督导员助力上好“战疫思政课”。2020 年 2 月 25 日，北京教育系统关工委及时印发《关于在新冠疫情防控期间发挥好老同志思政课教学督导员作用的通知》，得到高校思政课教学督导员的积极响应。20 余所高校的督导员积极学习使用腾讯会议、雨课堂等在线课程平台，参与线上授课、听课督查、教学督导等工作，通过微信群对教师进行点评反馈，并向学校反馈教师教学态度、教学过程、教学效果、教学特色等信息，推动将党中央的决策部署和防疫抗疫感人故事融入教学。积极协助各学科课程思政的课程设计和开发、备课和教研活动，参与日常教学质量监督和评价，积累了大量“青年成长有你有我”思政课程和课程思政教学案例，青年教师受益匪浅。

三、关工委工作品牌建设与发展设想

2020 年，受突如其来的新冠肺炎疫情影响，北京高校采取了“停课不停学”以线上教学方式完成 2020 年上半年教学计划。纵观 2020 年及 2021 年上半年，短视频、新媒体、人工智能和大数据等技术得到迅猛发展，一方面彻底颠覆了传统的信息传播方式，让我们每个人都与网络建立起紧密的联系；另一方面加速改变了我们的行为方式，线下不能实现的都通过线上方式完成。其中，影响最大的教育系统，从小学到大学的授课方式不得不从线下搬到线上，可以说新冠肺炎疫情的防控加速了教育教学的变革。在网络时代大环境下，从关工委的职责与使命出发，以实际工作现状调研为基础，探索网络新媒体环境下高校关工委工作品牌的建设与发展，让传统品牌在发展的基础上更加适应网络新媒体环境、搭建“以党建带关键、关键融入党建”的工作大舞台，把立德树人根本任务落到实处，将成为当前和今后一个时期关工委工作品牌建设的重点任务。

（一）网络新媒体环境对关工委品牌建设的影响

电子信息技术的突飞猛进，成就了网络新媒体技术的飞速发展。新的信息传播形态层出不穷，各种 App 快速迭代，潜移默化地改变着人们的生活方式。多媒体环境下的关工委工作品牌建设需要作出相应改变，以便搭乘网络新媒体的“顺风车”发挥更大作用。一是在品牌规划上要具备互联网思维、契合网络新媒体环境特点和运作模式、适应目标受众群体需求；二是在品牌培育上要借助信息化手段，提升品牌内涵，提高内容质量，适应目标受众群体习惯；三是在品牌宣传上可采用多种新媒体手段，满足目标受众群体特点，有利于品牌更高效的传播和推广。

（二）网络新媒体环境下北京高校关工委品牌建设面临的挑战

北京高校关工委在网络新媒体环境下工作品牌建设存在以下困难与挑战。一是关工委现有工作品牌亟待与网络新媒体进一步融合。网络新媒体环境下，互联网已成为人民生产生活的新空间。特别是被誉为互联网“原住民”的青年学生，其思想观念更为开放多元，其思想的独立性、选择性、多变性和差异性更为突出。面对新形势，首都高校在关工委活动品牌建设和活动开展上已经卓有成效，经过几年的探索，“读懂中国”、“守正大讲堂”、北京大学“博雅银龄”系列品牌活动、北京第二外国语学院“双助双服”老教授党员先锋队等一系列品牌活动已成为各高校关工委联动性的常态化活动品牌。尽管如此，活动的线上举办率还需进一步提高。因此，如何创新工作思维，赋予品牌新的公众认知内容、利用网络新媒体平台办好关工委品牌活动，确保高校举办率、老少参与度双提升，将成为我们必须正视、深入思考并解决的问题。二是高校自创关工委工作品牌推广尚缺乏平台支撑。目前，各高校关工委开展的活动特色各异、亮点纷呈，有些活动已具备品牌特性，但这些活动仅限于本校内常态化开展，无法搭乘更高级的推广平台形成品牌效应，应让更多的高校参与其中，赋予活动更多内涵，让活动衍生成新的工作品牌。三是高校关工委工作品牌的宣传力度有待加强。目前，高校关工委依据自身资源优势，开展系列常态化典型活动，取得很好成效，得到校内学生和老同志的积极参与和普遍赞誉。但是，宣传典型、阐释典型的工作还需进一步及时跟上，让典型活动案例第一时间传播到其他高校并惠及关工委工作，助推品牌效应的形成。

（三）网络新媒体环境下加强北京高校关工委工作品牌建设的思考

关工委工作品牌的形成，从内容确立到活动开展，从总结经验到完善提升最后形成品牌，是一个不断实践、认识、提高、再实践、再提高的过程。一个好的工作品牌的形成，离不开上级主管部门的政策支持，离不开校内党政领导的高度重视，离不开校内相关部门的协同配合，离不开兄弟院校的配合补充。尤其在网络新媒体环境下，做好北京高校关工委工作品牌建设与发展，要重点做好以下四个方面的工作。

1. 加强品牌建设顶层设计

北京高校关工委在落实北京教育系统关工委年度工作计划的同时，围绕所在高校中心工作、配合思政工作主渠道创造性地开展特色活动。因此，要做好网络新媒体环境下北京高校关工委品牌建设工作，首要任务就是做好品牌建设的顶层设计。围绕品牌建设的顶层设计，一是要紧密结合“国之大者”设计活动方案；二是要修订完善关工委工作规程，使之能够更好地为品牌活动开展提供全方位保障；三是要求各高校结合各自资源特色有计划地推进自创品牌的培育，有条件的高校至少做到一校一品牌。

2. 加强高校关工委工作宣传

利用新媒体技术，做好线下线上高校关工委宣传工作。一是要加强理论学习，提高政治站位，深刻学习领会习近平总书记有关关工委工作的重要指示精神和关于网络强国的论述并落实到关工委日常工作中；二是要加强高校校际间关工委工作学习交流，促进高校关工委特色活动的宣传与推广；三是加强关工委自有网络系统建设。运用新媒体技术，坚持正能量的总要求，及时做好高校关工委典型活动、典型人物的宣传报道工作，吸引更多的青年人与老同志关注网络、运用网络，让关工委网络系统成为“五老”发挥作用的主阵地，让党的声音在关工委的网络系统上传得更开、传得更广、传得更深入。

3. 加强高校关工委工作队伍建设

认真贯彻落实中共教育部党组《关于加强新时代全国教育系统关心下一代工作委员会工作的意见》（教党〔2021〕34 号）文件要求以及北京市委教育工委相关工作部署，积极做好新媒体环境下高校关工委大工作团队建设。一是加强高校关工委工作体制机制建设，确保关工委工作更加有序有效有力开展；二是加强网络新媒体应用技术培训工作，培育并吸引更多“五老”加入关工委队伍；三是搭建“老少”双向服务平台，结合主渠道需求，甄选活动主题，推动活动持续有效开展，在全校营造“党政重视、各职能部门统筹协同、各二级关工委认真配合、青年学生和老同志积极主动参与”的工作氛围，推动高校关工委大工作团队建设。

4. 整合各校品牌资源，打造北京高校特色品牌

在北京教育系统关工委的正确引导与精心指导下，目前北京各高校关工委结合自身资源优势积极推进自创特色活动的探索、培育、总结、创新与发展，部分特色活动已具备工作品牌的特性，亟需搭建新媒体推广平台，对各校运行良好的特色活动进行组织筛选，将筛选出的特色活动作为品牌案例有计划有步骤地做好引导与推广，促进特色

活动案例在推广应用中得以丰富、完善与发展，从而成长为首都高校关工委工作创新品牌，推动首都高校关工委工作迈上新台阶。

总之，在网络新媒体环境下，做好高校关工委工作既是机遇又面临诸多挑战，我们只有坚持以习近平新时代中国特色社会主义思想为指导，以习近平总书记有关关工委工作重要论述为工作遵循，认真学习领会习近平总书记关于网络强国的重要论述和“七一”重要讲话精神，认真贯彻落实中共教育部党组《关于加强新时代全国教育系统关心下一代工作委员会工作的意见》（教党〔2021〕34 号）文件要求，落实市委教育工委相关工作部署，厘清新时代高校关工委工作任务，明晰网络新媒体背景下关工委工作品牌建设中的短板，创新工作思路，运用互联网思维，以关工委工作品牌建设与发展为导向，充分利用互联网功能和新媒体技术，推动关工委工作传统品牌同网络信息技术高度融合，把线上传播与线下教育有机结合起来，不断拓展网络新媒体育人渠道，实现信息内容、技术应用、平台终端、管理手段共融互通，构建立体化多维度的立德树人工作体系，打造、完善、推出一批适应网络新媒体环境的具有可推广、可复制、可联动、可持续的具有强大影响力的北京高校关工委工作品牌，实现关工委工作线上线下联动，共同讲好中国共产党的故事、讲好新中国的故事，传承红色基因、传播中国好声音，推动高校关工委工作高质量发展。

课题组：北京服装学院　韩福华　马昊　殷文生　许俊杰　陈广恩　李秀芬

执笔人：韩福华　马昊

第三节　网络新媒体环境下职教系统关工委工作品牌建设的实践

职业院校关工委工作品牌是各职业院校开展关心下一代工作的平台和载体，是各职业院校在开展关心下一代工作的实践中，对创新内容形式、形成鲜明特色、取得明显实效的做法、经验的概括与总结。关工委品牌建设是推动学校关心下一代工作科学化、常态化、持续化发展的基础性工作。

2013 年，教育部关工委在全国组织开展高校关工委工作品牌评选活动，评出“特邀党建组织员”等十大品牌，是全国教育系统关工委品牌建设的开端。2016 年，教育部关工委、中华全国总工会发起“大国工匠进校园”活动，此后“大国工匠进校园”成为全国众多高职院校关工委的著名品牌。

2018 年，北京教育系统关工委发布《关于在普教、职教系统关工委开展工作品牌建设活动的通知》（京教关〔2018〕6 号），在全系统开展品牌建设工作。经过近年的全力推进，“工匠精神进校园”等十个品牌被北京教育系统关工委确定为职教系统十大品牌。

2020 年以来，职教系统关工委适应新形势，探索线上线下相结合的形式加强关工委工作品牌建设，取得了显著成效，积累了一定的经验。2021 年 10 月，针对网络新媒体环境下职教系统关工委工作品牌建设的实践，对职教系统关工委所在院校进行了一次问卷调查，对网络新媒体环境下职教系统关工委工作品牌建设的现状，包括建设内容、实施平台、受欢迎程度、优势以及存在问题等进行了摸底，共收回问卷 274 份。各院校也对本单位网络新媒体环境下关工委工作品牌建设情况作了汇报，基本反映了职教系统关工委网络新媒体环境下品牌建设的实际情况。本节基于调研情况，从网络新媒体环境下职教系统关工委品牌建设的实践出发，对网络新媒体环境下职教系统关工委品牌建设的特征进行分析，并围绕网络新媒体环境下关工委品牌建设的新挑战进行新的思考。

一、职教系统关工委工作品牌建设的特点

职教系统关工委工作品牌建设是围绕立德树人，培养具有良好的职业道德、必要的文化知识、熟练的职业技能的高素质职业技术技能人才的培养目标推进的，具有鲜明的职业教育特征。

（一）围绕职教内涵，建设“工匠精神进校园”品牌

职业教育是以培养高素质的技术技能型人才为目标的教育类型，培育工匠精神是其培养目标的内在要求。职教系统关工委贯彻落实教育部关工委有关“大国工匠进校园”的要求，倾心尽力推动职业院校“工匠精神进校园”的品牌建设。在高职院校的问卷中，开展“工匠精神进校园”品牌建设的占比为 38.13%（如图 2.1）。各院校“工匠精神进校园”品牌特色鲜明，活动丰富多彩，深受师生欢迎。

北京电子科技职业学院的“匠心电科”、北京交通职业技术学院的“博爱交通，奉献交通”，都是典型的“工匠精神进校园”的品牌。在持续开展的“工匠精神进校园”活动中，学生的职业素养得到提升，职业技能得到增强。北京职业院校学生在全国各类技能大赛中取得了可喜的成绩，出现了一大批能工巧匠。

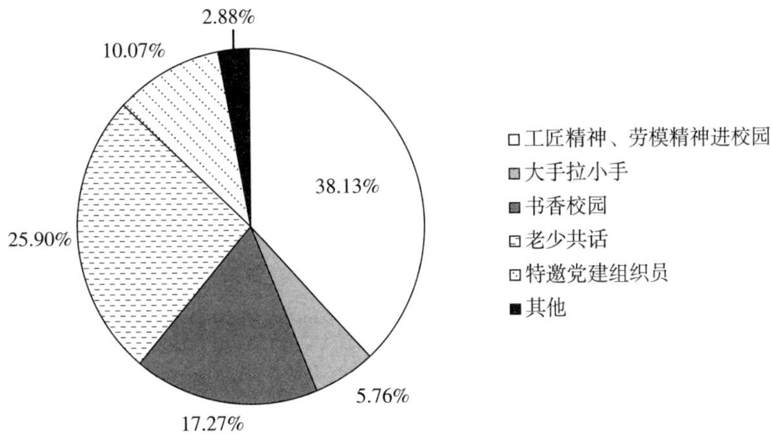

图 2.1　关工委工作品牌占比

（二）坚持立德树人，建设“特邀党建组织员”品牌

“特邀党建组织员”品牌建设开辟了高职院校党建工作的新阵地，特别是建立起一套关工委助力学校基层党组织建设的工作体系，发挥了在学生党员发展教育等方面的优势，得到了党组织和师生的认可。在高职院校的问卷中，开展“特邀党建组织员”品牌建设的占比为 10%。

离退休老同志是党和国家的宝贵财富，他们人虽退休，却始终保持着共产党人的革命情怀，具有独特的政治优势、经验优势和威望优势。“特邀党建组织员”一般是学校党委组织部门聘请，选派离退休老党员中政治素质好、思想水平高、有较强工作能力和愿望，并且身体尚佳的老同志担任。

北京财贸职业学院建立“特邀党建组织员”队伍已有 13 年，党委对这个品牌的建设非常重视，组织部直接牵头制定了《北京财贸职业学院特邀党建组织员工作制度》，明确了特邀党建组织员的任职条件和主要工作职责。学校党委每年还要听取特邀党建组织员工作汇报，进行考核培训。在“特邀党建组织员”品牌建设中，充分发挥老同志的三个优势，紧紧围绕职业教育特点创新工作：走上讲台讲党课；开展“老少共话”教育活动；参与党员发展工作；助力学校党的基层组织建设，在青年学子的成长成才、立德树人培养中发挥不可替代的正能量和促进作用。

（三）发挥传承作用，建设“忘年交”品牌

“忘年交”作为关工委工作品牌，即通过开展各种活动，使“五老”与青年学生成为心灵相通、彼此知音的朋友，进而达到传承红色基因，传承中华传统美德，传承中华优秀传统文化，培养合格的社会主义劳动者与接班人，完成立德树人根本任务的工作模式。

通过组织“忘年交”活动，老同志与青年学生在接触与互动之间形成了良好的沟通，人相亲、道相随，尊其师、重其道。“五老”与青年人成了“忘年交”，形成传承红色基因的重要平台。

北京农业职业学院的“忘年交”系列活动始于“忘年交乒乓球友谊赛”，继而扩展到棋类、读书、歌咏、书画等精神生活领域。其中，“忘年交读书沙龙”是请关工委“五老”参与学生的读书活动，老同志以“导读”形式介绍书目的时代背景、思想体系、重点内容，与年轻学生分享读书心得，研讨读书方法，解答学生疑问。通过“同读一本书”把老少两代人聚合在一起，使年轻人理解老同志的思想境界、治学风格，分享老同志的读书心得，更准确地把握所读之书的思想精髓、艺术价值。与青年人的交流也帮助老同志活跃思想、与时俱进，不断提高自身的思想理论水平。“忘年交读书沙龙”推动了学习型学院建设，营造了学院学术文化交流的良好氛围，助力学生综合素质培养。“忘年交思想沙龙”是关工委举办的老少交流、对话活动，针对

某一主题座谈交流、分享互鉴，从而达到传递正能量、传承红色基因、立德树人的目的。“忘年交”品牌建设充分利用关工委优势资源，采取广大青年学生喜闻乐见的方式，取得了很好的教育效果。

二、职教系统关工委品牌建设的新实践

面对新时代网络新媒体的大环境，特别是常态化疫情防控的要求，如何深化职教系统关工委品牌建设，既是新的挑战，也是新的机遇。网络新媒体迅速发展，让关工委老同志在克服困难、努力学习驾驭新工具的同时，也享受到了高科技带来的效率和便利。在问卷调查中，微信、微博等社交平台，视频会议等在线沟通平台，微信公众号等自媒体平台，抖音、快手等视频平台，都是开展关工委工作的重要工具（见图 2.2）。

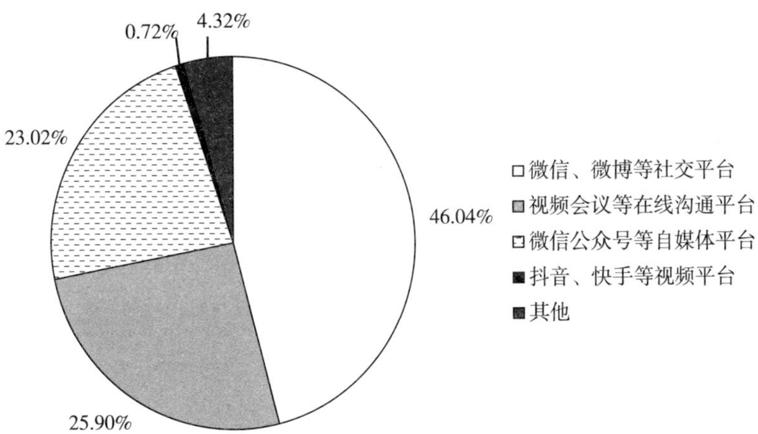

图 2.2 关工委工作品牌线上活动主要运用的网络平台

网络新媒体环境下职教系统关工委品牌建设的新实践，加速影响着人们的思维方式和生活习惯。关工委在组织和参与各类活动时，更

加注重结合职业院校的特点，在各类活动中科学有效运用网络新媒体，打开了职教系统关工委品牌建设的新局面。

（一）运用腾讯会议软件，助推“工匠精神进校园”品牌建设扩展

问卷结果表明，在网络新媒体的运用中，腾讯会议软件是开展活动最常用的工具之一。

腾讯会议最适合召开大型的报告会，可以使更多的人参与到会议中来。2020 年 11 月 18 日，由北京教育系统关工委主办、北京电子科技职业学院关工委承办的职业教育“守正大讲堂”——“弘扬工匠精神　追求卓越人生”，在北京电子科技职业学院校图书馆报告厅举办。工艺美术大师钟连盛走进北京电子科技职业学院，以“国宝京粹景泰蓝彰显大国工匠精神　传扬中华文化自信”为主题，从景泰蓝产生的背景、制作工艺、艺术起源和发展看其文化意义和技艺价值，从新中国成立以来景泰蓝艺术的保护、传承、创新与发展等四个方面，生动地讲述了景泰蓝这一中华民族艺术瑰宝的魅力，充分展示了中国优秀匠人的初心。会议现场安排了 350 人参加，其他师生则在教室观看视频，同时，职教系统其他院校也分别组织收看了报告会视频，有的学校还安排老同志居家收看会议视频。

2021 年 4 月 29 日，北京教育系统关工委“守正大讲堂”2021 年第二讲——“歌声中的党史课”在北京工业职业技术学院开讲。北京工业职业技术学院、首钢工学院 300 余名师生现场聆听，其他院校的师生在线聆听报告。腾讯会议的运用，解决了疫情下“工匠精神进校园”的实际问题，同时增加了会议的覆盖面，扩大了“大国工匠进校园”的影响。

（二）使用腾讯会议、微信平台助推“特邀党建组织员”品牌建设深化

特邀党建组织员的工作以往都是线下见长，讲党课、与发展对象联系、谈话基本上是面对面的。在疫情下如何继续工作，需要创新思维和行动。北京财贸职业学院的特邀党建组织员工作具有代表性。该校连续 10 年一直坚持发挥老同志政治优势，为毕业离校的学生党员上好最后一堂党课。毕业生党员的党课成为学生党员离开学校前最好的精神食粮，2020 年疫情最为严重期间也没有间断。2020 年 6 月 19 日，通过腾讯会议，特邀党建组织员讲了题为“坚定理想信念，承担时代责任”的网络党课。网络党课给即将离校的毕业生党员留下了终生难忘的记忆。特邀党建组织员与党员发展对象的谈话是新党员入党过程中印象最为深刻的经历之一。特邀党建组织员与学生党员发展对象谈话后，建立微信联系，约定经常通信息、谈思想。学生党员月月用微信汇报自己的思想和工作学习体会，特邀党建组织员也回复点评和鼓励。微信手段的运用，延伸了特邀党建组织员与新党员的谈话沟通时空，为新党员成长提供了源源不断的动力。在纪念建党 100 周年的活动中，特邀党建组织员运用多媒体手段，为青年学子讲述几位老同志历时 25 天时间“重走长征路”的故事。他们尽量还原红军长征的原始路线，寻找红军战斗和居住的旧址，采访当地的原住老人，一路所见所闻形成了近 10 小时的视频和上万张图片资料。老同志精选出部分视频和图片，到贯通基础教育学院宣讲长征精神，这种场景重现的形式生动还原了那段可歌可泣的革命岁月，同学们说老教授的宣讲让长征精神鲜活了、真实感增强了，宣讲会产生了极大的震撼力和吸引力。

（三）利用多种网络新媒体，助推“忘年交”品牌全方位提升

问卷调查表明，网络新媒体的运用，常常是综合的、线上线下相结合的（见图 2.3）。

选项（多选）	小计	比例
学校公众号	103	74.1%
学生工作公众号	89	64.03%
腾讯会议	72	51.8%
组建工作群	85	61.15%
朋友之间聊天	45	32.37%
其他________________	18	12.95%

图 2.3　关工委工作品牌线上活动主要运用的微信平台

北京农业职业学院关工委为适应抗疫常态化形势，运用多种网络新媒体，以线上线下相结合的方法积极推进关工委工作。2020 年 9 月，学院关工委组织离退休老同志与学生骨干线上开展“弘扬抗疫精神‘忘年交’笔会”活动。关工委通过各系部班级微信群发布笔会“活动方案”，系部联络员在线指导学生写作，经系部领导初评推荐，报学院关工委评审，对优秀征文通过学院公众号推介与师生分享。笔会历时两个多月，全院有数百名学生踊跃参与，各系部收到 300 多份稿件。“忘年交”笔会活动取得了圆满成功，20 余位关工委老同志从理论与实践结合的视角，分析、颂扬了社会主义制度的优越性、中华儿女的家国情怀、中华民族的优秀品质。在撰写征文的过程中，许多同学结合自己学习工作实际深刻领悟了“生命至上、举国同心、舍生忘死、尊重科学、命运与共”的伟大抗疫精神。

2021年，为了庆祝中国共产党成立100周年，北京农业职业学院关工委继续在线上组织“忘年交”笔会活动。笔会以“永远跟党走”为主题，着重表达深入学习习近平新时代中国特色社会主义思想收获体会，讴歌在党的领导下民族振兴的辉煌成就，展现身边共产党员的精神风貌，激励和鼓舞广大师生热爱中国共产党，坚定跟党走的信念。活动进行期间，各系部在关工委联络员协助下，通过微信群等社交平台全面动员、认真组织、详细指导；全院有50多位离退休老同志、200多位学生骨干积极参与。“忘年交”笔会取得了交流思想、分享认识、赓续红色血脉、助力立德树人的预期效果。

2021年，学院关工委、团委合作组建了“忘年交合唱团”。合唱团由关工委老同志、退休教职工28人和42名在校学生组成。“忘年交合唱团”采取线上沟通、管理，线下排演合练的形式开展活动。合唱团通过微信群安排活动、交换意见，沟通了师生情感、凝聚了师生友谊，传承了爱党爱国情怀。线下，经过一个多月的刻苦排练，老同志态度严谨、纪律严明、不惧困难、全身心投入的精神面貌感染着学生；青年学子朝气蓬勃、昂扬向上的青春风采也让老同志倍感欣慰。两代人共情共鸣，心心相印，互相激励，携手共进，展现了首都“三农人”开拓进取的时代精神。

三、关工委品牌建设面临的新挑战

近年来，网络新媒体已经高度融入人们的日常生活，从衣食住行到学习、工作，从社会交际到休闲娱乐，可谓无时不网、无处不网。通过计算机网络、无线通信网、卫星网等渠道，提供信息和服务的传播形态（新媒体）成了人们获取信息、沟通世界的主渠道。

对关心下一代工作而言，网络新媒体提供了现代化传播手段，突破了教育服务的时空局限，放大了信息传播量，丰富了信息沟通渠道与形式。但是，网络新媒体的普及推广，特别是5G通信技术的应用，也给学校教育教学、思想政治教育、关心下一代工作，特别是关工委品牌建设与推广带来了系列挑战。

汇总有关问卷调查结果，关工委品牌建设所面临的挑战主要集中在以下几个方面。

（一）学生运用新媒体平台日益增多带来的挑战

在网络新媒体环境下，学生每日都会接受众多渠道传播的信息。各种媒体传播的信息有真善美，也有假恶丑。调查表明，职业院校学生经常使用的网络平台有微信、微博、抖音、快手、QQ、每日头条、优酷视频等（见图 2.4）。

许多自媒体传播的不良信息，潜移默化地影响着学生的心灵。这给关工委工作带来了巨大挑战。

信息过载造成接收者的抵触与屏蔽，也对关心下一代工作造成挑

选项（多选）	小计	比例
抖音	48	34.53%
快手	37	26.62%
微博	52	37.41%
知乎	35	25.18%
学习强国	89	64.03%
其他______	38	27.34%

图 2.4 关工委工作品牌线上活动主要运用的手机 App

战。信息沟通心理研究表明，人在一定时间内，能够并愿意接受的信息量是有限的。如果超过一定的限量，人们会产生信息抵触，形成信息屏蔽。在这种状态下，人们对过量信息会“视而不见、充耳不闻”。在网络新媒体时代，信息过载造成的信息焦虑、信息屏蔽，已是普遍现象。这是关工委品牌建设与推广需要直面的又一难题。

（二）老同志掌握新媒体技术水平有待提高的挑战

在新媒体环境下开展关心下一代工作推进关工委品牌建设，要求关工委老同志明了各类新媒体的特点，熟练掌握多种新媒体的使用方法。具备了这样的能力，才能与青年学生产生共振，才能有效推介传播关工委品牌。调查表明，许多老同志在新媒体使用方面存在短板，主要表现在：

一是设备操作能力有待提高。网络新媒体一般以智能手机、电脑、数字电视等设备为终端。这些设备功能繁多、操作复杂，许多老同志的数字设备使用能力还需提高。这直接影响着关工委的工作水准与效率。

二是能使用的平台少。目前，多数关工委老同志与青年学生交往的平台只有微信。但是青年学生除了使用微信外，抖音、快手、QQ、微博都是他们喜欢的新媒体社交工具。老同志如果不熟悉这些社交工具，与青年人的沟通就不在“同一轨道”，沟通效果则会大打折扣。

三是新媒体使用热情还需进一步提高。对新媒体的使用热情，老同志一般低于青年人。其根源有三个：首先是心理因素；其次是习惯使然，新媒体条件下，信息传输海量、高速、碎片化，这与老同志接受信息要求“完整、准确、匀速”的习惯不同；最后是对媒体可信度的认知差异，老同志一般更信赖传统媒体。

（三）新媒体平台开展活动局限性的挑战

网络新媒体为关工委开展活动提供了现代化传输平台，信息传输不再受时空局限，甚至不再受信息量制约，但利用新媒体平台开展活动也有其局限性，调查反映出的问题主要有：

其一，网络媒体平台技术局限。目前，一些网络公司开发的产品使用技术繁杂，非专业人员不能操作，使用中出现故障找不到原因、难以排除。

其二，新媒体平台信息传播的局限性，如，信息碎片化、非理性因素增多等。

其三，特定媒体平台关注度较低。在网络新媒体环境下，受众每日每时都置身于“平台森林”之中，很难特别关注某一平台，所谓“乱花渐欲迷人眼”，在众多媒体平台包围中会产生“受众迷失”现象。因此，在新媒体时代，再难产生“忠实读者”“铁杆观众”。一个值得注意的现象是，一些部门开通的微信公众号学生访问率不高，在公众号上推介的文章、发布的消息如无特别提示，则关注度明显较低。

（四）疫情防控常态化带来的挑战

2020 年以来，疫情防控给学校教育教学造成了巨大挑战，也给实现教育现代化、推进在线教育带来了难得机遇。疫情防控常态化，对关心下一代工作及关工委品牌建设同样既是机遇也是挑战。

一是线上线下相结合成为必须。在疫情防控常态化背景下，应尽量减少人员聚集性活动，这就使采取线上线下相结合形式开展关工委工作成为必须。

二是学生心理变化对关工委工作要求更高。在疫情防控常态化背景下，青年学生的学习方式、生活方式发生了较大改变，因而导致一系列心理变化，如在线学习当中注意力下降、自制力降低。

三是疫情变化给品牌建设带来困扰。在疫情防控常态化背景下，不同地区风险程度可能随时改变，一旦出现中高风险地区，人员流动即刻停止，而关工委品牌建设需要持续的系列性的活动支撑，这也给关工委工作的计划安排带来了挑战。

四、职教系统关工委品牌建设的新思考

（一）线上线下相结合是品牌建设的关键

关工委品牌建设以相关系列活动的开展为基础，没有活动便没有品牌。在网络新媒体环境下，特别是在疫情防控常态化背景下，关工委开展各项活动，应更多采取线上线下相结合形式。

以“特邀党建组织员”品牌建设为例，特邀党建组织员的基本职责是协助党组织加强基层组织建设，对入党积极分子、发展对象进行培养、考察。以往，其主要活动方式是讲党课、考察入党积极分子、代表党组织同发展对象正式谈话等。在网络新媒体环境下，一些院校的特邀党建组织员与入党积极分子建立微信或微信群，通过聊天、群视频会议等形式，对入党积极分子开展培养考察工作，结合面对面谈话等线下形式，大大提高了积极分子培养工作效果。

再如“忘年交”品牌建设，采取线上线下相结合方式，开展“忘年交”笔会，成立“忘年交合唱团”、组织“忘年交”读书沙龙活动，使品牌建设得以深化。

线上线下相结合，可以极大丰富品牌内涵，扩大品牌覆盖面，提升品牌质量。同时，关工委组织的在线活动需更具新颖性、趣味性，内容更加贴近青年思想实际，这样才能吸引更多学生积极参与，使线上活动产生预期效果。

（二）提升老同志新媒体运用能力是品牌建设的基础

老同志在关工委品牌建设中始终是主力军，不仅在线下，就是在线上，老同志的作用也非常重要。

选项（多选）	小计	比例
主导作用	100	71.94%
指导作用	93	66.91%
协同作用	90	64.75%
参谋、智库作用	77	55.4%
未起作用	4	2.88%
其他________	3	2.16%

图 2.5 关工委在品牌建设线上活动中的作用

在网络新媒体环境下，要深化关工委品牌建设，需要广泛提高关工委老同志运用新媒体平台的能力。“工欲善其事，必先利其器”，新媒体平台就是关工委品牌建设的利器。但如前所述，关工委老同志对新媒体平台的使用能力还需进一步提高。以去年许多学校的教学平台“学习通”的使用为例，青年教师经过短暂学习即可熟练使用，授课、辅导、讨论、布置作业、测验考试“一条龙”线上教学，但受聘任课的退休教师，则很少能够熟练使用。“学习通”的功能可以作为关工委“红色大讲堂”等品牌线上开展活动的有效平台。鉴于此，学校关工委应加大培训力度，尽快提高老同志使用新媒体平台的能力，为深化品牌建设厚植基础。

（三）突破新媒体使用局限是品牌建设的条件

利用新媒体开展在线品牌建设活动，必须突破有关新媒体使用障碍。学校网络管理技术人员应成为关工委的“技师”，为品牌线上活动提供技术支持。关工委品牌建设从内容到形式都要办出自身特色，从思想性、趣味性、独特性、感染力几个维度吸引受众，增强受众参与度。同时，线上活动亦应注意连续性、系统性，突破新媒体使用局限，这样才能为线上品牌建设创造条件。

（四）部门协调配合是品牌建设的核心

关工委品牌建设，涉及学校的方方面面。从内涵角度看，关工委品牌建设的基本目的是助力“立德树人”。根据“三全育人”要求，学校各个部门都是育人主体，都承担育人职责。关工委品牌建设更是离不开组织、宣传、学团、教务等部门支持协同，只有形成合力，才

选项（多选）	小计	比例
离退休人员工作处	95	68.35%
团委、学生工作部(处)	114	82.01%
宣传部、组织部	103	74.1%
马克思主义学院(思政部)	68	48.92%
教务处	55	39.57%
其他________________	19	13.67%

图 2.6　关工委工作品牌线上活动的主要参与部门

能构建“三全育人”的长效机制(见图 2.6)。从品牌建设的活动开展看，也离不开学校各部门的协同合作。以“大国工匠进校园”品牌建设为例，此虽为关工委工作品牌，但其活动开展却是全校整体行为。北京电子科技职业学院、上海电子信息职业技术学院等职业院校开展“大国工匠进校园”品牌建设就是全校党政、教学、后勤各个部门齐动员，统一部署、统一行动，取得了优异成效。

（五）总结创新是品牌建设的生命

职教系统关工委品牌建设线上活动具有鲜明特色，包括：与学校主题教育紧密结合，相关职能部门协调配合，定期总结交流，规范化、长效化，重视提高老同志的工作技能，等等（见图 2.7）。

选项（多选）	小计	比例
与学校主题教育紧密结合	127	91.37%
相关职能部门协调配合	119	85.61%
定期总结交流	96	69.06%
规范化、长效化	81	58.27%
重视提高老同志的工作技能	85	61.15%
其他________	2	1.44%

图 2.7　关工委工作品牌线上活动的主要特色

但是，关工委品牌建设是一项系统工程，不能一蹴而就，也不能一成不变。品牌要随形势发展而发展，随时代进步而深化。品牌的生命力在于创新，一旦品牌的内涵固化、活动形式僵化了，品牌的生命力也就完结了。

欲使关工委品牌永葆青春，就要注重总结创新。总结过往的成功经验，创新活动内容形式。尤其是在网络新媒体环境下，各种新型传播平台层出不穷，青年学生对新鲜事物的接受能力较强，关工委品牌建设必须把创新当作生命，才能跟上时代、永立潮头！

课题组：北京教育系统关工委高职中专协作会　王振水　姜志强　魏钢　郑伯坤　杨少萱　李燕晖　韩春立　张兆忠　张瑜　杨嘉麟

执笔人：郑伯坤　杨少萱

第三章 网络新媒体环境下高校关工委思政课程和课程思政工作研究

第一节 高校关工委思政课程和课程思政的新特点、新特征、新举措、新机制

2016年，习近平总书记在全国高校思想政治工作会议上强调，“把思想政治工作贯穿教育教学全过程”，“其他各门课都要守好一段渠、种好责任田，使各类课程与思想政治理论课同向同行，形成协同效应”。[①] 由此开启了单纯的“思政课程”向专业育人的“课程思政”转变的高校思想政治工作新阶段。

青年，是中国高校的主要人群，他们年轻、意气风发、充满朝气。习近平总书记在纪念中国共产党成立100周年大会上的重要讲话中高度赞扬了青年的历史贡献，并对青年的未来寄予厚望。他说：“未来属于青年，希望寄予青年。一百年前，一群新青年高举马克思主义思想火炬，在风雨如晦的中国苦苦探寻民族复兴的前途。一百年来，在中国共产党的旗帜下，一代代中国青年把青春奋斗融入党和人民事业，成为实现中华民族伟大复兴的先锋力量。新时代的中国青年要以实现中华民族伟大复兴为己任，增强做中国人的志气、骨气、底气，不负时代，不负韶华，不负党和人民的殷切期望！”[②]

① 《习近平谈治国理政》第二卷，外文出版社2017年版，第376、378页。

② 习近平：《在庆祝中国共产党成立100周年大会上的讲话》，人民出版社2021年版，第21页。

青年人的成长离不开老同志的关心和指导，离不开老同志的鼓励和支持。

高校关工委老同志有经验、有威望，在资源、示范作用等方面有明显的优势。他们立足于校园，发挥作用于校园，其工作在青年人的成长过程中意义重大，特别是在青年教师和青年学生在理想信念教育、思想道德教育、革命传统教育等方面具有特殊优势与不可替代的作用。实践证明，高校关工委坚持用社会主义核心价值观引领广大青年，帮助青年师生树立正确的世界观、人生观、价值观，引导青年人听党话、跟党走。高校关工委工作事关党和国家前途命运，事关中华民族伟大复兴。

进入新时代，网络新媒体迅速发展，互联网的普及和推广使得网络早已成为人们日常生活中的一部分，在为青年教师和当代大学生的教学与学习提供便利的同时也影响着他们的思维判断，深刻影响着高校关工委参与思政课程和课程思政建设。关工委在常规参与各类督导、指导、评审等事务的同时，更加注重结合新媒体时代高校思政课和专业课的特点，科学利用新媒体对思政课程和课程思政的建设作出新的贡献，在各类活动中有效传播正能量，进一步助力青年教师和青年学生的思想政治教育。

本节研究从网络新媒体环境下高校思想政治教育的新特点出发，基于反馈的调查问卷，对网络新媒体环境下关工委参与思政课程和课程思政的新特征进行分析，围绕网络新媒体环境下关工委参与思政课程和课程思政的新举措进行建议，以北京林业大学“五老”在新媒体时代参与思政课程和课程思政为典型案例，提出网络新媒体环境下关工委参与思政课程和课程思政的工作机制。

一、高校思想政治教育的新特点

（一）思政课程和课程思政教学平台显著扩大

互联网的介入，更新了高校思想政治教育领域的教学模式，也打破了单一的教学方式，方便学生更好地融入课堂。互联网的开放性和全球性，让新媒体时代高校思政课堂和专业课堂的教学资源更加丰富，教学平台逐渐扩大。学生可以方便地阅读和评论网络上的信息，可以便捷地通过更多的网络平台获得更多的学习资源。网络教学提高了学习效率，增强了课堂教学质量，打破了时空限制，进而更好地提升了学生的思想高度和水平。此外，新媒体的引进在一定程度上也促使在校教师学习更多的知识技能、熟练操作网络平台，更好地提升教师专业素质。

（二）思想政治教育内容更加丰富

传统的思政课教学，内容展现形式相对单一，不利于学生理解，学生课堂兴趣不高；现在的新媒体时代，思政教师灵活运用新媒体进行教学，加强了学生之间的沟通和互动，更加有效地将实际生活中的具体实例与知识点联系到一起，能够很好地激发学生对于思政知识的学习兴趣，有效地理解知识内容。与此同时，各大网络平台上的资讯实时更新，大多数学生获取新闻更加方便，教师可以借机融合时事知识进行教学，热点事件和思政教学内容的结合更有利于学生记忆和掌握，在提高学生学习兴趣的同时也丰富了思政课的教学内容。

（三）教师引导学生成长的要求更加强烈

2019 年，习近平总书记在学校思想政治理论课教师座谈会上的讲话中指出，办好思想政治理论课关键在教师。因此，作为当代教师尤其是思政课教师政治敏锐度要强，立场要坚定。在新媒体时代，教师更要起到引领作用，引导学生正确看待社会问题。与此同时，社会发展也要求教师能够积极关注网络消息，了解社会热点，既能够解决学生课堂上的问题、解疑答惑，也能冷静应对外界困扰和思想问题，明确自身思想立场。高校教师要作为正确思想意识的传播者，学会与网络上不正确的思想意识作斗争，让正能量在课堂上有效传播，进而促进正确的思想道德观念在社会上的传播。

二、关工委参与思政课程和课程思政的新特征

（一）积极应对新挑战，思政课程和课程思政参与度逐步提高

网络信息技术的运用对于老同志来说是个挑战。在经历了 2020 年疫情期间在线教学后，老同志参与在线教学指导的技术水平快速、大幅提高。从返回问卷的情况来看，超过 90% 的关工委老同志、思

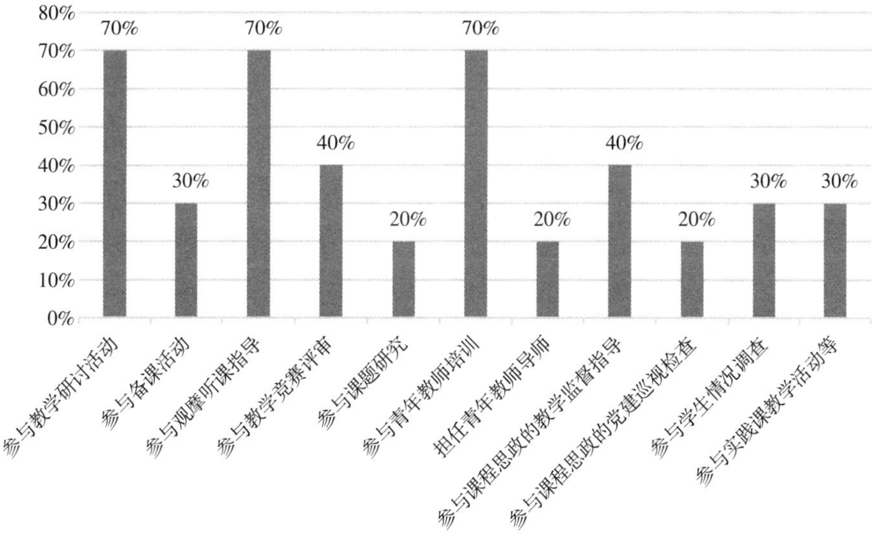

图 3.1　网络新媒体环境下，关工委思政课程和课程思政的参与活动

政课教师和专业课教师认为新媒体便利了老同志参与思政课程和课程思政。老同志们参加课程设计、研讨、指导教学研究与教学实践等活动突破了时空和地域的局限，可以实现随时随地移动参与，这极大地提高了他们的参与度与参与意愿，以往邀请老同志参与此类活动路途遥远、耗时长久的弊端得以避免，障碍得以消除（见图 3.1）。

（二）主动学习新技术，思政课程和课程思政参与方式多样化

从调研来看，老同志们“人老心不老”，积极应对新挑战，主动学习新技术，参与思政课程和课程思政的方式呈现出显著的多样化特征。微信、微博、学习强国、抖音、哔哩哔哩、优酷、爱奇艺、知乎、喜马拉雅等手机 App 和企业微信会议、企业微信直播、钉钉会议、腾讯会议、ZOOM 会议、微信群视频和学习强国群视频等网络视频会议软件均有不同程度的使用频率。问卷显示，微信是使用频率

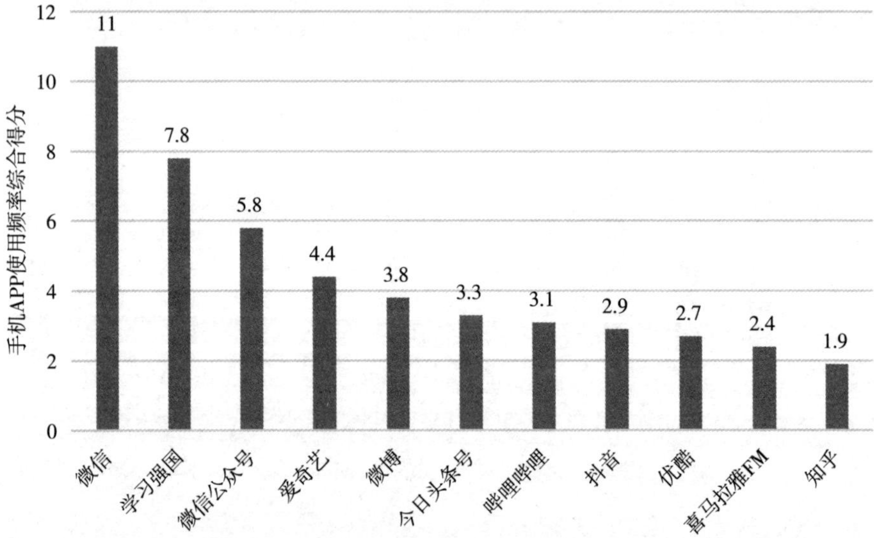

图 3.2　网络新媒体环境下，关工委使用手机新媒体 App 频率得分情况

最高的新媒体 App，被调查者均表示自己熟悉且常用，充分说明微信已成为新媒体时代人人必备的通信工具；其次是学习强国 App，其丰富且分类明确的学习板块和内容便捷了使用者。在视频会议软件方面，腾讯会议的使用频率高居榜首，老同志们均使用过此会议软件，经常用的比例超过 70%；其次为 ZOOM 会议和微信群视频。新媒体 App 的高使用频率支撑了老同志高比例参与线上听课、研讨、会议、咨询指导和个别指导（如图 3.2、3.3 所示）。

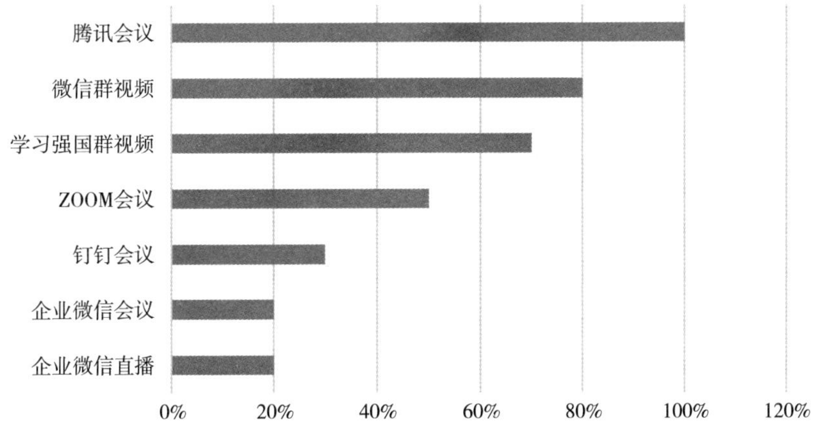

图 3.3 网络新媒体环境下，关工委使用视频会议软件情况

（三）多方合力协同，思政课程和课程思政参与效果好

关工委老同志多数是已经退休的老党员、老干部、老教师，他们在退休之后不计报酬，无私地参与到学校思政课程和课程思政等教育教学工作当中，继续发挥自己的余热。调查来看，各高校已充分认识到老同志的奉献精神，已经出台或正在出台相关制度鼓励、支持老同志的工作，为老同志参与思政课程和课程思政提供制度保障。各高校不同程度地为关工委提供专项经费支持、场地支持、技术支持和人员支持，通过组建专项教师志愿者、学生志愿组织、微

技术支持与辅导团队等方式，帮助老同志更好地参与思政课程和课程思政建设。思政课教师和专任教师普遍反映，网络新媒体环境下，关工委很有必要发挥独特优势参与思政课程和课程思政建设，老党员、老干部、老教师优秀事迹网络宣传、在线党课开讲等为青年教师树立了优秀的学习榜样，老同志的现场指导让青年教师在教学上快速成长，极大地激发了他们的内在动力，鼓舞了他们投身新时代思想政治教育工作的热情。

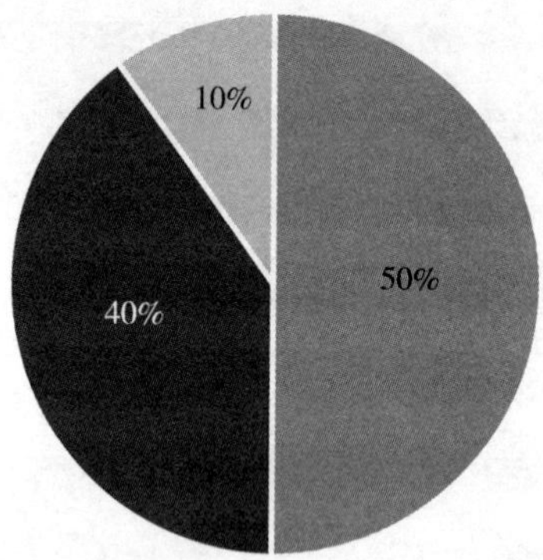

图 3.4　网络新媒体环境下，学校出台鼓励关工委参与思政课程和课程思政建设工作的相关制度情况

三、关工委参与思政课程和课程思政的新举措

（一）实时关注网络热点，助力提升思政课程和课程思政教学效果

网络新媒体时代，青年教师与学生们在网络平台上较为活跃，能够及时了解到新闻信息以及热点事件。关工委老同志顺应时代发展，及时转变参与思政课程和课程思政的模式，实时关注网络热点，增加

与青年教师和学生的沟通互动，及时引导学生独立思考，教会他们冷静准确看待热议事件；鼓励青年教师将课堂教学与时势政策讲解相结合，有效传播正能量，教导学生在纷繁复杂的网络世界保持理性思维，树立正确的价值观，主动了解积极的网络文化。调查表明，关工委和“五老”在帮助学生成长的同时，助推了青年教师的成长，增强了思政课程和课程思政的教学效果。

（二）秉持正确价值观，积极参与网络热点问题讨论

网络新媒体时代要求高校教师政治立场更加明确，教师能够积极参与网络上的热点问题讨论，正确引导学生对于网络热点事件以及其他舆论的看法和思考，丰富学生知识面，培养学生的批判性思维，坚定学生的理想信念，培养他们为国家为人民服务的远大理想。调查表明，关工委老同志有着丰富的政治经验，可以指导青年教师通过思政和专业课堂的不同形式，为学生尽可能提供更多的学习资源，向学生传递正能量，同时也能帮助青年教师提高自身素养和文化内涵，学会具体问题具体分析，实现更高层次的思政教育，提高师生思想水平。

（三）发挥自身优势，促进马克思主义中国化时代化

网络新媒体时代，关工委老同志携手青年教师尤其是思政课教师让学生更加了解马克思主义，促进马克思主义中国化时代化。特别是在网络平台遇到与政治相关的问题时，关工委老同志能从自身丰富的教学经验和坚定的思想认识出发，解答相关困惑，在具有争议的热点面前保持冷静，正确引导舆论方向，有效传播正能量。

四、关工委参与思政课程和课程思政的实践

北京林业大学历来高度重视思想政治教育工作，2016年全国高校思想政治工作会议后，学校及时启动了课程思政工作。学校关工委紧紧抓住新时代思政课程和课程思政的工作机遇，主动作为、持续用力，聘请学校“五老”中20余名经验丰富、思维敏锐的老干部、老专家、老教师组成学校思政课程和课程思政教学的顾问团、专家组和指导组。他们为学校思政课创新改革和课程思政的顺利推进作出了突出贡献。

（一）思政课专项督导，把好育人大方向

近五年，北京林业大学三次修订《北京林业大学本科教学督导听课评价表》，不断强化“教书育人”指标，增加“思政课专项督导”，要求每位专职督导每学期至少听一门思政课。退休思政课老专家应学校邀请，担任思政课督导、信息员和青年教师导师，实现思政课程听课全覆盖，监督任课教师把好人才培养方向，帮助他们提升教学与学术研究能力。

网络新媒体环境下，思政课专项督导通过教务处获得全校思政课教师大课表，沟通马克思主义学院，商榷听课事宜，随机抽取听课教师，通过腾讯会议、ZOOM会议等网络会议平台，进入学校思政课在线课堂，进行在线听课、在线督导。有的青年思政课教师说：“老先生们抽出时间听我们每个人的课，悉心辅导，交流教学经验，让我受益匪浅。”思政课督导为北京林业大学思政课线上教学顺利推进、高质量完成既定教学任务和目标提供了鞭策。

督导员们更是率先示范，亲自参与在线授课。他们围绕“疫情防

控——国家治理体系和治理能力的大考”“从疫情防控看中国特色社会主义制度优势”“我的专业，能为疫情防控做点什么”等主题，通过企业微信、腾讯会议等线上平台，带领学生们学习时政理论，讲述防疫抗疫故事，分享心得观点，思考解读疫情防控这一社会热点。

（二）课程督导关注育人成效，课程思政深入人心

北京林业大学聘请了九位老同志担任本科专职督导。他们参与“好评课堂”验证、按专业听课、进行新进教师听课等工作，在听课过程中注重考查教师教书育人情况，特别是关注教师课程思政实施情况和具体效果。每年听课400余门次，发掘教学亮点，帮助教师查找教学薄弱环节，及时改进完善教学。老同志在听课过程中，注重指导专业课教师做好课程思政，为青年教师带教，帮助他们挖掘专业课程中的思政育人元素，把握正确政治方向，强化专业课的思政育人功能。

（三）担任在线评审专家，课程思政教改专项顺利结题

北京林业大学“五老”积极参与学校课程思政建设，发挥学术专长及教学经验，把握正确的政治方向，确保思想政治教育元素与专业知识的有机融合。继“五老”代表担任北京林业大学2019年课程思政教研教改专项课题立项评审专家之后，2020年5月，学校又邀请“五老”担任结题答辩专家。

评审会采用腾讯会议的形式，会务组工作人员有序引导课题答辩人进入答辩会议室，评审专家身在家中，一根网线相连，答辩人通过屏幕共享，评审专家即可清晰看到其答辩PPT，更好地了解本门课程的课程思政执行情况、推广应用效果。

（四）与在职教师并肩战斗，疫情防控期间诠释责任与担当

2020年上半年，九位专职督导累计在线听课242门次（380节次）；专职督导开展联学联研活动69次，针对在线教学师生互动、学生学习效果评价等热点难点问题，与教师进行了深入探讨，倾心助力教师在顺利开课的基础上把课开好，开出好课；撰写在线教学相关稿件近20篇，分享在线教学优秀案例。北京林业大学在线督导工作得到了广泛关注和认可，教学督导撰写的两篇稿件被中国大学生在线网等校外媒体转载，两位教学督导先后应邀接受《中国科学报》采访，谈在线督导工作，传播督导声音。

表3.1 新媒体时代，北京林业大学关工委参与思政课程和课程思政建设活动情况表

活动项目	活动内容
思政课专项督导	通过腾讯会议、ZOOM会议等网络会议平台进行思政课督导，并率先示范讲授思政课
课程思政督导	注重指导专业课教师做好课程思政，为青年教师带教，帮助他们挖掘专业课程中的思政育人元素，把握正确政治方向，强化专业课的思政育人功能
在线评审专家	通过腾讯会议开展课程思政专项教研教改专项课题结题答辩
疫情期间在线活动	累计听课242门次，开展联学联研活动69次

五、关工委参与思政课程和课程思政的工作机制思考

网络新媒体环境下，需要高校关工委更好地参与及推进学校课程思政与思政课程建设，推进课程思政与思政课程同向同行，知识传授与思政育人有机融合，这需要良好的工作机制。

（一）强化协同育人的理念引导

关工委老同志、思政课教师和专业教师需要达成正确的协同育人理念和认识，形成有效协同，才能对思政教育工作起到较好的引领作用。关工委在沟通专业教师和思政课教师方面可以起到传导作用，为专业教师的知识传授和思政课教师的德育优势提供沟通的桥梁，更好地发挥协同效应。

（二）建立教育资源的整合路径

教育资源的松散已成为协同育人机制有效运作的内在制约因素，要从根本上解决这一问题，需要建立良好的资源整合路径。关工委和思政课教师、专任教师要利用好网络环境和网络资源，通过微信、微博、QQ 等网络平台，形成学生思想动态交流机制，共享学生思想状况、社会实践情况、专业学习状况，实现信息共享、资源整合的有效渠道。同时，要探索形成协同备课制度，完成学科理论层面的系统整合，通过协同备课，充分利用老同志丰富的教学经验、人生阅历和思政课教师的学科优势，有利于帮助专业教师挖掘不同专业课中所蕴含的思政教育元素，实现不同学科之间教学资源的交融配合，也能有效解决“都讲、都不讲”的担忧或者矛盾。

（三）建立良好的保障体系

协同育人的实现离不开一套系统规划、透明公开、完整有效的保障体系。第一，从制度上保障关工委老同志的权益，提高关工委老同志参与思政课程和课程思政建设的待遇；第二，为关工委提供良好的场地保障和技术保障，帮助关工委更好地参与相关活动，推进协同育人，提升学校整体育人质量。

网络新媒体环境下，思想政治教育呈现出新的特点，关工委参与思政课程和课程思政也呈现出新的特征。在信息瞬息万变的互联网时代，我们在实际教学中，只有深刻认识这些新特点、新特征，充分建立起相关机制，才能更好地发挥关工委老同志在积极引导青年教师和青年学生树立正确人生观、价值观和世界观的正向作用，更好地做好教育教学工作，为培养德智体美劳全面发展的社会主义建设者和接班人作出贡献。

课题组：北京林业大学　王洪元　邹国辉　吕焕卿　黄国华　尹大伟　杜艳秋　张秀芹　王乃康　夏子谦　班道明

执笔人：杜艳秋　尹大伟　张秀芹　黄国华

第二节　网络新媒体环境下高校关工委助力思政课程和课程思政的实践与思考

随着网络新媒体技术不断发展，高校师生在线上线下舆论场中，如何形成同心圆，在理想信念、价值理念、道德观念上形成团结共识，让正能量更强劲、主旋律更高昂，从而构筑政治和文化安全是目前值得研究的重要问题。网络新媒体环境下，高校学生思想政治教育和关工委工作也面临着新机遇和新挑战。事实证明，北京市委教育工委、北京教育系统关工委于多年前就组织队伍研究高校关工委在网络新媒体环境下参与思政课程和课程思政这一前瞻性课题，既对工作实践具有指导意义，又具有理论研究的价值。

一、党和政府为高校关工委在网络新媒体环境下参与思政课程与课程思政创建了良好环境

成立关工委组织，是具有中国特色的一项制度性安排，是我们党加强青少年思想政治工作的一个创新。党的十八大以来，党对关工委的领导全面加强，关工委工作环境进一步优化。党中央将关工委工作纳入立德树人顶层设计。

（一）号召关心下一代，赓续红色血脉，推动关工委工作进入新阶段

2020 年 11 月，在纪念中国关心下一代工作委员会成立 30 周年暨全国关心下一代工作表彰大会召开之际，习近平总书记又一次对关心下一代工作作出重要指示，进一步强调了关心下一代工作发展的方向性、根本性、战略性问题，为新时代关心下一代工作指明了方向。①

关工委组织从成立到发展壮大经过了 30 多年。截至 2020 年 10 月，全国有 107 万个关工委组织，在关工委组织内工作的离休不离岗、退休不褪色的“五老”人员达 1367 万人。

新修订的《未成年人保护法》明确了关工委配合政府和司法机关保护未成年人的法定职责。党中央、国务院印发的《关于深化教育教学改革全面提高义务教育质量的意见》《新时代爱国主义教育实施纲要》等文件明确了关工委的育人职责。《关于进一步发挥“五老”队伍在加强青少年思想道德建设中的作用的意见》，为多部门加强“五老”队伍建设提供了基本遵循。

---

① 参见顾秀莲：《三十载坚守初心担使命　新时代托起朝阳育新人——在纪念中国关工委成立 30 周年暨全国关心下一代工作表彰大会上的讲话》，《中国火炬》2020 年第 12 期。

2021年4月，中共教育部党组《关于加强新时代全国教育系统关心下一代工作委员会工作的意见》（教党〔2021〕34号），标志着全国教育系统关心下一代工作进入了历史新阶段。

（二）推动互联网应用，建设网络强国，创造网络教育环境

高校关工委在网络新媒体环境下参与思政课程和课程思政，对于关工委领导下的“五老”群体来说，无疑是一个自我挑战。但无论多难，关心下一代工作必须逾越网络新媒体这条鸿沟。因为它不仅仅是技术问题，更是关乎国家命运的重大课题。

网络技术是信息社会的标志。习近平总书记深刻洞察历史规律，指出“网信事业代表着新的生产力和新的发展方向”，“没有信息化就没有现代化”。[①]习近平总书记亲自挂帅，以中央网络安全和信息化委员会主任的身份推动网络强国建设。

习近平总书记要求各级干部“全天候全方位感知网络安全态势”[②]，高度重视网络意识形态安全风险。他强调，“过不了互联网这一关，就过不了长期执政这一关”[③]。“当今世界，谁掌握了互联网，谁就把握住了时代主动权；谁轻视互联网，谁就会被时代所抛弃。一定程度上可以说，得网络者得天下。”[④]“掌控网络意识形态主导权，就是守护国家的主权和政权。各级党委和党员干部要把维护网络意识形态安全作为守土尽责的重要使命”[⑤]。

① 《习近平关于网络强国论述摘编》，中央文献出版社2021年版，第136、43页。
② 《习近平关于网络强国论述摘编》，中央文献出版社2021年版，第93页。
③ 《习近平关于网络强国论述摘编》，中央文献出版社2021年版，第3页。
④ 《习近平关于网络强国论述摘编》，中央文献出版社2021年版，第41页。
⑤ 《习近平关于网络强国论述摘编》，中央文献出版社2021年版，第54页。

互联网为我国现代化教育提供了新的引擎。在党和政府支持下，教育信息化建设取得重大进展，6 万多个教学点实现数字教育资源全覆盖。《教育信息化 2.0 行动计划》启动，重点实施宽带卫星联校试点行动、大教育资源共享计划、网络扶智工程，普及推广网络学习空间应用，加快发展基于互联网的教育服务模式。与此同时，全面提升教师信息技术应用能力，真正发挥教育信息化的支撑引领作用，用信息技术改造传统教学。

（三）思政课程建设如火如荼，成果令人鼓舞，创新立德树人环境

围绕立德树人这一根本任务，关工委组织了各种系列活动，取得了骄人的成绩。高校关工委在网络新媒体环境下参与思政课程和课程思政，必然会将关工委的工作指向助力思政课程建设。这种转变也是一种战略安排。

在中国共产党成立 100 周年之际，中共中央、国务院印发了《关于新时代加强和改进思想政治工作的意见》，指出思想政治工作是党的优良传统、鲜明特色和突出政治优势，是一切工作的生命线。加强和改进思想政治工作，事关党的前途命运，事关国家长治久安，事关民族凝聚力和向心力。

要保证国家的长治久安，就要继承我党的光荣传统，加强思想政治工作。在高校思想政治教育的主战场上，教师队伍是“主力军”，课程建设是“主战场”，课堂教学是“主渠道”，而思政课程是对大学生思想政治教育的关键课程。由此，我们不难领悟为什么思政课程会是习近平总书记最关心的一门课程。

2019 年，习近平总书记主持召开学校思想政治理论课教师座谈会

并讲话。他指出:“思政课是落实立德树人根本任务的关键课程，思政课作用不可替代，思政课教师队伍责任重大。”①“办好思政课，就是要开展马克思主义理论教育，用新时代中国特色社会主义思想铸魂育人”②。“我们办中国特色社会主义教育，就是要理直气壮开好思政课。”③

理解了我党把思想政治工作作为治党治国的重要方式，就理解了关工委参与思政课建设的必要性。这是党和政府赋予关工委的历史使命。

2017 年，教育部打了一场提高高校思政课程质量和水平的攻坚战。2018 年，中央教育工作领导小组成立。2020 年，面对突如其来的新冠肺炎疫情，教育系统实现“停课不停教、停课不停学”，成功开展了世界最大规模的线上教学，史无前例、世无前例，思政大课也创造了奇迹。2021 年，思政课程建设站在了新的历史起点上。“强基计划”开局良好，本科“双万计划”、高校科研“珠峰计划”等顺利开展，“四个回归”理念得到普遍认同。思政课程建设的飞速发展为关工委的工作提供了广袤的舞台。

(四)课程思政全覆盖，创新“大思政”，构建全员全程全方位育人新环境

2016 年，习近平总书记在全国高校思想政治工作会议上强调，要“把思想政治工作贯穿教育教学全过程，实现全程育人、全方位育人，努力开创我国高等教育事业发展新局面”④。

① 《习近平重要讲话单行本》(2020 年合订本)，人民出版社 2021 年版，第 276 页。
② 《习近平重要讲话单行本》(2020 年合订本)，人民出版社 2021 年版，第 279 页。
③ 《习近平重要讲话单行本》(2020 年合订本)，人民出版社 2021 年版，第 292 页。
④ 《习近平谈治国理政》第二卷，外文出版社 2017 年版，第 376 页。

2020年6月，教育部印发的《高等学校课程思政建设指导纲要》提出，课程思政建设要在全国所有高校、所有学科专业全面推进。

高校关工委既要参与思政课程又要参与课程思政，正是在这样的大环境下催生的。我国正在构建全员全程全方位育人大格局，要寓价值观引导于知识传授和能力培养之中，解决专业教育与思政教育“两张皮”的问题，“大思政”作为新的教育理念被高校师生用于创新工作之中。

加强网络新媒体环境下思政课程和课程思政建设，是党和政府站在“两个一百年”历史交汇点上，抓住和用好各种历史机遇，作出的一系列因应性的战略部署。高校关工委在网络新媒体环境下参与思政课程和课程思政是顺势而为，也是党和国家赋予关工委的历史使命。

二、关工委思政课程和课程思政工作现状分析

（一）网络新媒体环境下高校关工委工作新特点

通过资料分析可知，目前高校关工委的工作呈现出横向拓展范围、纵向精准深入的新态势，无论在制度建设上还是工作方向、途径、方式方法上都有创新性的探索。关工委工作出现的新格局、新基础、新平台、新模式、新途径、新方法构成了关工委工作与时俱进的新特点。

1. 积极应对新挑战，思政课程和课程思政参与度不断提升

网络新媒体技术的运用对于“五老”来说是个挑战。在经历了新冠肺炎疫情期间在线教学后，老同志参与在线教学指导的技术水平有所提高。从问卷调查的数据来看，超过90%的关工委老同志、思政课教师和专业课教师认为新媒体方便了老同志参与思政课程和课程思政。老同志们参加课程设计、研讨、指导教学研究与教学实践等活动

突破了时空和地域的局限，可以实现随时随地移动参与，极大地提高了他们的参与度。

2. 主动学习新技术，思政课程和课程思政参与方式呈现多样化

老同志积极应对新挑战，主动学习新技术，参与思政课程和课程思政的方式呈现出显著的多样化特征。新媒体 App 的使用极大方便了老同志参与线上听课、研讨、会议、咨询指导。2020 年夏，为适应抗击疫情需要，北京信息科技大学关工委与该校公共管理与传媒学院二级关工委联合，采取线上形式召开了课程思政线上研讨会。老同志在助力学生思想教育的同时，助力青年教师的课程思政，也助力了教育教学的改革。

3. 紧扣时代脉搏、凸显学校特点，发挥“五老”优势，建立思想教育基地

在马列主义理论宣讲和讲好“四史”活动中，建立思想教育基地，构建立体化多维度育人体系，唱响关工委工作的主旋律，夯实高校关工委工作可持续发展的新基础。以北京大学为例，2014 年 7 月，北大关工委建成校内首个“立德树人教育基地”，将美育与德育结合起来，打造立德树人新阵地。2015 年 6 月，这个基地成为教育部关工委、北京教育系统关工委“关心下一代教育基地”。北大关工委又以“马寅初故居纪念展览”为切入点，建设第二个关工委立德树人教育基地，深入开展党史、国史、校史教育。2019 年，北大关工委紧扣时代脉搏，抓住纪念五四运动 100 周年和新中国成立 70 周年等契机，密切配合主渠道，精心设计主题，打造特色品牌。

4. 加强理论研究，探索工作规律，助力青年教师培养，理论宣讲向企业辐射

华北电力大学关工委积极开拓，组织老同志参与兼职辅导员试点

工作，原副校长等五位校内外老同志被聘为兼职辅导员。他们运用自身经验，对青年学生工作干部言传身教，一起研究探讨新时期学生工作的特点与规律，推动了学生工作深入开展。他们积极承担二级党校师资的培训任务，关工委主任、副主任都被聘为党校的理论导师。老同志为学校干部师生作辅导报告，还受邀到电力企业干部培训班授课、宣讲，受到欢迎。

5. 开设关工委工作网站，建立微博、微信公众号，利用互联网、新媒体推动关心下一代工作

河北大学关工委积极利用互联网和新媒体，使之成为开展关心下一代工作的助推器。河北大学关工委于2015年依托老干部处，在校园网建立了自己的网站，上网的关工委委员和老教师的文章和宣讲材料有几十万字。2016年，河北大学关工委网站就被评为全国教育系统优秀基层网站，经过几年的推动，现已在二级关工委设立了各自的工作网站；创建了个人微博、微信和QQ群。利用新媒体工具对学生进行教育已形成共识；二级关工委建立微博、微信公众号，拓展教育平台，使新媒体融入师生日常生活，先后建立3个官方微博、4个社团微博、5个微信平台、20个团支部微博。通过网络打造“微总结”“微名师”“微团队”“微榜样”“微公益”5个网络沟通平台，在职教师与退休教师共同参与大学生日常教育，拓宽了工作领域。

（二）网络新媒体环境下高校关工委思政课程和课程思政工作在组织建设等方面需进一步加强

2020年，北京教育系统关工委进行了“网络新媒体环境下高校关工委思政课程和课程思政工作研究”问卷调查，采用分层抽样的方法选取了北京航空航天大学等6所院校共146名教师做调查，涵盖老

同志、思政课教师、从事关工委的党政干部等群体，共回收问卷 146 份、有效问卷 146 份，有效率 100.0%。

从问卷调查的数据来看（如图 3.5 所示），认为网络新媒体环境下关工委参与思政课程和课程思政“很有必要，发挥独特优势，大有可为”和“有必要，发挥配合补充作用”的分别是 58 人、84 人，共 142 人，总占比达 97.26%，无人选择“没必要”。可见，在网络新媒体环境下，关工委参与思政课程和课程思政建设这个问题上，大家具有高度的共识。

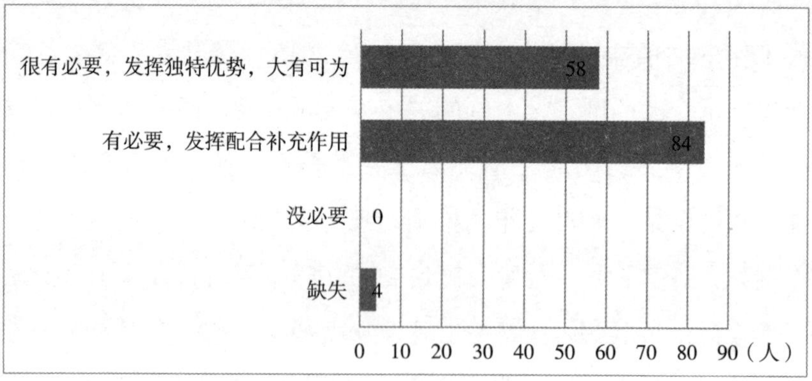

图 3.5 网络新媒体环境下关工委参与思政课程和课程思政建设的必要性

不过，问卷调查发现，高校关工委参与思政课程和课程思政工作在学校层面的重视程度（见图 3.6）、政策制定（见图 3.7）、组织保障等方面还需进一步加强。在“网络新媒体环境下学校对关工委老同志参与思政课程和课程思政建设的重视程度”（见图 3.6）中虽然没有人选择“不重视，没必要组织老同志参与”，但有近五分之一的人（17.81%）认为其所在的学校“不太重视，老同志自主参与”；在学校政策方面（见图 3.7），有 20.54% 的人反映其所在的高校尚未研制制度或并无此计划；在“关工委老同志运用新媒体方式开展思政课程和课程思政建设面临的主要困难”（见图 3.8）中也有 20.55% 的人认为“组织参与不畅通”，13.70% 的人认为“学校主导搭台不够”。可喜的是，在“畏难情绪严重”方面的占比（11.64%）并不高，说明关工委老同志们都有昂扬的斗志，工作劲头很足。

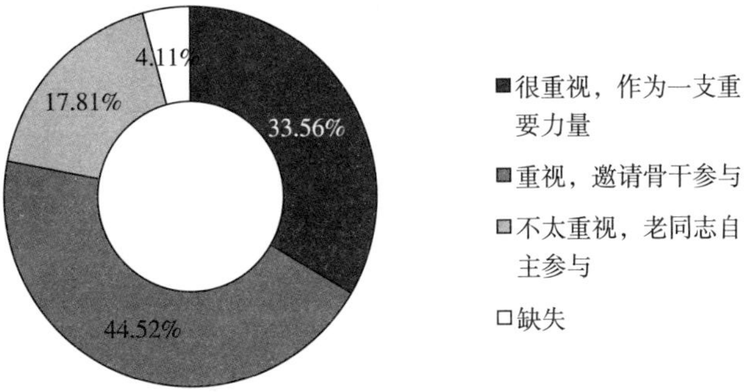

图 3.6　网络新媒体环境下学校对关工委老同志参与思政课程和课程思政建设的重视程度

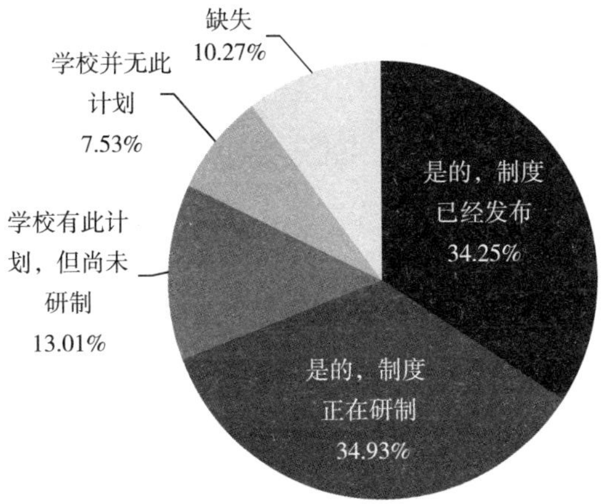

图 3.7　学校出台鼓励关工委参与思政课程和课程思政建设工作相关制度的情况

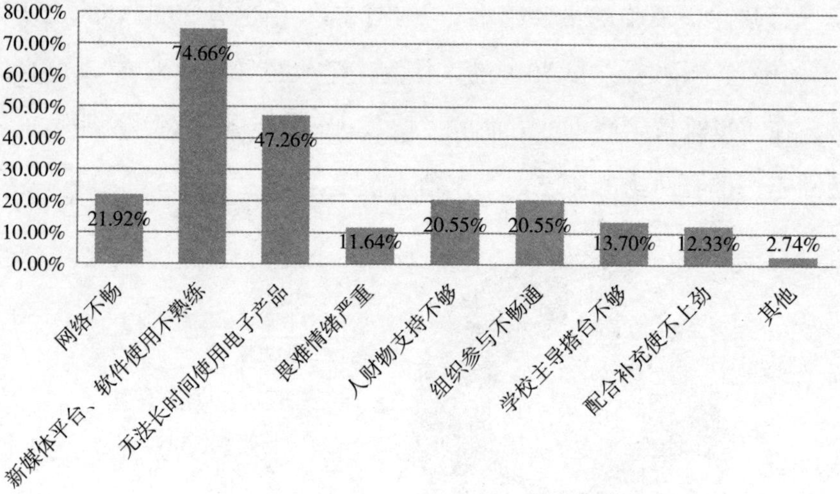

图 3.8　关工委老同志运用新媒体方式开展思政课程和课程思政建设面临的主要困难

（三）高校关工委老同志运用新媒体方式参与思政课程和课程思政建设面临困难

从问卷调查数据来看（如图 3.9、图 3.10 所示），不管对于受访人整体还是离退休人员来说，微信、学习强国和微信公众号这三种类型的新媒体方式都是大家熟悉且常用的，而哔哩哔哩、知乎也都是较多人不了解的。特别是对于受访者中的 35 名离退休人员来说，超过半数（18 人，51.43%）不了解哔哩哔哩、知乎这二种新媒体方式，四成不了解优酷（15 人，42.86%）、爱奇艺（14 人，40.00%），“熟悉且常用”微博、抖音、优酷、爱奇艺、知乎、今日头条号、喜马拉雅 FM 的比例不到 20% 甚至更低，0 人熟悉且常用哔哩哔哩。另如图 3.8 所示，关工委老同志运用新媒体方式开展思政课程和课程思政建设面临的主要困难中“新媒体平台、软件使用不熟练”（74.66%）远高于其他选项，排第一位。

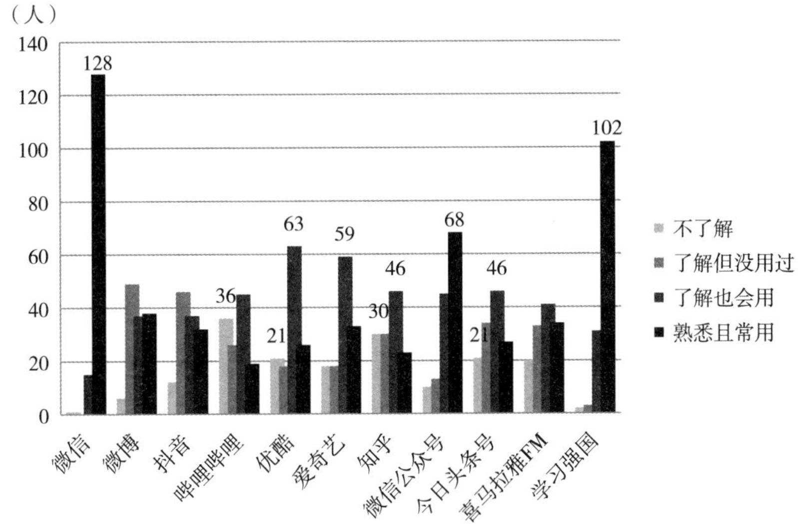

图 3.9　对新媒体的了解和使用程度（受访者整体）

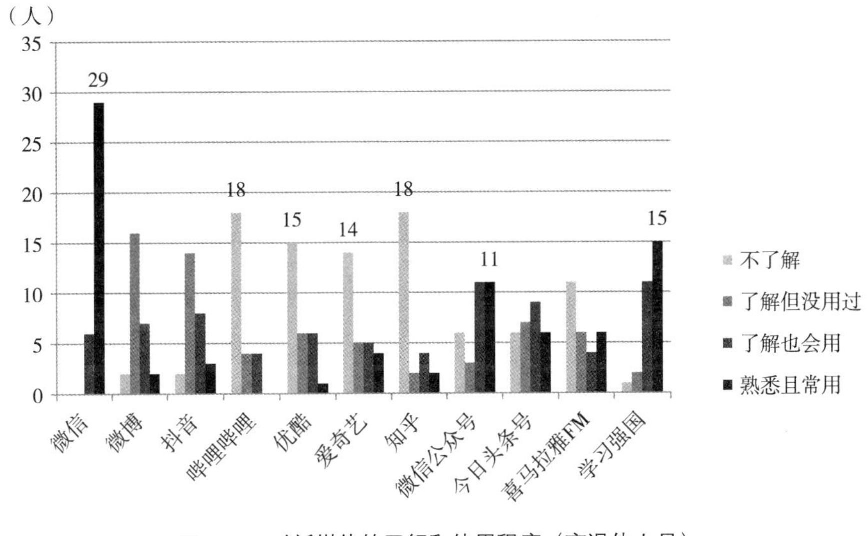

图 3.10　对新媒体的了解和使用程度（离退休人员）

抖音、知乎、哔哩哔哩和今日头条等新媒体形式在师生中的应用非常广泛，大多数师生每天刷抖音、看头条，碰到疑难问题也会上知乎寻求解答，去哔哩哔哩看视频是很多师生每天的日常生活。关工委参与思政课程和课程思政建设方面，老同志在新媒体软件使用和了解方面面临困难，需要进一步关注哔哩哔哩、知乎、抖音、今日头条等新媒体软件，并探索如何运用这些新媒体软件助力思政建设。

（四）网络新媒体环境下高校关工委老同志参与思政课程和课程思政工作的优势有待进一步发挥

从问卷调查的数据来看（如图 3.11 所示），关工委老同志参与思政课程和课程思政建设的优势主要在于经验优势（91.10%）、政治优势（71.23%）和威望优势（62.33%）方面。但关工委老同志参与网络环境下思政课程和课程思政建设的主要领域（见图 3.12）中，“培

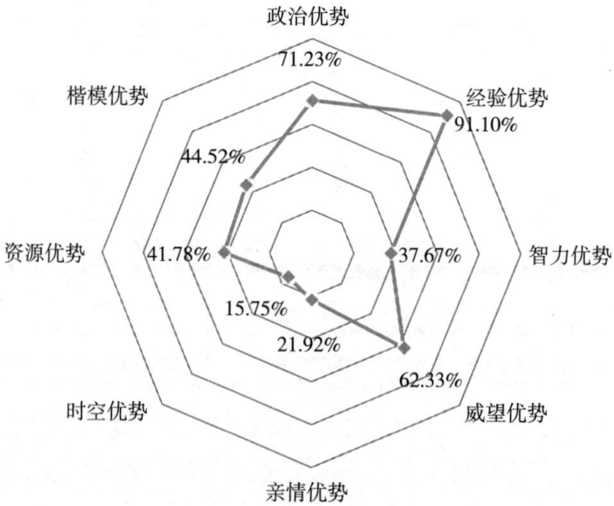

图 3.11　关工委老同志参与思政课程和课程思政建设的优势分析

训指导教师”（11.43%）最低，说明在培训指导教师中关工委老同志的优势，尤其是经验优势，需要进一步发挥。

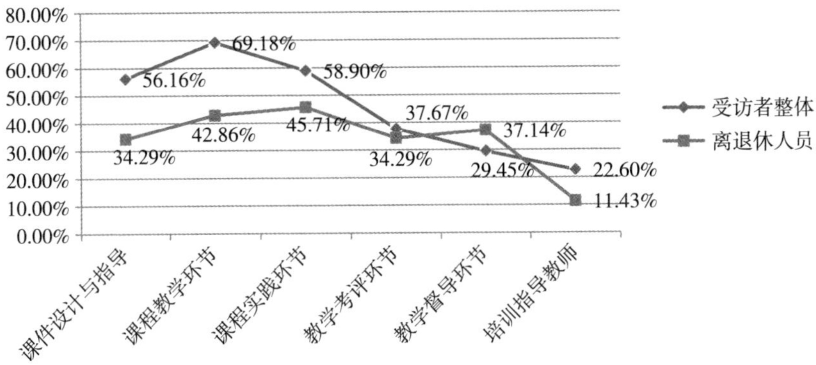

图 3.12　参与网络新媒体环境下思政课程和课程思政建设领域的情况

关工委老同志参与网络新媒体环境下思政课程和课程思政建设的主要领域有“课程教学环节”（42.86%）、“课程实践环节”（45.71%）方面，仅“教学督导环节”（37.14%）高于受访者整体占比。这说明，目前关工委参与思政课程和课程思政建设主要集中在教学实施过程，而在课件设计与指导、教学考评环节、教学督导环节，尤其是培训指导教师方面，从问卷数据来看，投入精力相对较少。传统意义上，一般认为应在教学实施过程和教学督导环节发力，但调查数据提醒我们，对于课程建设的研究、对于课程实效的交流指导和教师的培训指导需要进一步加强，这也意味着关工委需要在更深层次上开展工作，需要继续深入发掘老同志理论经验和实践经验的优势。

三、关工委参与思政课程和课程思政的举措

（一）与时俱进是高校关工委在网络新媒体环境下参与思政课程和课程思政的必由之路

1. 主动学习先行，提升参与能力

建立学习型关工委是高校顺应时代需求的积极回应。高校关工委将学习教育作为重大政治任务。一学党的理论。认真学习习近平总书记关于建设网络强国、教育强国的重要论述以及对关心下一代工作的重要指示；学习《习近平新时代中国特色社会主义思想进课程教材指南》《关于新时代加强和改进思想政治工作的意见》等指导性文件。要把参与思政课程和课程思政建设，放到世界百年未有之大变局、中华民族伟大复兴战略全局中看待，要从坚持和发展中国特色社会主义、全面建成社会主义现代化强国、实现中华民族伟大复兴中国梦的高度来认识。二学教育理论。从长时段、多维度、宽视野中审视、研究和把握党领导教育改革的历程，了解教育工作的新趋势、新理念、新格局和新业态。三学网络新媒体技术，提高使用软件的能力，提升关工委参与课程建设的能力素养，推动人工智能等现代信息技术在思政课教学中应用。

2. 组织技术培训，提高网络技术操作水平

问卷调查的数据显示（如图 3.13 所示），网络新媒体环境下，学校加强支持关工委工作力度“必须从加大关工委技术培训力度、克服短板，发挥优势”（93 人，占 63.70%）入手。高校关工委应进一步完善为老同志服务的平台机制，组织培训老同志了解和使用“微信、微博等社交平台”（如图 3.14，123 人，84.25%）、“视频会议等在线沟通平台”（如图 3.14，107 人，73.29%）、“微信公众号等自媒体平台”

（如图 3.14，60 人，41.10%）以及哔哩哔哩、知乎、抖音、今日头条这些老同志不甚熟悉、师生应用广泛的新媒体技术，帮助老同志了解和运用现代科技手段。要组织更多老同志学习、使用智能手机的实

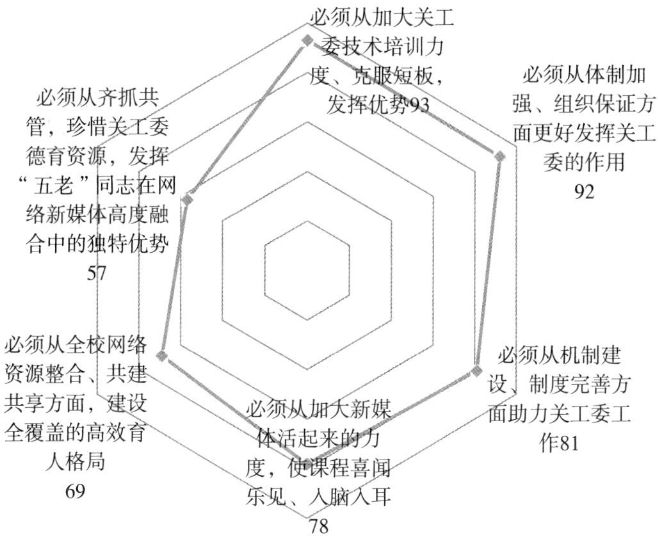

图 3.13　网络新媒体环境下学校加强支持关工委工作应入手的方面

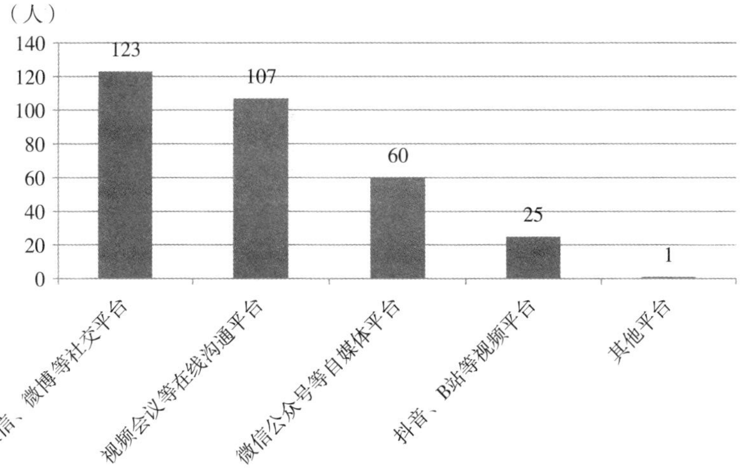

图 3.14　关工委老同志参与课程思政建设可采用的新媒体途径

用 App。组织老教师与青年教师、教研室、课程组就思政课程和课程思政展开交流研讨，相互借鉴、共同提高。同时，有效利用新媒体技术开展关心下一代工作，拉近老少之间的沟通距离，拓展他们的交流方式。

（二）组织对接是高校关工委在网络新媒体环境下参与思政课程和课程思政的有效之策

从问卷调查的数据来看（如图 3.13 所示），网络新媒体环境下学校加强支持关工委工作应入手的方面，除了“必须从加大关工委技术培训力度、克服短板，发挥优势”，还“必须从体制加强、组织保证方面更好发挥关工委的作用”（63.01%），“必须从机制建设、制度完善方面助力关工委工作”（55.48%）。

1. 强化垂直领导，强力推进

正是北京教育系统关工委加强垂直领导，使得北京高校关工委参与思政课程和课程思政建设突破了瓶颈、打开了局面。

北京教育系统关工委强化问题导向，多次召开高校负责关工委工作的校领导、马克思主义学院院长、老同志思政课教学督导员和其他学科教学督导员代表参加的座谈会，并深入 5 所学校开展专项调研，利用网络平台广泛听取了 60 余所高校的意见和建议，还与市委教育工委宣教处一起研究出台了《首都高校思想政治理论课信息员、督导员参与“思政课程”“课程思政”建设工作方案》（以下简称《方案》）。《方案》着眼“五老”优势和青年学生特点，聚焦实现“一个目标”（坚持用习近平新时代中国特色社会主义思想铸魂育人）、“两个融入”（融入高校思想政治理论课建设、融入课程思政模式的探索和完善）、“三个面向”（面向课堂、面向教师、面向学生），对老同志参与思政课程、课程思政建设作出了顶层设计和总体安排，重点在参与指导课程建设、积极开展专题授课、定期开展教学巡查、指导帮扶青年教师、教育服务师生群体等方面提出了明确的目标、任务和要求。

2. 各方协同，促进工作步步深入

组织的最大功力在于可以发挥“1+1>2”的效能，组织与组织的对接能使两个组织的效能最大化释放出来，相融之后，形成新的合力，有效推动工作中的创新。

二级关工委的建立为老同志参与思政课程与课程思政提供了组织制度保障。北京信息科技大学关工委有效利用组织体系，加强对二级关工委的领导。校关工委和公共管理与传媒学院关工委共同研究如何打开课程思政的新局面，策划并探索实施“以培养社会主义建设者及接班人为宗旨，以课程思政为引领，以薪火相传为抓手”的专题活动。疫情期间，写出万字策划书，打开参与课程的突破口。学校关工委还组织“老少共进工作组”中的老党员、老教授直接和公共管理与传媒学院对接，建立“思索与实践”微信群，参加公共管理与传媒学院课程思政研讨会。一线教师聆听了老领导、老教授站在全局高度对思政课程和课程思政建设的思考，普遍感到提高了站位、开拓了思路。

（三）全程全方位参与是高校关工委在网络新媒体环境下参与思政课程和课程思政的创新之举

1. 课程建设是高校关工委参与思政课程和课程思政的主战场

从问卷调查的数据来看（如图 3.15 所示），关工委老同志参与思政课程和课程思政的主要形式有：“参与观摩听课指导”（73.29%）、

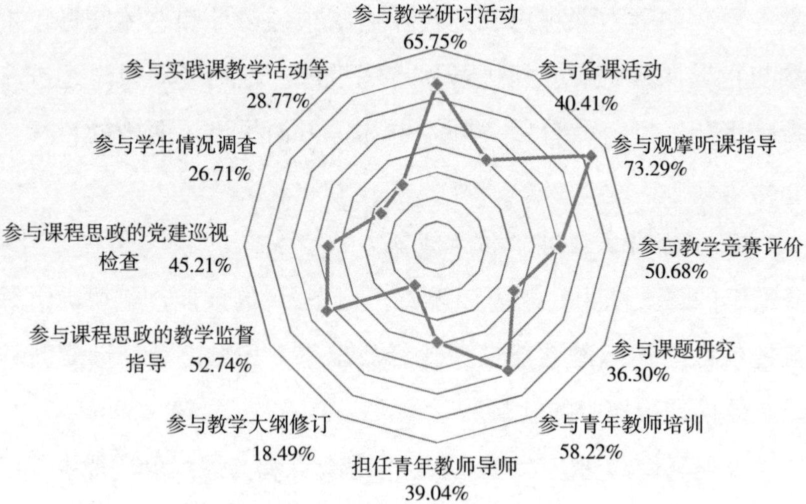

图 3.15 网络新媒体环境下关工委老同志助力思政课程和课程思政的形式

“参与教学研讨活动”（65.75%）、“参与青年教师培训”（58.22%）、“参与课程思政的教学监督指导”（52.74%）和“参与教学竞赛评价”（50.68%）等方面，涉及课程建设的规划设计、实施过程两要素和课程建设的主要内容——课程模式建设、教学模式建设。高校关工委应在课程建设全程找好助力点，选好工作的切入口，可着力加强“参与加强课程建设的研究”（67.12%）、“参与提升课程实效的交流指导”（56.85%）、“参与实践环节的研讨”（50.68%）、“参与课程教案的设计指导”（48.63%）。有些学校把老同志的助力概括为“六导”，即引导、指导、辅导、编导、督导、巡导等模式。

高校思想政治教育的主战场是课程建设，关工委参与思政课程和课程思政的主战场也是课程建设。关工委的参与应从传统关注的教学结果监督前移到课程设计，契合点由“1”发展为“N”。老同志从多个方面助力思政课程和课程思政，全程参与课程建设，包括教学大纲思政内容的修订完善、课程设计思政渗透的指导充实、教学手段媒体融合的指导实施、课堂讲授思政引领的督导观摩、教研活动思政主题的研讨交流，教师教法思政意识的培训辅导、学科专业思政元素的挖掘提升等。

2. 高校关工委的参与要对“症”下药

高校思想政治教育要充分研究学生的认知规律和接受特点，贴近学生思想、情感和生活实际，满足学生成长发展的需求和期待。高校关工委要将调查研究常态化，深入了解师生对关工委参与思政课程和课程思政的内心需求及期盼，使关工委的参与活动更具有针对性。2021 年 6 月 18 日，由中央网信办、教育部等部门主办，中央网信办网络传播局、教育部社科司等协办的“把青春华章写在祖国大地上”网络主题宣传和互动引导活动启动仪式在北京大学举行。活动中发布的《大学生心目中的思政课》，反映出“00 后”大学生在思想理论需求方面表现出较为突出的年龄特征和时代特点。高校思政课必须加强思想理论回应。

同时，网络新媒体时代，师生对思政教育内容的接触更为立体多元。要跳出固有的思维限制，做好注重师生体验的思政教育内容改革。首先，要树立质量为王的理念，靠优质内容去强信心、聚民心、暖人心、筑同心。其次，要对师生的特征进行精准分析。准备不同表现形式的内容，进行分众式传播，提升他们的体验。还要对思想政治教育内容的呈现方式进行精心设计。同样的思政教育内容要根据不同的媒体终端的表现特点进行精心设计，将自身的精品内容与优秀创意通过直播、短视频、短音频、H5 页面、VLOG 等多种形式进行立体呈现。

3. 发挥经验优势，培训青年教师

全国现有思政课教师近 7 万人，中青年教师成为主干力量。我国现已建立12个教育部思政课教师社会实践研修基地，每年培训2000多人次。据统计，通过教育部、地方和学校三级培训，每年共培训教师12万人次。即使这样，各高校关工委参与教师培训、帮扶青年教师成长，依然是关工委发挥组织效力的重要内容。

组织老教师与青年教师“同备一堂课”，指导、帮扶青年教师教学能力的提升。“五老”可结合自身成长成才、治学做人、干事创业、爱国奉献的经历和感悟，特别是蕴藏其中的思想政治教育元素，总结、提炼、撰写体现中国自信、中国精神、中国力量，且内容生动鲜活、形式符合学生特点的思政课程和课程思政教学案例，开展课程建设研究。

通过“手拉手”形式，与青年教师结成“一对一”，为思政课程和课程思政培养典型。北京信息科技大学教学督导组在学校组织报送参加北京市“教书育人”最美课堂竞赛的准备过程中，从课程思政元素的选择到教学内容衔接，教学重点、难点解决等给出指导意见，促进年轻教师在北京市教学创新大赛中获奖，成为学校课程思政教学的带头人。

4. 利用资源优势，打造实践育人共同体

老同志参与实践环节是提高思政课程与课程思政实效的有益探索。高校关工委利用老同志的资源优势，以专业设置、学生需求为导向，积极探索编制社会实践“资源图谱”，依托政府机构、行业企业、乡村社区等建设社会实践基地，打造常态化社会实践项目。教育系统要努力构建党委统筹部署、政府扎实推动、社会广泛参与、学校着力实施的实践育人新格局，这是教育发展的必然要求，也是关工委发挥老同志参与课程建设的一个着力点。

四、关工委参与思政课程和课程思政建设的未来展望

回顾过去，梳理现状，高校关工委思政课程和课程思政工作格局已渐清晰；总结经验，展望未来，我们前进的步伐更加坚定有力，充满信心。

（一）高校关工委参与思政课程和课程思政建设具有强大的发展动力

关工委参与思政课程和课程思政建设，具有强大的生命力。这种不懈的动力来自三个方面。一是伟大历史使命使然。从关工委的成立到关工委在网络环境下参与思政课程和课程思政，都离不开党中央的统一部署和安排。高校“五老”是思想政治教育的重要力量。在参与思政课程和课程思政过程中，无论遇到多大困难，他们都会主动作为、积极探索，显示出底气、骨气和勇气，为党的革命事业薪火相传贡献自己的力量。二是管理体制和机制变化的必然。各高校纷纷落实上级指示，由学校领导亲自负责关工委的工作，把关工委工作纳入全员全程全方位思想政治教育总规划。关工委参与思政课程和课程思政的力度将会不断加大，成果会越来越显著。三是解决历史难题的呼唤。如何引导老年人发挥余热和年轻人奋发有为的问题是世界性的难题。我国通过关工委这样一个纳入党委管理、纳入行政管理序列的群众性工作组织，自上而下发挥制度优势，为解决世界难题提供了中国方案。在长时段、宽视野的俯视中，高校关工委在网络新媒体环境下参与思政课程和课程思政的深远意义会越发凸显。

（二）高校关工委参与思政课程和课程思政建设认识深入永无止境，要不断拓展形式，创新方式方法

1. 认识不断深入，适应新的形势

随着高校关工委参与思政课程和课程思政的深入，大思政理念的内涵不断拓展。如果说起始阶段，大思政的理念还更多地被理解为是解决专业课和思想教育“两张皮”问题；那么，随着形势的发展，在大思政的理念下，家、教、社结合等崭新概念和实践陆续出现。在党中央要求把思想政治工作作为治党治国的重要方式，把思想政治工作贯穿党的建设和国家治理各领域各方面各环节的背景下，一个立体化的思想政治教育的社会大环境正在形成。高校关工委的参与，既可以“请进来”，更可以“走出去”，这就使得高校关工委参与思政课程和课程思政的范围扩展到学校、教育系统的各个层面、各个角落，扩展到社会的各个领域，形成前所未有的思想政治教育大格局。

2. 迎接新技术挑战，形成新的思维

将互联网这个最大变量变成最大增量，这是面对网络新媒体的挑战作出的积极的回应。越来越多的高校关工委开始具有“互联网 +”的工作思维，支持并参与学校大数据研究中心的建立，参与“云课堂”的建设。他们具有新时代的工作敏感，引导更多教师将 VR 等新技术与思政课程结合。他们主动作为，了解教师的困难与需求，尽可能为教师搭建继续研究的平台，让先进技术为立德树人服务，为思政课程和课程思政的高质量建设服务，想方设法催生融合质变，这是关工委参与思政课程和课程思政的发展空间。

3. 面向教育的未来，遵循教育规律

高校关工委始终把学习与研究教学教育规律作为重要内容，越来越具有立足中国、放眼世界的立场和精神。中共中央、国务院于

2019年发布的《中国教育现代化2035》，是在相当长的历史时期内指引高等教育战略方向和发展路径的纲领性文件。党和政府将世界教育目标和中国教育现代化的整体设计相结合，以“提高教育质量、促进教育公平、发展终身教育”为目标，推动中国教育现代化的发展进程。2021年1月，联合国教科文组织发布了题为“学会融入世界：为了未来生存的教育”的报告，提出了七大教育宣言，展望了2050年及以后的教育远景。其中的第四个宣言指出，到2050年，个人主义的自我文化已经成为过去。我们围绕相互依存和相互联系的原则重新配置教育，培养乐于助人、善解人意的人际关系，使每个人和一切都成为地球生态社区的一部分，还提到要倡导情景式教学，实现一系列教育范式的转变等。这些对关工委进一步参与课程思政和思政课程建设具有借鉴意义。

4. 拓展信息服务，助推研究深入

高校关工委研究中心是对关工委工作规律探索的中心，也可以成为为青年教师教学和科研服务的中心。中心可以向二级关工委及一线教师及时地传达上级组织的文件及工作动态，有助于工作的深入。高校关工委研究中心积极参加各种调研课题，深入研究坚持和发展中国特色社会主义的重大理论和实践问题，为增强思政课的思想性、理论性提供多角度学术支持，充分发挥马克思主义理论学科的领航作用。党和政府为加强马克思主义理论教学科研成果学术阵地建设，首批重点建设10家学术期刊和若干学术网站，支持新创办一定数量的思政课研究学术期刊；制定思政课教师发表文章的重点报刊目录，将《人民日报》《求是》等中央媒体及地方党报党刊列入其中；委托高校马克思主义学院分片建立高校思政课教学创新中心，设立一批思政课教学质量监测基地。可以预测，发挥老同志的科研经验和时间优势助力课程思政和思政课程的研究会取得更丰硕的结果，这也将是未来关工委参与思政课程和课程思政建设的又一个工作新领域。

（三）网络新媒体环境下思政课程和课程思政建设进程中，逐步形成新格局

1. 高校内部形成统一领导，统筹谋划，构建工作新格局

目前，高校基本上都建立了以现任校党委书记或副书记、副校长为关工委主任、副主任的领导格局。中共教育部党组《关于加强新时代全国教育系统关心下一代工作委员会工作的意见》（教党〔2021〕34号）明确要求，要进一步健全完善“党委统一领导、党政齐抓共管、关工委主动作为、有关部门积极配合、社会各界广泛参与”的关心下一代工作领导体制和工作机制；明确办公室、组织、宣传、学工、思政、教务、财务、人事、离退休等相关部门为关工委委员单位，着力构建联合行动的长效机制，将委员单位助力关工委工作纳入工作职责及考核目标；将关心下一代工作纳入党建工作规划和党建责任制督查考核内容，做到同研究、同部署、同考核。把关心下一代工作纳入总体工作中去、纳入德智体美劳五育并举的总格局、纳入思政工作大体系、纳入相关部门和学校的工作中，同部署、同检查、同考核。一盘棋布局，有力推动关工委参与课程思政和思政课程建设的蓬勃发展。

2. 教育系统和社会各界加强深度融合，实现在党中央统一领导下，全社会积极参与的思政课程和课程思政建设大格局

2020年12月，教育部成立教育部大中小学思政课一体化建设指导委员会，加强对不同学段、不同类型思政课建设分类指导，推动新阶段学校思政课高质量发展；2021年8月，北京市委教育工委、市教

委在全国省级教育部门中率先印发《北京市大中小幼一体化德育体系建设指导纲要》。完善大中小学思政课教师一体化备课机制；建立纵向跨学段、横向跨学科的交流研修机制，深入开展相邻学段思政课教师教学交流研讨；推动建立思政课教师与其他学科专业教师交流机制；依靠高校学生党员和数万名教师党支部书记的支持，创造更有深度的思想教育氛围；积极与社区联合，运用全社会资源，合作创造关工委助力思政课程和课程思政一体化的新模式……都是关工委将要面对的新课题。关工委在网络新媒体环境下参与思政课程和课程思政将迎接新挑战，开拓新的工作局面。

在党和政府的强力推动下，高校关工委在网络新媒体环境下参与思政课程和课程思政建设的步伐正在加快，形势大好，大有可为。

课题组：北京信息科技大学　孙毓仁　郭严俊　叶超　刘小河　陈亚菲　吴俊法　丁娟　吕丽峰　钟名扬

执笔人：陈亚菲　丁娟　钟名扬

第三节　网络新媒体环境下高校关工委助力思政课程和课程思政建设路径探索

党的十八大以来，党中央高度重视网络文明建设和网络宣传思想工作。习近平总书记多次强调，要根据形势发展需要，把网上舆论工作作为宣传思想工作的重中之重来抓。2015 年 1 月 19 日，中共中央办公厅、国务院办公厅印发的《关于进一步加强和改进新形势下高校宣传思想工作的意见》强调，要充分运用新型传播手段创新高校宣传思想工作，掌握网络舆论主动权，并针对创新网络思想政治教育明确提出要求。2016 年 12 月 7 日，习近平总书记在全国高校思想政治工作会议上指出："要运用新媒体新技术使工作活起来，推动思想政治工作传统优势同信息技术高度融合，增强时代感和吸引力。"① 他强调，高校思想政治工作关系高校培养什么样的人、如何培养人以及为谁培养人这个根本问题。要坚持把立德树人作为中心环节，把思想政治工作贯穿教育教学全过程，实现全程育人、全方位育人，努力开创我国高等教育事业发展新局面。

在庆祝中国共产党成立 100 周年大会上的重要讲话中，习近平总书记对青年深情寄语："新时代的中国青年要以实现中华民族伟大复兴为己任，增强做中国人的志气、骨气、底气，不负时代，不负韶华，不负党和人民的殷切期望！"② 新媒体环境下，网络舆论对青少年价值取向、思维方式以及人格发育都有重要影响，给高校思想政治工作带来新的挑战。网络环境的新变化对高校思政课程与课程思政工作提出了新的要求。如何贴近学生的思想实际推进思政课程和课程思政建设，如何以改革创新的精神在课堂讲授中做好思想政治工作，如何运用大学生喜欢的表达方式在课堂上开展思想政治教育等成为新时代高校加强思想政治工作的新课题。

在高校思想政治教育队伍中，关工委是在学校党委领导下，以离退休老同志为主体，开展大学生思想政治教育工作的一支坚强有力的队伍。高校关工委在政治上、思想上、经验上都有独特优势，是开展思想政治工作的重要参与者和践行者，在大学生人生启迪和价值引领

① 《习近平谈治国理政》第二卷，外文出版社 2017 年版，第 378 页。

② 习近平：《在庆祝中国共产党成立 100 周年大会上的讲话》，人民出版社 2021 年版，第 21 页。

过程中具有特殊作用，尤其在助力思政课程和课程思政工作中发挥着重要作用。本节牢牢把握网络新媒体这一环境和背景，通过分析网络新媒体环境下高校思政课程和课程思政面临的机遇和挑战，以北京联合大学为例，总结归纳北京联合大学关工委参与思政课程和课程思政的经验做法，探寻存在的问题和不足，进而提出关工委助力思政课程和课程思政的有效路径。

一、高校思政课程和课程思政面临的机遇和挑战

（一）网络新媒体的典型特征

（1）传播选择自主性。网络新媒体的传播选择自主性是相对传统媒体被动性而言的。因受技术水平的限制，传统媒体的信息传播具有中心化和大众化的特点，即媒体发布何种信息，受众就只能被动地获取和接受。但是，网络新媒体借助技术的优势实现了信息传播的去中心化和分众性，能够根据受众的信息使用习惯、特点和爱好向用户提供满足个性化信息服务，这样，使得受众可以根据自己的需求和兴趣运用新媒体选择、浏览、定制信息，具有很强的自主性，改变了以往被动接受的局面。

（2）传播方式双向性。网络新媒体传播方式的双向性是较传统媒体的单向性而言的。传统媒体诸如电视、报刊等都是单向传播信息，直接决定用户接收何种信息，用户很难进行信息选择和反馈，交互性较差。但是，网络新媒体诸如微博、腾讯等的传播方式是双向的。受众对信息交流有主动权，既可以接收信息，也可以屏蔽信息，从根本上改变了以往用户被动接收信息的受众角色。用户可以扮演信息的接收者、发送者、制作者和传播者等多重角色，并随时对信息进行反馈、

评价、互动等，最大限度地实现了用户的参与性和信息传输的双向性。

(3) 传播形态多样性。传统媒体主要依靠单一的文字、图片或声音传递信息，使内容表现出静态性和刻板性。网络新媒体突破了传统媒体传递信息的单一性，实现了信息传播的文字、画面、声音、音频、视频等的高度集结与融合，使得内容的表现形式具有动态性和鲜活性，这充分展现了其在信息传播过程中表现形态的丰富性和多样性，其传播形态的多样化、吸引力是前所未有的。

(4) 传播速度迅捷性。信息传播的时效性有四个发展阶段：定时、即时、实时、全时。全时性指信息可以随时发布，是信息传播的最高级阶段。网络新媒体的传播速度是非常快的，可以实现随时发布信息的高级阶段，具有明显的迅捷性特征。用户通过手机、电脑或者其他智能终端能够快速发布信息和及时接收信息，甚至在事件发生的同时就能同步进行传播活动，这就打破了传统媒体定时传播的局限性，真正具备了无时间限制和无地域限制的迅捷性传播。

（二）网络新媒体对高校思政课程和课程思政的挑战

网络新媒体固有的特征决定了它的双面性，既能够为高校思政课程和课程思政的有效开展带来良好的机遇，又能对其造成极大的挑战，主要体现在以下两个方面。

(1) 网络新媒体影响高校思政课程和课程思政教师的信源主导性。思政课程和课程思政是极具思想性和价值性的课程。在传统媒体下，高校思政课程和课程思政教师运用已有的知识储备和整合信息通过言传身教的方式对学生实现思想引领和价值塑造的任务和目标。教师的储备知识和整合信息成为学生获取信息的主要渠道，教师的信源具有相对的权威性。然而，伴随着互联网的迅猛发展，网络新媒体已深深融入大学生的日常生活，成为他们获取信息的主要来源。这在一定程度上拓宽了学生获取信息的渠道，改变了学生单纯依靠教师言传身教获取信息的方式，教师的信源主导性和权威性受到了一定程度的挑战，增加了高校思政课程和课程思政教师教学的难度。

（2）网络新媒体影响高校思政课程和课程思政学生的价值取向。网络新媒体影响高校思政课程和课程思政学生的价值取向，主要表现在两个方面：一是网络污名化有可能引发历史虚无主义，二是网络虚拟化影响大学生人格塑造。网络污名化是指信息发布者借助网络新媒体发布一些不良信息，学生长期受这些不良信息侵蚀，容易引发历史虚无主义的错误价值取向。网络虚拟化是指网络社会突破了传统面对面的人际交往模式，进入了“匿名”模式，学生扮演与自己实际身份截然相反的虚拟角色，容易出现心理危机。高校思政课程和课程思政的授课对象主要是青年大学生，他们的价值观正处于形成和发展的特殊阶段，不稳定性和可塑性极强。这极大地增加了高校思政课程和课程思政教学的难度。

二、高校关工委参与思政课程的主要做法

思政课程是对学生进行系统的马克思主义理论教育的主渠道，是推动马克思主义进校园、进课堂、进大学生头脑的关键课程。2019年3月，习近平总书记在学校思想政治理论课教师座谈会上的重要讲话中强调，“我们办中国特色社会主义教育，就是要理直气壮开好思政课，用新时代中国特色社会主义思想铸魂育人”①。习近平总书记高

① 《习近平谈治国理政》第三卷，外文出版社2020年版，第329页。

度肯定了思政课的重要作用，强调思政课作用不可替代，深刻阐述了办好思政课的重大意义，为新时代理直气壮开好思政课指明了前进方向、提供了重要遵循。

北京联合大学关工委在客观分析网络新媒体影响双面性的基础上，积极探索有效利用新媒体的方式方法，逐步推动思政课程建设，主要体现在以下几个方面。

（一）组建教学督导队伍，开展线上教学督查

关工委系统的教学督导组成员都是高校关工委老同志，教学督导组的成立为思政课教学质量提升提供了坚实的保障。在网络新媒体环境下，教学督导的方式也逐渐从线下转为线上，当然这并不意味着后者取代前者，而是一种互补和叠加的关系。关工委利用慕课、微信会议、腾讯会议、钉钉会议、数字马院等网络平台积极参与，开展随堂听课，督查思政课在线教学。督导员在课前认真学习在线课程平台的使用与操作，与思政课教师积极联系，做好充分的听课准备；课中关注教学态度、教学内容、教学手段与方法、教学效果、学生状态、学生出勤、学生反馈、师生互动、现场答疑、作业安排等；课后针对如何更好设计教学方案、更好呈现教学内容、更好选择教学方法、更好保证网络教学质量等问题展开思考，及时总结经验，反馈给思政课教师。

（二）开展线上思政教学，提升师生思想水平

高校关工委利用微信会议、腾讯会议、数字马院等网络新媒体App走进思政理论第一课堂开展“云”上思政教学，极大提高了师生思想水平。比如，2020年，为纪念列宁诞辰150周年，北京联合大

学马克思主义学院邀请校关工委督导专家以《学习缅怀列宁　重温〈论我国革命〉》为题，通过线上方式向马克思主义学院领导、教师、全体研究生等作了经典导读。学校关工委一名老教授主动担任授课教师，面向全校本科生开设了一门新课程《习近平新时代中国特色社会主义思想概论》，承担 1 个班、共 32 个学时的教学任务。在开展线下教学的同时，借助数字马院网络平台展开教学。高校关工委开展线上教学把关工委和师生共置于同一网络空间内，克服了以往接触少的问题，大大拉近了彼此间的距离，有助于充分发挥关工委的优势，提高师生思想水平。

（三）引入外部多种资源，助推思政课程建设

高校关工委不仅通过开展线上教学督查和思政教学助推思政课程建设，而且还通过充分发挥组织协调作用，积极引入外部优质资源，助推思政课程建设。思政课程建设不是封闭的系统，而是开放的系统，不仅需要校内的优质资源，也需要校外的优质资源。高校关工委付出很大的努力，积极引入外部多种资源，邀请校外名师开展讲座、与其他院校开展共建活动、与实践基地洽谈助力实践教学等。比如，2020 年 5 月 7 日，北京市教育系统关心下一代工作委员会发布了《在线举办北京教育系统关工委“守正大讲堂”——北京大学援鄂医疗队先进事迹报告会的通知》，要求各高校关工委组织师生在线参加。高校关工委接到通知后，第一时间与学校各部门负责人联络沟通，组织协调，让师生聆听了一堂别开生面、直击心灵的思政课。正是因为关工委的大力协调和组织，才能将如此优质的外部教学资源引入校内，极大地推动了思政课程的建设和发展。

三、高校关工委参与课程思政的实践探索

课程思政是对包括思想政治理论课在内的所有课程发挥育人功能的新要求和对所有课程教学价值的新回归，强调每门课都要把自身所蕴含的思想政治教育元素有机融入课堂教学，“守好一段渠、种好责任田”。课程思政是高校落实习近平总书记在全国高校思想政治工作会议、北京大学师生座谈会、全国教育大会等会议上的重要讲话精神的生动实践，也是高校在新时代构建全员全过程全方位育人格局，系统落实立德树人根本任务，将思想政治工作体系贯通人才培养体系，全面提高人才培养能力的根本举措。

北京联合大学牢牢把握“培养什么人”这个教育的首要问题，紧紧抓住落实全国高校思想政治工作会议精神不放松，把课程思政作为全面提升人才培养能力和质量的有力抓手，坚持理论与实践同行，传承与创新并重，在实践中求真知，在探索中找规律，形成了一些有效做法。北京联合大学关工委老同志围绕学校课程思政建设的“七有目标”，以多种形式参加学校的课程思政建设，通过线上视频会议、微信一对一沟通指导、线下谈心谈话帮助老师们在备课时注重“挖掘课程思政元素”、讲课时体现“有机融入课堂教学”、反思时领悟“教育者先受教育”；积极参与课程思政建设项目立项评审、结题验收以及课程思政教学设计大赛等环节，引导老师们把思想政治工作体系贯通到专业建设各要素、全过程。在校关工委“五老”的积极参与下，课程思政成为学校构建高水平人才培养体系的有效切入点和健全“三全育人”体制机制的重要抓手，初步形成了各类课程与思政课同向同行的育人局面。

（一）深化师德师风，进行价值引导

老同志心系青年教师，积极参与课程思政建设相关研究文章的撰写。学校关工委组织老教师撰写了《春风化雨》《共铸师魂》寄语读物，开展有关师德师风建设、课程思政、教学督导的研究，为学校提供借鉴。并经常进行联系青年教师，担任理论导师、工作辅导员等传帮带活动，深化师德师风、教书育人的人生价值引导。

（二）深入教学一线，实施课堂督导

关工委成员中的很多老教授、老教师等都具有丰富的执教经验，退休后作为督导组专家继续指导教学管理工作。他们深入课堂听课，对教师在课堂上进行课程思政的教学情况进行监测、评价和指导，帮助他们运用马克思主义立场、观点和方法挖掘课程所蕴含的思想政治教育元素和所承载的思想政治教育功能，指导他们如何挖掘体现政治性、饱含育人性、富有科学性、具有生动性的育人元素，并能有机融入各类课程教学之中。新冠肺炎疫情发生后，在深入学习网络相关知识的基础上，采取线上听课的形式，随时了解教师课堂教学情况，并对课程内容、教学方法、思政元素构建等提出督导督查意见。

（三）手把手传帮带，开展技能辅导

中青年教师是高校授课教师的主力，也是课程思政建设的重点。特别是青年教师由于经验少或思想重视程度不够，往往需要指导。针对这种情况，学校组织青年教师进行课程思政演练，聘请有经验的老专家、老教授进行点评，以提高青年教师的课程思政教学能力和水平。针对个别问题比较突出的青年教师，还聘请督导专家追踪听课，

并在课下进行单独辅导，深入沟通。老同志的传帮带对青年教师的成长进步起到了积极推动作用。

（四）担任赛事评委，进行大赛巡导

自全国高校思想政治工作会议召开以来，北京联合大学已经连续三年举办全校范围内的课程思政教学设计大赛。在各学院初赛的各环节选拔以及学校决赛过程中，老同志作为评委参与了大量的课程思政赛事的评审指导工作，给出了很多建设性意见。比如，课程思政的内容一定要与专业课内容紧密相连，不能脱节；在专业课中，思政内容的切入要自然流畅平实；课程思政要紧紧围绕“培养什么样的人、如何培养人以及为谁培养人”这个时代主题设计；科研反哺教学，不仅仅指专业知识教学，也应包括课程思政教学等。这些意见建议，对课程思政建设起到了积极的促进作用。

（五）发挥支部作用，参与党建指导

为充分发挥教师党支部在推动课程思政建设、健全“三全育人”体制机制中的积极作用，关工委老同志深入教师党支部，参与指导支部教师党员集体备课，与教师共同研讨，总结和运用党支部课程思政建设，营造教师之间的互相交流和互相促进的氛围，充分发挥教师党支部育人示范引领作用。鼓励党支部结合育人中心工作，创新性开展适合各支部特色的“三会一课”和主题党日活动，通过开展课程思政经验交流、主题党日活动经验交流等，扩大课程思政建设方法、成果的推广和应用。教师党支部同时也找到了加强自身建设的有效载体。

四、高校关工委参与思政课程和课程思政建设存在的不足

在推进高校思想政治工作过程中，关工委抓住网络新媒体环境带来的发展机遇，充分利用网络新媒体的特点和优势，准确把握新媒体环境下大学生身心成长规律，最大限度发挥自身作用开展思政课程和课程思政工作，通过参与并指导思政课程和课程思政建设，用好“课堂教学”主渠道，引导帮助青年学生树立正确的世界观、人生观、价值观，把做人做事的基本道理、把社会主义核心价值观的要求、把实现民族复兴的理想和责任融入各类课程教学之中，使各类课程与思想政治理论课同向同行，形成协同效应，提高了思想政治教育的针对性、有效性，取得了有目共睹的成绩，这是非常值得肯定的。

与此同时，我们在调研中也发现了关工委在开展工作中遇到的一些困难和问题，主要体现在以下几个方面。

（一）认识有待深化

对网络新媒体环境下高校关工委思政课程和课程思政工作的认识需要进一步提高。要加深对当前国际国内形势、党的教育方针、践行教育者的初心和使命等方面的认识，以便为做好网络新媒体环境下高校关工委思政课程和课程思政工作打下良好的思想和理论基础。

（二）组织有待加强

面对网络新媒体环境的变化和日新月异的新媒体形式，关工委工作还表现出不太适应的一面，需要进一步提高水平。调查显示，70%的受访者认为必须加大关工委技术培训力度、克服短板、发挥优势；66%的受访者认为必须从体制加强、组织保证方面更好发挥关工委

作用等。

（三）制度需要完善

网络新媒体环境下高校关工委参与思政课程和课程思政建设工作制度建设需要加强。调查表明，27.7% 的受访者认为网络新媒体环境下该校已经出台了鼓励关工委参与思政课程和课程思政工作的制度；40% 的受访者认为制度正在研制中；14.2% 的受访者认为学校有此计划，但尚未研制；8.5% 的受访者认为学校并无此计划。可见，大多数高校关工委参与思政课程和课程思政建设的制度需要完善。

（四）技能不够熟练

关工委老同志运用网络新媒体方式开展思政课程和课程思政工作中，对新媒体平台的使用还不够熟练。调查表明，80.1% 的受访者认为老同志对新媒体平台的使用还不熟练；44.7% 的受访者认为老同志无法长时间使用电子产品；16.3% 的受访者认为老同志畏难情绪严重。这给网络新媒体环境下关工委老同志参与思政课程和课程思政工作带来了一定难度。

（五）宣传有待提升

师生对高校关工委工作的知晓程度还不够高，关工委工作的影响力需要进一步提升。调查表明，在受访者中，17.7% 的受访者不了解关工委工作；只有 31% 的受访者经常参与关工委活动；49.6% 的受访者偶尔参与关工委活动。在与高校师生的接触中，笔者发现也有不少师生不知道关工委工作。这在一定程度上制约了关工委工作的开展，使得关工委在网络新媒体环境下开展思政课程和课程思政工作遇到了一定困难。

以上困难和问题，既有理论层面的，也有实践层面的，都需要认真对待和解决。

五、高校关工委进一步助力思政课程和课程思政建设的有效路径

高校关工委工作，具有鲜明的领域特性、资源优势和不可替代作用。网络新媒体时代，关工委应围绕中心、配合补充，建立老少共建、共享思维，依托网络平台，强化合作、深度融合、优势互补、合力联动，积极整合高校、社会思想政治教育资源，使新媒体资源成为大学生价值引领的有力支持，成为德育资源开发的重要领地。

（一）完善制度机制，提升“三力”

1. 加强统筹协调，提升组织力

关工委的工作是一个系统工程，涵盖青年成长成才的道德、智能、心理、情感和创造等诸多因素，必须建立党、政、工、团、关五位一体、通力合作、齐抓共管的实施体制，形成合力效应，使关工委“围绕中心、配合补充”的功能充分发挥。关工委要积极沟通、协调学校各有关部门，全方位、多层次、多元化谋划，探索大学生教育活动的内容、方式和方法的创新，注重在教育内容的针对性、活动安排的趣味性、关爱服务的有效性上作文章，着力增强关工委的组织力、向心力。要加强网络新媒体环境下高校关工委相关工作制度建设，可以建立学校关工委参与思政课程和课程思政工作制度，按照队伍建设分类，可以建立教学督导员工作制度、党建组织员工作制度、理论辅导员工作制度等。在制定好相关制度的前提下，执行好这些制度，保

证网络新媒体环境下高校关工委思政课程和课程思政工作的科学性和规范性。

2. 加强教育培训，提升学习力

关工委必须增强时代感和使命感，提高政治站位，努力建设学习型、研究型关工委，主动进入与新媒体高度融合的教育主战场，展现时代担当。建立关工委干部学习培训制度，加强理论学习和研究，探索新形势下关心下一代工作的规律，以创新理论指导工作实践，提高干部队伍的政治素质、创新能力和业务水平。通过定期举办培训班，召开学习例会、专题工作座谈会等多种途径，组织老同志学习中央有关文件，向他们通报学校改革发展、党建工作和大学生思想政治教育工作等方面的情况，使他们及时了解国际国内形势、党和国家的有关方针政策。加强技术培训，提高网络新媒体环境下关工委老同志的新媒体技术使用水平。

3. 加强宣传报道，提升吸引力

加强舆论宣传工作，办好关工委的刊物和网站，积极争取新闻媒体的支持，让各方面都了解、支持、参与关工委的工作，增强关工委的吸引力、号召力，营造全社会都来关心下一代健康成长的良好氛围。从调查结果和实际情况看，高校师生对于关工委工作了解得还不是很广泛、很深入。建议加强对各级关工委工作的宣传力度，如采取在学习强国等新媒体宣传平台上上线等措施，使关工委工作得到大多数人的认可。特别是宣传好各高校关工委工作的特色品牌，如“燧石工程”“一院一品牌关工委系列活动”等，形成品牌效应，提升关工委工作的影响力，为网络新媒体环境下高校关工委思政课程和课程思政工作提供更加广阔的空间和渠道，收到更好的效果。

（二）加强队伍建设，组建“五员”

加强关工委队伍建设，组建一支有坚强党性、热爱青年、富有奉献精神、懂新媒体技术的强有力的关工委工作队伍，为网络新媒体环境下高校关工委思政课程和课程思政工作提供人力资源支撑。上级领导部门可以为这支队伍提供教育和培训的机会，助力这支队伍的成长。调查表明，受访者认为关工委老同志有必要建立的工作队伍包括：教学督导员（69.5%）、党建组织员（47.5%）、教师工作导师（34%）、“五老”报告团（33.3%）、理论辅导员（30.5%）等，调查结果可以作为参考。可以建立网络新媒体环境下高校关工委思政课程和课程思政工作关工委老同志人才库，专门从事这方面的工作。

1. 教学督导员

教学督导员是教学督导工作的骨干，担负着对教学工作、教学质量、教学管理、教风与学风等状况进行检查、督导的重任，对教学质量的提高起着重要作用。

2. 党建组织员

党建组织员制度是加强党的建设的一项基本工作制度。近年来，许多高校党委和关工委就聘请老同志担任党建组织员的工作进行了积极的探索和实践，积累了一定的经验。高校许多离退休老同志离休和退休前曾担任各级领导职务或是党务工作者。他们理想信念坚定、党性和政治责任感强，有较深厚的马克思主义理论功底和丰富的党建工作经验，熟悉学生工作，离退休后依然保持着为党的事业继续作贡献的热情和愿望。聘请老同志担任党建组织员，既充实了党建工作队伍、解决了专职党务干部特别是组织员数量不足的问题，同时又为老同志老有所为、老有所学，在高校党建工作中发挥余热提供了广阔的平台。

3. 党课报告员

党课是思政课程的一种特殊形式，或者说是思政课程的延伸与深化。高校党委要重视党课建设，并注重在党课工作中发挥老同志的作用，比如，邀请老同志讲授《深入学习十九大精神，全面把握党的性质》《反腐倡廉的新进展与新要求》《审时度势，努力争取成为新时代合格共产党员》《不忘初心、坚守灵魂——坚定共产主义信仰》等党课，受到学生的欢迎。老同志的授课不仅使学生进一步加深了对党的十九大精神的理解和对党的认识，而且更加坚定了他们的理想信念，懂得了作为一个党员应承担的历史重任以及在成长过程中加强修养、廉洁自律、锤炼党性的重要意义。同时，老同志的人格魅力也给同学们留下了深刻印象。

4. 教师辅导员

老同志们学术功底扎实，治学态度严谨，理论优势明显，学校可以聘请一些退休的老教授做年轻教师的成长导师、辅导教师和课题研究顾问，帮助年轻教师就立德树人和课程思政建设中的一些难点和重点问题，如课程思政建设的有效途径、课程思政实施的具体方法、课程思政体系的建立、课程思政效果的检验、课程思政设计等进行攻关，以科研推进教学，研教相长，把课程思政建设提高到新水平。

5. 内容创作员

新媒体时代是内容为王的时代。一堂精彩的课，无论是线上还是线下，是传统课堂还是慕课，学生都会喜欢，这里的关键是内容。无论形式如何变化，新媒体时代依然是“内容为王”的时代。关工委应发挥自身的优势，专注内容，专注质量，让新媒体技术承载优质内容，提升关工委工作影响力。比如，短视频当前广受青少年欢迎，我们要主动进场，提高短视频生产和传播能力，开展可视化传播，在主题宣传、形势政策宣讲、热点问题释疑等方面，制作推出更多学生喜爱、刷屏热传的精品。关工委作为组织机构，要引领热心的老同志专注于内容建设，聘请一些有热情、经历丰富的老同志写文章、故事，拍短视频，成为内容生产者。

（三）搭建平台载体，用好“八网”

高校关工委在参与思政课程与课程思政的工作中，必须在方法途径上加大创新力度，通过搭建平台、创立品牌，使工作“活”起来，提高时效性。必须从形式到内容，利用新媒体新技术对教育手段进行“升级换代”，树立“教育为本、技术为用”的工作思路，利用“八网”新媒体手段推进课程思政，即网络公众号、网络课堂、网络空间（朋友圈、QQ 空间）、网络群组、网络会议、网络资源库、网络微视频、校园网站。

1. 网络公众号

要加强关工委自身的网络平台建设，构建具有关工委特色的校园“微”平台，推进关工委官方微博、微信公众号建设，充分利用关工委的资源优势，集中力量办出品牌。同时，与学校官微、教师微博、班级微博、校园微信公众账号建设联动协调，形成合力，扩大网络主流舆论阵地。这一平台不仅仅是宣传的平台，更是一个服务的平台，它能够成为年轻人和老同志之间的一个桥梁，它的及时性以及虚拟性使得学生愿意向老师倾诉各种问题，有利于工作人员及时了解学生思想动态，从而使学生得到点对点、面对面的帮助，及时化解网络危机问题，以自身为榜样对学生进行思想道德教育。

2. 网络资源库

关工委老同志、老教师把毕生经历都投身于人民教育事业和学校发展，其自身的从教经历和奋斗历程更是伴随着国家社会进步的时代背景。这些都可以作为基于高校特色的校史校情案例库，提供给本校教师作为授课时的思政素材。高校关工委应积极探索构建适用于思政课程和课程思政的短视频、素材库、案例集等，尝试利用影像记录和口述史的方式，把这些珍贵的原始素材作为思政课程和课程思政特色案例库及时整理出来，帮助任课教师引导青年大学生切实感悟革命岁月的艰苦卓绝，也能真实感受到新中国成立以来特别是改革开放以来的伟大变革。

3. 网络空间

关工委老同志在学习互联网的使用后，可以通过发送微博、微信朋友圈，宣传热爱中国共产党、热爱祖国、热爱社会主义的思想，以“培育和践行社会主义核心价值观”为主线，对党的路线方针政策及时进行讲解，让学生们清晰地认识党的相关政策，从而支持和帮助青少年思想道德建设。老同志还可以以重大活动和重大事件为契机，开展社会主义核心价值观主题教育活动，引导青少年树立和践行社会主义核心价值观，团结教育广大学生听党话、跟党走。

4. 网络学堂

关工委要与任课教师携手，充分发挥网络学堂的作用，使之成为学生讨论学习问题和交流思想的平台。开展学生感兴趣的、与实际结合的各类网上交流活动，这些活动会大大激发学生的学习兴趣，带来情感的愉悦，使他们焕发出内在活力，达到明显效果。

5. 网络群组

加入微信群已经是老同志面向学生的最基本方式，据调查分析，学生微信群的交往有四个特点，即：圈子具有多维性、封闭性、依赖性、随意性等特点。如果微信群中的正面舆论得不到足够的支持，就会给负面言论留下滋生传播的空间。因此，积极入群，与学生充分沟通交流是当务之急。老同志在进入微信群后，必须把握好能与学生真诚交流的四条原则：一是热情相待，融洽师生关系，要主动关心、经常见面，热情恳切交谈；二是真诚相助，在学生出现困惑或生活有困难时，要积极为学生排忧解难，用送温暖、解难题、办实事去触动思想、打动心灵；三是朋友相交，与学生进行知己式谈心，达到情感沟通、真心倾诉的效果；四是平等相处，加深互信关系，用信任、理解赢得学生的信赖。

6. 网络会议

高校关工委老同志都是老教师和老专家，拥有丰富的人生阅历，时间充裕。通过运用网络会议软件或者微信视频、QQ 视频等方式，老同志与青年教师和学生进行交流互动，发挥自身优势，了解他们在学习、工作、生活、交友、择业等方面遇到的问题。通过线上答疑解惑，可以拉近与学生的距离，引导其参与到线下交流沟通之中。要倾听大学生的困惑，开展思想引导，让思想工作如春风化雨般细润、温和，引导学生树立正确价值观。

7. 网络微视频

当前，网络媒体已经从图文时代进入视频时代，网络视频已经成为学生点击、浏览的主要网络内容。要开发短视频、漫画、音乐等各类形式作品，通过形式将内容展示由“平面”引向“立体”，以加强吸引力、感染力、说服力，让青年学生真正想读、爱看、常点。要积极搭建老同志群体发声平台，通过微视频以展示老照片、讲述老故事的方式引导青年学生知史爱党、知史爱国，用马克思主义理论武装自己，践行社会主义核心价值观。

8. 校园网站

建好校园网站，是活跃校园文化氛围、创建文明和谐校园的重要途径。通过丰富多彩的网站信息，可以更形象地弘扬主旋律，更有效地加大人文启迪指导和实践活动的激励。为了更广泛地倡导学生上校园网站，积极参与校园活动等，关工委要推出一批集思想性、教育性、知识性、趣味性、服务性于一体的主题教育网站，让学生能够随时随地接收到最新、最快的信息，提高学生认知，实现思想政治教育的目标。

新时代的中国，创新已处于社会事业发展的关键引领地位。关工委工作要顺应时代大潮，在新时代有新作为，必须借力智能互联技术的支撑，推动关心下一代工作与新媒体高度融合，通过工作机制、模式等方面的不断创新，更好地行使好助力大学生健康成长的历史责任，用时代担当发挥好关工委不可替代的特殊作用。

课题组：北京联合大学　张铃　郭淑敏　李月修　王育红　李焱　尹福斌　吴庆　王颖　曹海娟　马振龙

执笔人：李焱

第四章
网络新媒体环境下关工委助力在线教学工作研究

高等学校的教学工作是落实高等教育立德树人任务的重要内容，也是教育系统关工委老同志发挥作用的重要阵地。在信息技术飞速发展的时代，网络新技术应用必然要融入教学过程中，新媒体应用已经成为学生日常学习、生活、社交的重要组成部分。尤其是在疫情期间，利用网络新媒体开展在线教学，成为各类学校应对疫情的有效措施。为了保证在线教学质量不降低，应将网络新媒体教育平台作为教书育人的新阵地，不断创新育人场域与范式。高校关工委非常关注网络新媒体环境下的在线教学工作，努力在提升育人水平与教学质量方面有新作为。本章通过问卷调查与访谈等形式，回顾、总结了疫情期间高等学校利用网络新媒体在线教学的做法和经验，探究新媒体环境下关工委助力在线教学工作的实践。本章对践行高等教育“三全育人”，使关工委工作适应新环境，拓展关工委工作内容，推动关工委工作再上新台阶具有重要意义。

第一节 研究背景、意义、方法

一、研究背景

面对突如其来的新冠肺炎疫情，中国采取了有效的防控手段和应对措施。为了及时有效地阻断疫情向校园蔓延，确保师生生命安全和身体健康，教育部在疫情初期下发了《关于在疫情防控期间做好普通高等学校在线教学组织与管理工作的指导意见》（教高厅〔2020〕2号），要求全国大中小学2020年春季学期延期开学，同时要求各级教育部门要做好预案，服务并保障疫情防控期间“停课不停教，停课不停学”。全国大中小学均迅速行动，要求师生线上教学，全国教育教学有序进行。

根据教育部文件精神，各学校都成立了在线教学工作领导小组，主管领导统筹，教务处、学生处、国际处、后勤、各学院等各有关部门密切配合，迅速制定春季学期延期返校教学工作安排及落实方案，通过召开视频会布置工作，动员全体师生做好在线教学准备工作。各校各级关工委也马上行动起来，研究制定在网络新媒体环境下助力在线教学工作的创新思路，推动关工委工作再上新台阶。

二、研究意义

各校关工委在学生成长过程中发挥着积极、重要的作用，是学校教书育人体系的组成部分。网络新媒体环境对于学生身心健康成长关系很大，高等学校立德树人任务的实现需要良好的育人环境。关工委助力在线教学工作对优化育人环境、促进教学质量的提高具有十分重要的意义。

关工委研究网络新媒体环境下在线教学的规律以及对学生成长过程的影响，是开展教育教学研究、完善学生健康成长服务的重要工作内容，对进一步推进学校“三全育人”工作具有十分重要的意义。近些年，我国的线上教育发展很快，应用范围不断拓宽，疫情期间我们更看到了线上教学的发展潜力，同时线上教学也存在不容忽视的弱点和不足。应通过各方共同努力，整合资源，更好地发挥线上教学的优势，使线上教学成为解决教育资源不平衡问题的又一种有效途径。

三、研究方法

（一）文献资料法

文献资料法是进行学术研究最有效的、科学的研究方法。研究必须建立在大量文献资料的基础上，合理准确地运用文献资料可使研究工作取得事半功倍的效果。通过查阅、检索相关文献资料，梳理当前国内外关于网络新媒体技术的研究和应用成果，研究当前网络新媒体环境的发展和现状，以及在此背景下高等学校教育教学面临的新问题，探索关工委助力在线教学工作的新途径和新方法。

（二）问卷调查法

问卷调查法是把所调查的内容设计成标准统一的问卷，通过请被调查者回答问卷来收集研究对象相关数据资料的研究方法。问卷调查法目的性强、标准化程度高，能同时对大量被调查者回答的问题倾向进行统计和分析。通过对十余所高等学校的教师和学生进行问卷调查，了解网络新媒体环境下高校师生对线上教学相关问题的理解和体会，了解各校开展线上教学的基本情况，了解师生对于网络新媒体环境的兴趣和使用偏好，研究运用网络新媒体环境开展线上教学工作的规律。

（三）访谈法

访谈法是研究者通过与被访谈者进行口头交谈，了解和收集他们对有关问题的认识和理解的一种研究方法。访谈法在专题研究中具有特殊的意义和作用，其特点在于整个访谈过程是访谈者与被访谈者相互作用的过程。在访谈中，访谈者掌握访谈过程的主动权，积极影响被访谈者，尽可能使研究按照预定的计划开展。本章通过对北京科技大学教师、学生、教务管理人员、网络运行维护人员、实验教师等进行访谈，了解网络新媒体环境下教学工作开展的情况和存在的不足，提出改进意见和建议。

四、在线教学是应对疫情的有效手段和措施

随着科技不断进步，网络通信手段和设备不断更新，人们能够方便地在互联网上随时随地完成各种操作，办成各种事情。在这样的大背景下，网络新媒体教育正在蓬勃发展。相对传统的课堂授课方式，利用网络新媒体授课具有很多优势。近年来，随着配置 Android、iOS 等操作系统的智能手机不断发展创新，推动了在线教育的发展。基于移动终端的网络教学新模式，使得实现在线教育更加便利。

面对突如其来的新冠肺炎疫情，各高校立即按照上级教育主管部门的部署和要求，研讨和开拓应对措施和思路，整合教学资源，充分利用网络新媒体环境，及时选用或搭建网络教学平台，开展在线教学、在线辅导答疑以及线下自主学习等新方式，有效地解决了教师和学生因疫情无法到校上课的突发问题。

各校关工委教学督导组针对在线教学工作与时俱进地开展研究，采取了许多工作有创新、做法有成效的督导新方法，为助力在线教学工作作出了贡献，取得了很多为线上教学把关、为促进教学质量助力的新成果。

在线上教学实践中，各校教师们通过仔细比对各种在线教学平台的功能，基于以下特点选择和推荐“雨课堂”等作为主要的在线教学平台：(1) 教学平台专业版可以与教务系统对接，自动完成教师和选课学生的连接。(2) 教学平台有完备的数据统计功能，便于及时掌握各门课程的教学开展情况。(3) 教学平台支持基于 PPT 的操作方式，适合教师普遍采用的教学习惯。(4) 教学平台能满足师生返校后教师在教室面授的同时也能进行直播的需求，有利于个别不能返校或因病在家休息学生的学习需要。

为了适应不同类型课程教学的特点，应对线上教学平台拥堵等特殊情况，各校允许教师自主选择在线教学平台。各校还组织教师的在线教学平台培训，保障所有任课教师和学生能够顺利使用线上教学平台。各校还组建了在线教学技术保障部门，建立线上教学技术保障值班机制。各校还设立线上教学专项经费，支持教师购买在线教学辅助工具和设备，对教师在线教学产生的网费给以补贴。有的高校在教室、实验室搭建在线教学环境，解决部分教师没有合适的在线教学场所问题，提前做好线上教学准备工作。各校都制定了在线教学实施预案，及时应对突发状况。秋季学期学生返校开学后，各校重新调整了全部本科生、研究生课程的教学安排，适当控制教室人数，加大人员间距，所有讲台具备线上同步直播的教学条件，使因特殊情况无法按时返校的学生学习不掉队。

五、关工委助力在线教学的主要做法

各校关工委教学督导组在疫情面前主动作为，在网络新媒体环境下积极发挥督导作用，结合实际进行在线教学督导，为教书育人和学生健康成长保驾护航。

（一）先行研讨网络教学新媒体

疫情期间采用在线教学新方式，是高校应对疫情的有效措施，但是却对关工委教学督导组老教授提出了新的挑战。因为这些老教授有的年逾七旬，平时上机上网较少，对于腾讯会议、腾讯课堂、雨课堂等从来没有接触过，现在为应对疫情要改为线上听课、线上督导、线上交流，感觉困难重重。有的老同志产生了畏难情绪，缺乏掌握网络新媒体教学环境的信心，这是督导组老教授们面对的第一个难题。

针对上述情况，各校关工委与教务处等有关部门密切配合，首先组织学习线上教学平台的使用，进行用户注册，使老同志熟悉并学会利用网络新媒体环境下雨课堂、腾讯会议等教学平台进行线上教学的方法，以此作为参加线上教学督导活动的“热身”和准备。有的高校关工委督导组还组织召开了网络教学平台应用研讨会，大家互相交流经验和体会，取得了很有成效的收获，最为重要的是增强了督导组老教授们老有所学、老有所为、与时俱进、战胜困难、努力做好线上督导的信心。

（二）采取形式多样的在线教学质量监控

各校关工委教学督导组的老教授们初步掌握和熟悉了腾讯会议、腾讯课堂、雨课堂等网络教学平台之后，各校专门给督导组老教授们开通了登录线上教学平台的权限，赋予督导老教授在线上教学平台随时选择听课的权限，方便他们线上听课督导。由于各校关工委督导组采用多种形式进行在线教学质量监控，保障了线上教学平稳运行，为确保疫情期间各校教育教学正常进行和人才培养质量作出了贡献。

1. 线上教学课程督导

对于各校线上教学总体情况、线上教学效果、存在的问题，关工委督导组老教授们听课之后及时提出意见和建议，把有关问题收集汇总后尽快提供给有关领导和有关职能部门负责人、各二级学院教学负责人，督导组提出的问题大多很快被责任单位所重视，并使问题得到及时解决和改正。很多高校关工委督导组老教授们听课后，根据线上授课的情况与授课教师及时进行课后交流，肯定线上教学教师们的辛勤付出以及取得的成绩，也针对线上教学某种情况提出改进意见和建议，特别是对线上教学存在问题较多的教师，还会及时与所在学院和系有关负责人进行情况沟通，使大家都重视线上教学质量监控，保证线上教学管理工作到位。

2. 线上毕业设计巡查

由于疫情的影响，2020 年，各校不得不采用线上指导方式开展毕业设计（论文）工作。为保障毕业设计的质量，及时了解和掌握毕业设计的进展情况，有的高校教务处、关工委教学督导组以及各学院，对指导教师提交的毕业设计任务书、对参加毕业设计学生提交的选题报告和文献综述，以及毕业设计初期工作进展情况进行随机在线督查，这些措施对提高在线毕业设计教学质量起到了重要的监控作用。对于采用网络视频方式进行的毕业答辩，有的高校督导组通过随机抽查方式进行线上答辩过程巡视，并进行巡视评价，使毕业设计线上答辩更加规范化。

3. 线上集中考试巡考

由于疫情的影响，高校春季学期的所有考试均采用线上方式进行，有的高校关工委督导组安排了线上考试的巡考，从考试的组织形式、考试方式、考场设备、考场环境、考试秩序等方面进行巡视和评价，保证了考场和考试的严肃性。

目前，关工委督导组老教授们已经可以使用多种线上教学平台参与各类线上教学活动。大家深刻体会到，要改变对线上教学只是被动、临时使用的认识，努力发挥线上教学的独特优势，探索传统课堂教学与线上教学有机结合的教学新模式，主动研究线上教学方式带来的新特点和新问题，努力做好线上教学新模式下的“督”和“导”，为我国高等教育发展作贡献。

（三）调研分析师生对线上教学的体会

各校关工委督导组注意与线上任课教师的交流，教师们对在线教学这种全新的教学方式总体反映比较好，认为学生能积极配合线上教学，也能理解在讲课中出现的网络卡顿、传输滞后等各种状况。经过开课前期培训和教学彩排演练后，教师们逐步掌握了在线教学方法和规律，熟练了在线教学平台操作技能，同时也不断补充和优化教学课件，熟悉多种教学平台的功能和使用，为保障达到较好的教学效果作了充分准备，并对突发状况设计预案，当某个教学平台出现故障时，能及时切换到其他平台，以保证教学顺利进行。

针对线上教学，关工委调研组对十余所高校师生发放了调查问卷，在此基础上进行数据统计和分析。

1. 被调查学生的基本情况

（1）性别结构：男生占 38.56%，女生占 61.44%。

（2）年级结构：大一年级占 1.31%，大二年级占 26.14%，大三年级占 40.52%，大四年级占 25.49%，研一占 1.31%，研二占 0.65%，研三占 1.96%，博士占 2.62%。

（3）专业结构：理科占 13.73%，工科占 27.45%，人文学科占

13.73%，社会学科占 11.76%，艺术体育占 16.34%，医学类占 0.65%，其他不能按大类分类的专业占 16.34%，其中包括服装表演、文学、艺术、管理学、学前教育与计算机等。

2. 调查的主要内容

本次调查主要针对不同性别、不同年龄、不同类型学校和专业的学生对于疫情期间线上教学的评价，以及对线上教学发展前景的看法。

3. 调查结果与分析

（1）线上学习使用的网络情况

从图 4.1 可知，大多数学生线上学习使用宽带网络，不足半数的学生使用手机通信网络，少数学生使用其他网络学习。说明在疫情期间，学生大多数是在家中线上学习，但也有少数学生家中没有宽带网络，所以使用手机通信网络学习。

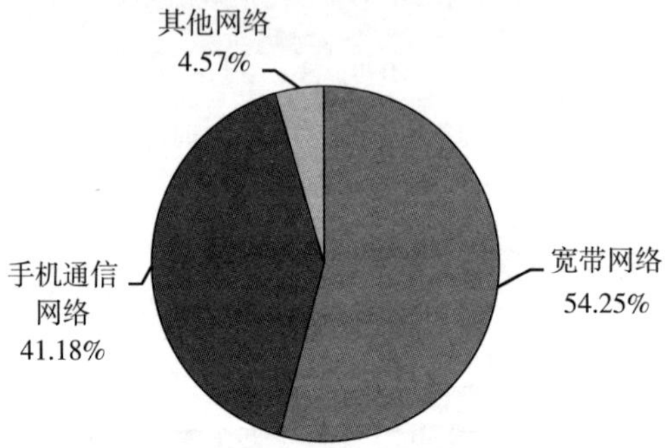

图 4.1　线上学习使用的网络

（2）疫情期间收到学校通知的情况

从图 4.2 可知，有 96.08% 的学生在疫情期间可以及时收到学校的各类通知。说明疫情期间各类学校的通知发布体系比较完善，并且下发通知比较及时，同时也说明疫情期间学生普遍关注学校动态和教学通知。

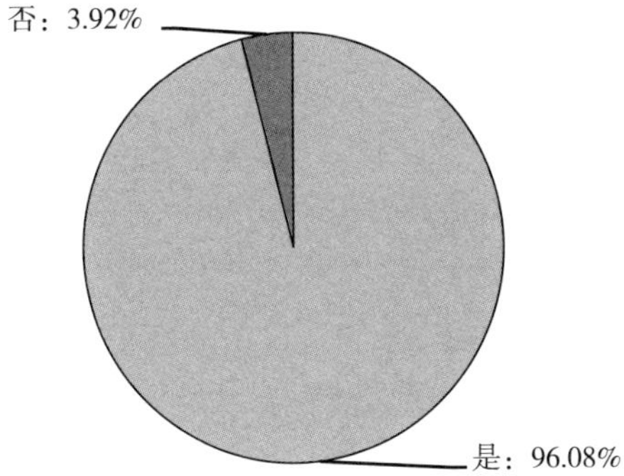

图 4.2 能否及时收到学校的通知

（3）原教学安排的课程（实验、实习除外）改为线上教学的比例

从图 4.3 可知，有 75.16% 的原教学计划所安排的课程全部改为线上教学，有 1.31% 的学生由于学分已经修满而无须上课。这说明疫情期间开展线上教学的课程占绝大多数，但仍有部分学校的部分课程没有开展线上教学，有客观原因和需要改进的情况都存在。

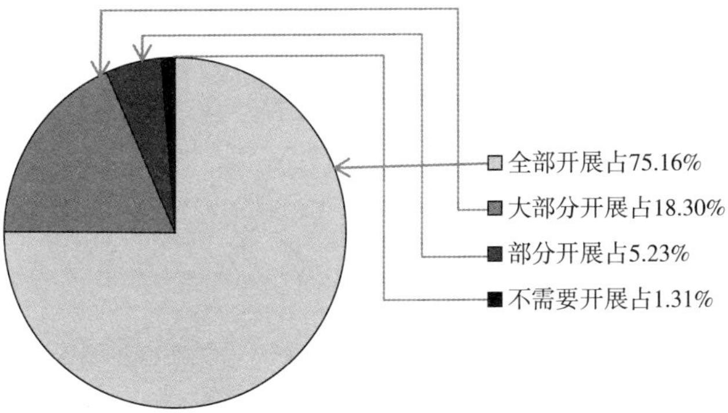

图 4.3 原教学安排的课程改为线上教学的比例

（4）疫情前的线上学习经历

图 4.4 显示，大多数学生以前有过线上学习经历，但对线上学习比较熟悉的只有 33.99%，同时，有 17.65% 的学生对于线上学习仅“听

说过，但没有体验过”，有 5.22% 的学生从来没有过线上学习经历。

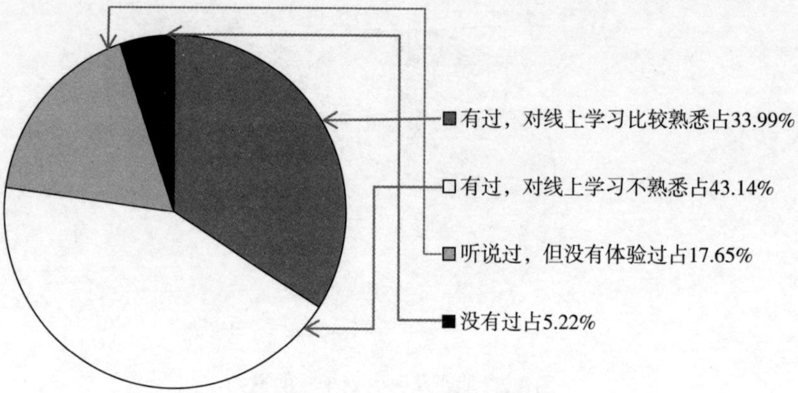

图 4.4　疫情前的线上学习经历

说明疫情之前教育系统的教育教学方式开展得不够全面，局限于线下传统教学，或辅助少量网络教学，采用老师讲授与网络教学相结合的、完全采用线上教学的只有很少一部分。

（5）对疫情期间线上教学的总体评价

由图 4.5 可知，认为此次疫情期间线上教学非常好、很好、好和其他评价分别占 23.53%、27.45%、27.45% 和 21.57%。

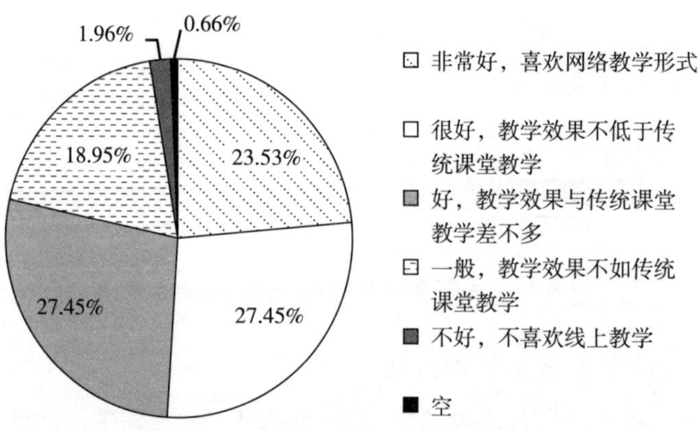

图 4.5　对疫情期间线上教学的总体评价

说明学生对于疫情期间的线上教学总体评价较高，普遍认为线上教学效果和传统教学效果不相上下。

（6）开始线上教学以来每天在线学习的时间和课程门次

由图 4.6、图 4.7 可知，疫情期间线上教学以来，学生每天学习 3 小时以上的占大多数，同时每天学习 1—2 门课的学生居多，学生在每一门课程中花费的时间平均超过一小时。

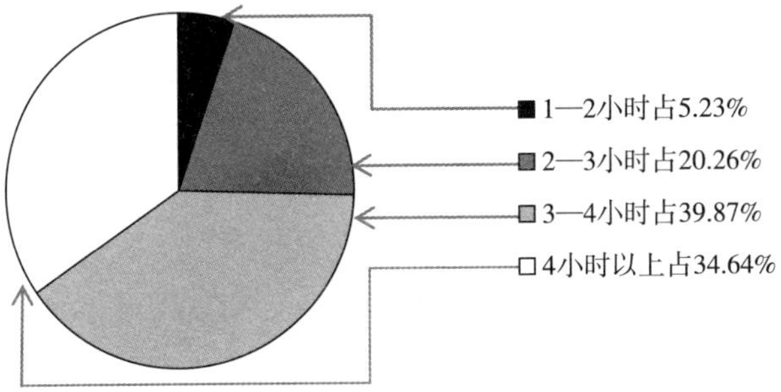

图 4.6　每天在线学习的时间

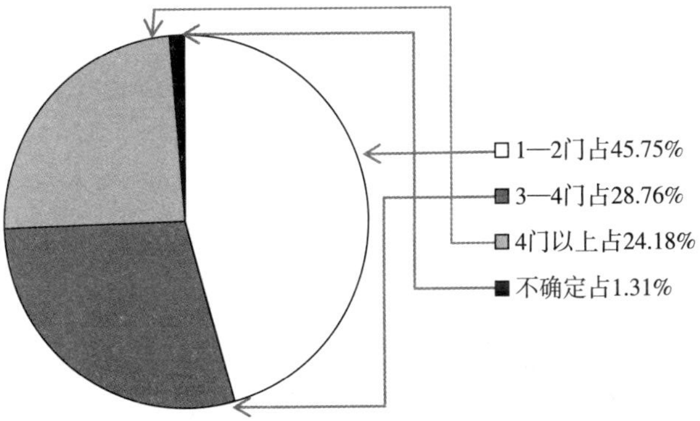

图 4.7　每天在线学习的课程门次

（7）疫情期间使用过的教学平台

由图 4.8 可知，疫情期间，腾讯会议、腾讯课堂和微信的使用度最高，说明腾讯的线上平台较为完善，能满足线上教学的综合需求。

但是，也从侧面说明此次疫情期间的线上教学平台很多，这对于学校和教师的平台选择也是极大的挑战。

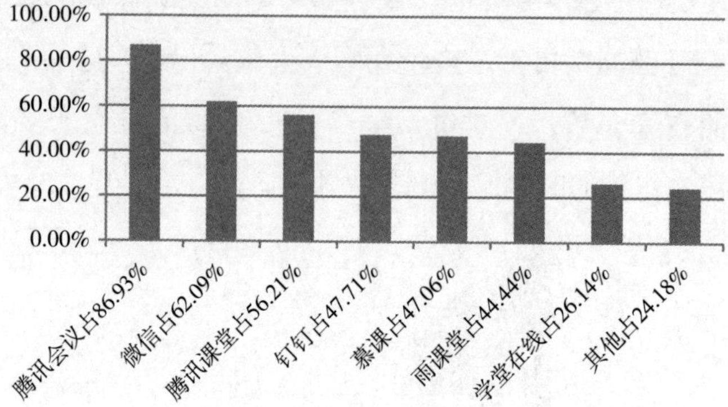

图 4.8　使用过的教学平台

（8）目前线上教学资源使用情况

从图 4.9 可知，有超过半数的同学认为目前的线上教学资源能够满足线上教学的需要，但仍有 20% 左右的同学认为线上教学资源水平不平衡，不能很好地满足线上教学需要。说明目前的线上教学资源功能水平不均，尚不能很好地满足绝大多数课程和同学的需求。

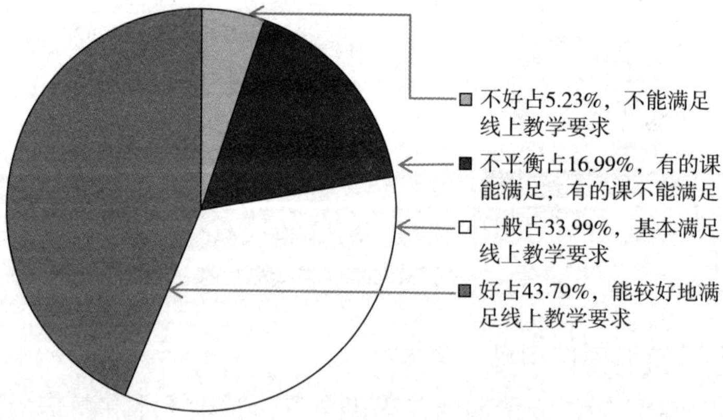

图 4.9　目前线上教学资源情况

（9）线上教学的质量保障

图 4.10 显示，有 37.25% 的同学认为线上教学的质量保证主要依靠学习任务和问题引领下的自主学习，有 39.22% 的同学认为线上教学的质量保证主要依靠教师对课程内容的录播和直播，有不足四分之一的同学认为线上教学的质量保证主要依靠学生根据学习资源自主学习。这说明大多数学生认为线上教学质量保证主要依靠教师的教学和任务下发，不认同或很少认同完全依靠学习资源自主学习。

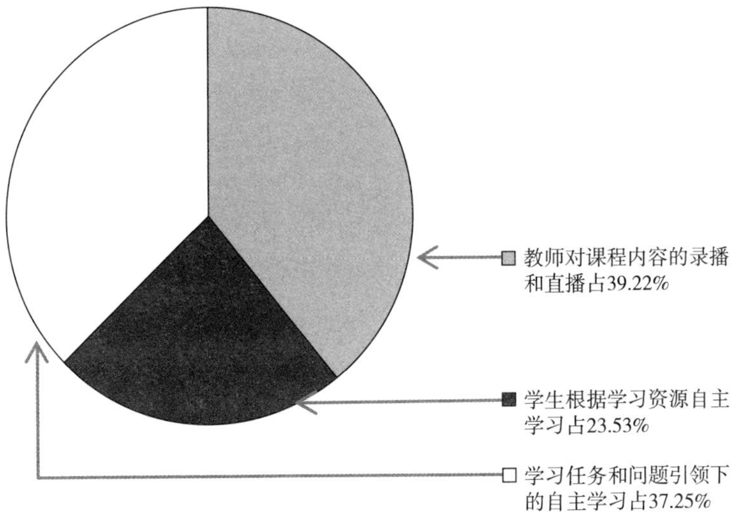

图 4.10　线上教学应该依靠什么保证质量

（10）线上教学师生互动情况

根据图 4.11 可以看出，有 42.48% 的同学认为教师提出讨论主题引导学生自主学习是一种良性互动，有 37.91% 的同学认为教师提出较明确的学习目标让学生学习是一种可行的互动，只有少数同学认为同学之间或师生之间的交流讨论是一种好的互动方式。这说明学生普遍认为教师引领下的自主学习更有效果。

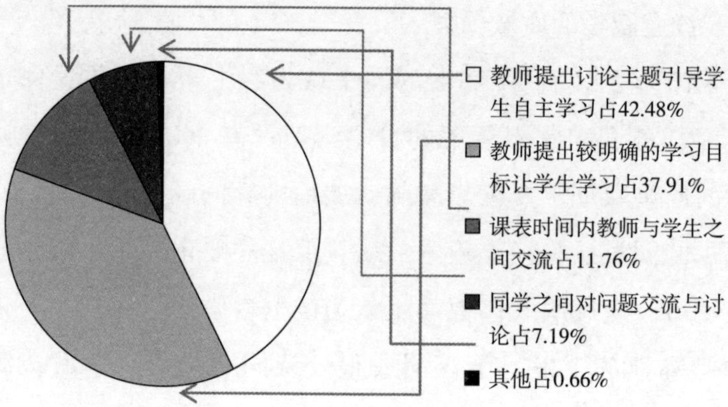

图 4.11　线上教学师生互动情况

（11）最喜欢的师生线上互动方式

根据图 4.12 可知，学生喜欢的师生线上互动方式主要有：明确的学习任务和要求、增加思考和讨论内容和老师及时回复学生的问题，有不足半数的同学认可语音互动的方式，只有 26.80% 的学生认为老师可以设置更多课堂活动进行互动。这说明学生更认可老师布置任务、提出讨论内容后学生进行思考与讨论再反馈给老师进行点评的互动方式。

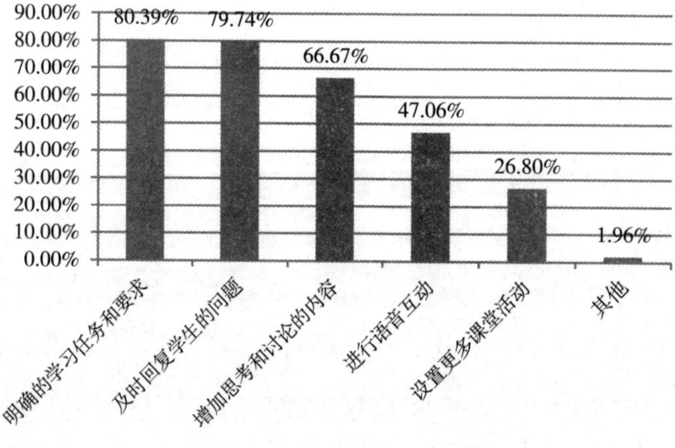

图 4.12　喜欢的师生线上互动方式

（12）线上应提供的教学资源

由图 4.13 可知，绝大多数同学认为线上教学最应该提供的是课程 PPT 课件，其次是疫情期间不能得到纸质版教材情况下的电子教材的提供，接着是老师的课程讲授音视频和相关阅读文献，有不足半数的学生认为可以推荐一些学习网址。受访者中认为应该布置家庭作业的人数很少，还有一人认为可以安排习题讲解。这说明学生更需要与课程直接相关的资料。

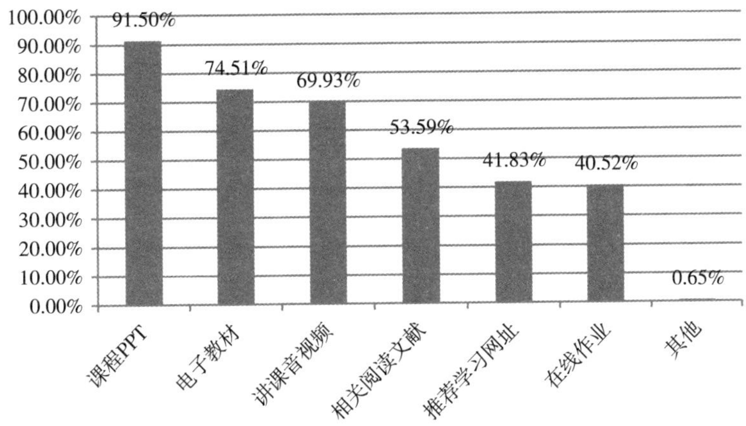

图 4.13　线上应提供哪些教学资源

（13）关于加强学生自主学习能力培养

由图 4.14 可知，超过半数的同学十分赞成加强学生自主学习能力的培养，认为自主学习能力很重要，只有少数学生持消极态度。

（14）疫情期间线上学习的感受

由图 4.15 可知，有超过半数的学生认为疫情期间的线上学习效果还不错，但是缺乏互动交流。有 32.68% 的学生认为疫情期间的学习是面对电子屏幕，学习枯燥无味。有 26.80% 的学生认为线上学习感觉还可以，对学习没什么太大的影响。还有 20% 左右的学生认为

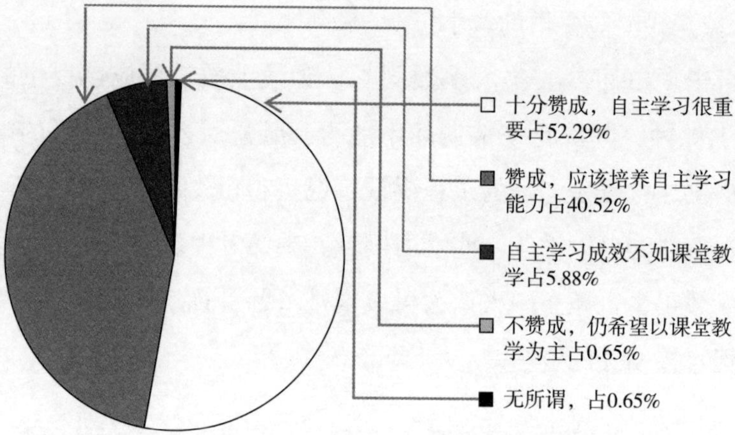

图 4.14 关于对加强学生自主学习能力培养

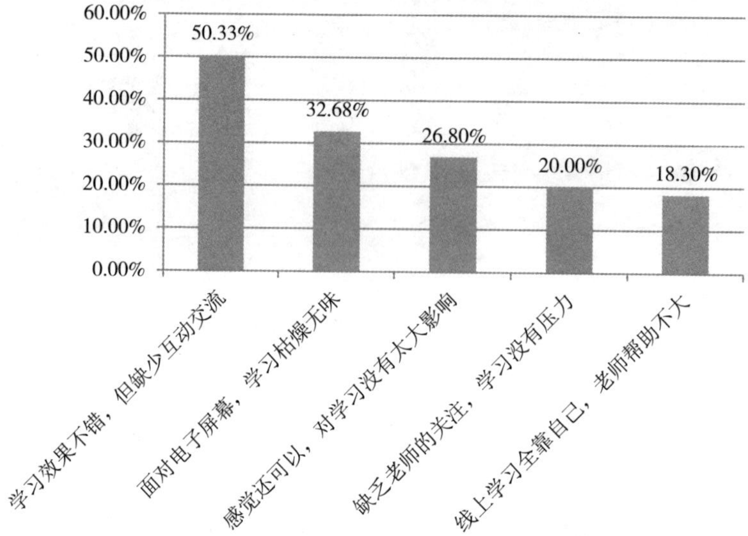

图 4.15 疫情期间线上学习的感受

缺乏老师的关注，学习没有压力，并且认为线上学习全靠自己，老师帮助不大。这说明学生对于此次疫情期间的学习效果和方式评价多元化，相关教育管理部门需要对线上教学缺乏交流互动和教师关注方面进行改善。

（15）线上教学对学生成长的影响

图 4.16 说明，绝大多数学生认为线上教学对自己的成长有一定帮助，有 15.03% 的学生认为帮助很大，只有极少数学生认为没有帮助甚至有负面影响。这说明学生认为线上教学利大于弊，在改善现有问题的基础上线上教学还是有可取之处的。

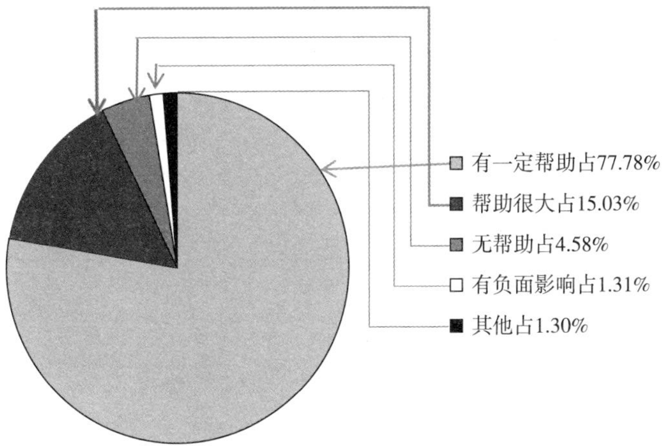

图 4.16　线上教学对学生成长的影响

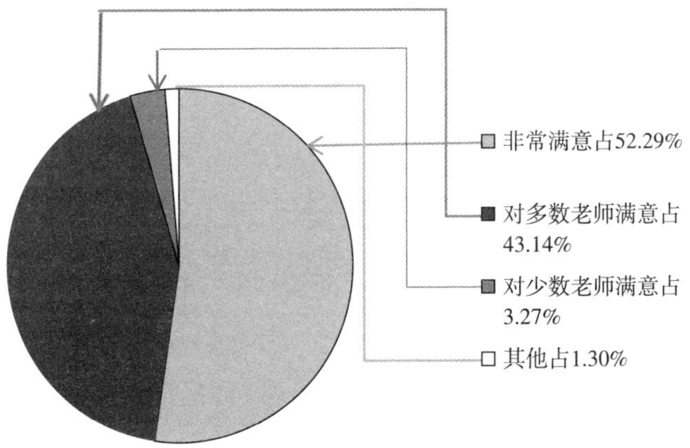

图 4.17　对线上教学老师的满意度

（16）对线上教学老师的满意度及对本校线上教学组织的满意度

问卷结果显示，学生对于本校线上教学组织和线上教学老师都非常满意或较为满意，只有极少数学生不是很满意甚至不满意。这说明学生对于此次线上教学整体是认可的。

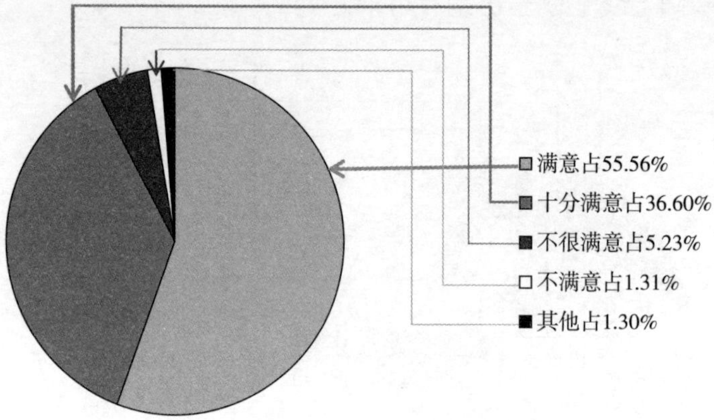

图 4.18　对本校线上教学组织的满意度

（17）如何看待网络教学的未来发展

图 4.19 显示，66.01% 的学生认为网络学习是大势所趋，深受学生欢迎。有一部分学生对于网络学习持消极态度，还有一部分学生对

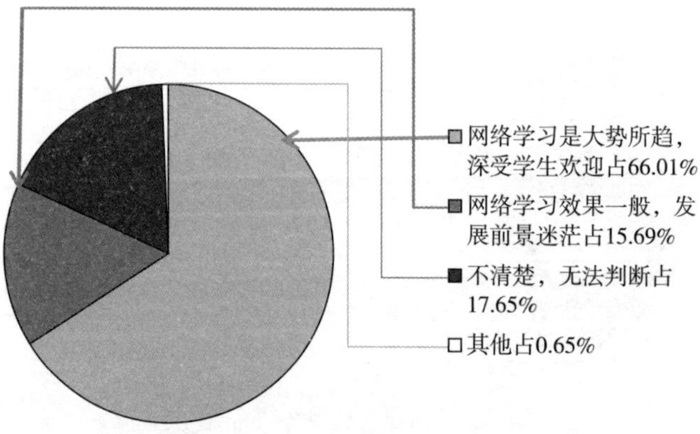

图 4.19　如何看待网络教学的未来发展

此表示不清楚。这说明，网络学习有一定的发展前景，但仍需要改进，以提升学生的学习效果。

（18）希望疫情之后学校如何教学

根据图 4.20 可知，有 39.87% 的学生希望疫情之后学校可以以原有的线下教学为主，以目前的线上教学为辅；有 33.99% 的学生希望保留目前的线上教学，将线上与线下面对面交流相结合；有少数学生希望以线上教学为主或停止线上教学。

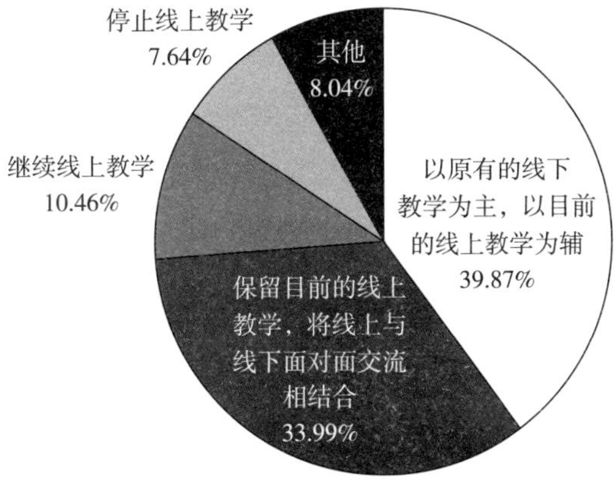

图 4.20　希望疫情之后学校如何教学

这说明经过此次疫情，学生对于教学方式有了新的认识，学生普遍认为线上教学有一定效果，应该在恢复原有线下教学的基础上有一定线上教学的辅助。

（19）对学校督导在教学过程中作用的了解

根据图 4.21 可以看出，超过半数同学对于学校督导老师在教学过程中的作用了解不多，有 18.95% 的学生比较了解，有 17.65% 的学生不太了解，有 11.11% 的学生完全不了解。这说明学校督导老师在教学过程中的作用并没有让学生充分了解和认识，这一点还有待加强。

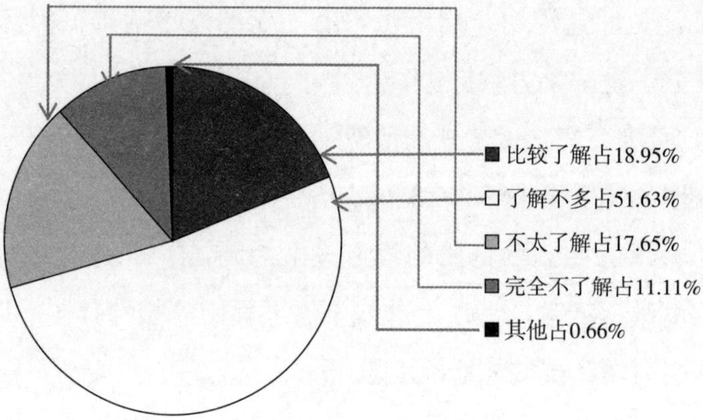

图 4.21　对学校督导在教学过程中作用的了解

（四）学生对在线教学工作的主要建议

一是教师和学校选用运行更好、技术更先进、功能更适合的网络教学软件和学习平台。尽量统一教学平台，或只选用几种平台，免得学生对哪种平台使用都不熟悉，还要保证网络系统稳定，尽量减少平台崩溃现象。

二是支持网课，网络教学方式既方便又灵活快捷，促进了现代教育信息技术在教学活动中的运用，打破了空间的限制，时间和地点都比较灵活，打破时间限定、集中学习时间地点等多方面的限制，有利于现代人的快捷生活。上课时，教师可以采取多种形式与学生互动，教师采用直播或录课教学效果比其他方式好。教师可以使用电子板书、多媒体、专业示范、录音录屏等多种网络手段，充分发挥网络教学的优势。

三是明确学习任务，加强师生之间的实时互动交流，以视频签到、点名提问、线上作业展示等形式提高学生的参与度，引领学生集中精力学习，定期进行线上学习检测。

四是在条件允许的情况下减少网络教学、增加线下教学，可以将线上、线下教学相结合，更加灵活地讲授知识，节省时间，学习面更广。因为网络教学互动性较差，遇到问题老师也无法立刻帮助解决。希望通过网络教学来补充上课没讲到的、没听清的、非必修的知识点。建议理论性课程采用线上教学，实践类课程采用线下教学。

五是教师应把课件及时发到固定平台。课件内容要有针对性，突出重点难点，现在有的课件不全也找不到重点，对于仅需要了解的内容可以不放入课件或者进行标记。

六是今后线下进行教学的同时，也在线上分享教学参考资料，力争让教学资源可以回放。每个学生所喜欢的讲课方式不同，不一定喜欢线下的讲授方式。

根据此次问卷调查结果，可以看出，不同学校、不同专业、不同年级的学生对于此次疫情期间线上教学的情况认识基本相同：对于线上教学效果较为满意，但认为线上教学仍然有待加强；对于学校和授课教师的组织与教学较为满意，认为未来学校教学应该将线上线下教学相结合。这也不同程度说明了线上教学有利有弊，但是总体利大于弊，今后需要不断改进，以备不时之需。

六、线上教学督导工作的思考

根据疫情期间线上教学的要求和实践经验，以及各类学校、不同年级学生的实际情况，提前制定线上教学工作应急预案，是顺利实现推迟开学不停课、推迟返校不停学目标的重要保证。线上教学主要依托中国大学慕课等平台上的高质量慕课，充分利用网络教学资源，这是确保线上课程教学落到实处的重要基础。疫情缓解和战胜疫情之后，我们非常有必要探讨充分利用网络新媒体进行线上线下教学融合的实践，丰富教与学的方式和方法。

为了更好地发挥新媒体环境下线上教学的优势，需要预先做好以下工作。

一是根据课程的实际与教学需求，任课教师应考察各大平台网络课程资源，选择一门适合的高质量慕课作为教学参考。通过观看讲课录像，学生们可以自主下载电子教案、教学课件等授课内容，以弥补线上教学的不足，实现教学资源的共享，提高学生线上和线下学习的效率。

二是在正式进行网络教学之前，教师要熟悉慕课的内容，明确网络教学的要求，熟悉网络教学平台的使用、测试和故障排除，及时了解平台存在问题的反馈方法和途径。课程教学组要预先讨论研究，做好至少前6周的教学安排和设计，做好辅助教学环节的准备，如考察网络新媒体平台的教学、答疑、作业、考核等功能的操作和实现，形成详细的线上教学方案，确保每一位主讲教师能够知晓和掌握，使线上教学方案得到切实落实。

三是线上教学课件不应是书本的复制，要做到内容精炼，注重层次，突出重点，通过图、表等做好分类总结，利用动画、视频进行形象、直观的表述表达，但在增加信息量的同时，要给学生留有足够的吸收和思考时间，保证达到较好的教学效果。

四是教师需要做到科研反哺教学，使得教学内涵和质量与实际紧密结合。做好教学和科研不仅有利于教师个人的长期发展，同时可以更好地将书本知识融入社会实践中，更利于做好研究型教学。新时代大学教育更应“教书”与“育人”并重，教师应该思考如何把育人有机地、自然地、融入线上教学，真正扩展课程的广度、深度和温度。设置难易适中、引申思考的思考题，对于提高线上线下教学融合至关重要。

五是线上教学的最大弊端就是远程学习，师生之间缺少面对面的交流，学习过程常受到外界的影响，这对于自制力较差的学生无疑是弊端。由于在网上自主学习，学生常常会有不适应、理不清头绪的感觉，没有老师的面对面指点不容易很快理解学习内容，会使学生在线上学习中产生思维困惑。其次，线上教学当中师生之间、同学之间的情感交流要弱于线下教学。虽然每天都会在网上教学、线上交流、文字互动，但毕竟这种交流不如语言交流直接、畅快，同学之间的交流机会更少。

六是网络新媒体时代的到来给高校思想政治教育带来了巨大的机遇和挑战，充分发挥网络新媒体的各方面优势，将思想政治教育和网络新媒体高度融合是高校践行思想政治教育的新途径。随着我国 5G 网络的快速发展和普及，当代大学生的学习方式、生活方式和社交方式将深刻改变，因此网络新思政教育应更加注重线上线下的融合，使传统和创新相结合、理论和实践相结合。高校要在新时代开展好网络思想政治教育和引导，努力使思政教育与网络新媒体发展同步。

总体来说，网络教学是现代教育的一大进步，在教学理念和教学方式两方面都有创新，虽然也不可避免地存在某些弊端，但相信随着网络平台技术进步和提高教学效果实践探究，使用网络新媒体备课、利用网络工具辅助教学、线上与线下相结合的教学新方式、实验辅助教学的改进，网络新媒体环境下的线上教学会更加完善，今后肯定会成为线下教学的有力补充。

课题组：北京科技大学　孙铁　刘淑红　程海雨　杨喆　张美娜

执笔人：孙铁

第五章 网络新媒体环境下高校特邀党建组织员工作研究

第一节　特邀党建组织员工作制度研究

党建组织员制度是加强党的建设的一项基本工作制度。聘请离退休老同志担任特邀党建组织员，是加强大学生党员发展工作，加强和改进高校基层党组织建设的一项重要举措，既充实了高校学生党建工作队伍，又为老同志老有所为、发挥余热提供了平台。在新媒体环境下，特邀党建组织员的工作面临诸多挑战。面对被称为“网络原住民”的新时代大学生，如何更好地贴近实际、贴近大学生，提高大学生党建工作的时效性和针对性，是应该思考的问题。老同志必须与时俱进，了解网络新媒体环境下学生特点的变化以及党建和思想政治工作方式方法的调整，才能“因事而化、因时而进、因势而新”地采用最合适有效的方式方法，发挥自身独特优势，配合主渠道开展立德树人的工作。

一、组织员制度历史沿革

组织员制度是我们党总结自身建设的历史经验，为加强党员队伍建设所确定的一项独具特色的工作制度，随着党的事业不断发展和党的队伍逐步扩大而发展。

（一）组织员制度的建立及发展

组织员队伍最早建立于1945年，当时党中央决定，党的七大以后把批准党员的权限放宽到区以上党委。为确保党员发展质量，规定批准接收新党员时，要派专人同发展对象进行谈话及参加审查与介绍等，在这样的背景下，我们党建立了具有中国特色的党的组织员制度。组织员制度的确立，使吸收新党员工作更加规范，为提升党员发展质量奠定了基础。

新中国成立后，党的组织和党员队伍迅速扩大，为了加强党的建设，组织员制度得到进一步发展。“文化大革命”期间，组织员制度曾一度被迫中断。改革开放以后，组织员制度又得以逐步恢复、发展和进一步加强，保证了发展党员工作和党员教育管理工作的顺利进行。

2000年后，中组部、教育部、地方党委及教育主管部门先后出台相关文件，提出了加强高校组织员队伍建设的措施和要求。2005年4月，中共中央办公厅转发《中共中央组织部、中共教育部党组、共青团中央关于加强和改进在大学生中发展党员工作和大学生党支部建设的意见》，要求各高校加强组织员队伍建设。2006年，北京市委教育工委制定了《关于推进高校基层党建工作创新的意见》，指出“高校党委要着力加强组织员队伍建设，配备数量充足的专兼职组织员”，促进了北京高校组织员队伍的建设和发展。

（二）高校特邀党建组织员工作制度的建立

随着大学生思想觉悟的提高和高校招生规模的不断扩大，高校大学生要求入党的人数不断增加，大学生党支部建设的任务十分繁重，但党务工作者特别是党建组织员的数量不足以及工作还不适应等问题，不同程度影响着大学生党建工作的科学发展。2010年6月，教育部办公厅下发了《关于在高等学校聘请离退休老同志担任特邀党建组织员的意见》，专门就选聘离退休老同志担任特邀党建组织员提出了要求，为特邀党建组织员队伍的建设提供了根本遵循。

2013 年 6 月，北京市委教育工委下发《关于进一步加强和改进高校学生党的建设的若干意见》，再次强调要加强组织员队伍建设，“学校党委组织部配备一至两名处级专职组织员，院（系）党委（党总支）可配备一名专职组织员，可根据工作需要配备一定数量的兼职组织员，注重聘请离退休人员党员担任特邀党建组织员”。同时，北京市委教育工委还下发了《关于进一步做好在大学生中发展党员工作的若干意见》，也强调要“聘请离退休人员党员担任特邀党建组织员”，对北京高校特邀党建组织员工作提出指导意见。

与此同时，许多高校党委及其关工委就聘请老同志担任党建组织员的工作进行了积极的探索和实践，积累了一定的经验。例如，北京交通大学党委在 2007 年制定了《关于加强组织员队伍建设的实施意见》，并开展了聘任离退休人员党员担任兼职组织员的尝试；在此基础上，于 2013 年制定并开始实施《北京交通大学兼职组织员聘任办法》，在各二级党委（特别是学院党委）设置兼职组织员返聘岗位，不仅在全部二级学院聘任了兼职组织员，而且在组织部、机关党委也聘任了兼职组织员，从事有关党建专项工作。为了进一步规范兼职组织员制度，北京交通大学党委 2021 年发布了《北京交通大学特邀党建组织员管理办法》，对任职条件、工作职责、领导机制、选聘和激励、工作保障等五大方面进行了明确和规范。

二、特邀党建组织员的工作职责

特邀党建组织员的主要职责是在校院两级党委的领导下，协助做好党员发展、教育和管理工作，协助开展党建和思想政治工作的检查和指导，协助帮扶和培训年轻党务干部。

1. 协助做好发展党员工作

（1）对发展党员工作的程序和质量进行严格把关；（2）协助开展与入党申请人、入党积极分子和发展对象的谈话，协助做好入党积极分子、发展对象和预备党员的教育培训和思想政治工作；（3）协助党委对发展对象进行预审，审查《入党志愿书》、《积极分子考察表》、《预备党员鉴定表》、入党申请书、思想汇报等入党材料；（4）列席审批预备党员的党委会，对材料审查和谈话过程中发现的苗头性、倾向性问题进行说明，提出意见建议；（5）列席部分学生党支部发展党员大会，指导党支部严格规范做好发展党员工作。

2. 协助做好党员的教育管理工作

（1）每年以讲党课或召开座谈会等形式，加强对学生党员的思想政治教育；（2）列席学生党支部组织生活会；（3）经常了解党员思想状况，及时发现和报告存在的问题，协助做好教育培训和思想政治工作。

3. 协助做好基层党组织建设工作

（1）指导党支部抓好党支部规范化建设，落实“三会一课”、民主评议党员等党内组织生活制度；（2）积极推进党建活动创新，引导党员发挥先锋模范作用，增强党组织的创造力、凝聚力和战斗力。

4. 协助做好党建工作的督促检查

（1）配合学校党委或学院党委，对学院党建工作、党支部工作进行督促检查；（2）针对专项工作及日常工作，组织开展调查研究，并及时向学校党委或学院党委报告情况。

5. 帮扶年轻党务干部

做好传帮带工作，开展“一对一”或“一对多”结对帮扶，指导和帮助年轻党务干部尽快熟悉业务知识、掌握工作方法、传承优良作风、提高工作质量。

6. 参加党建专项工作的督导

按照学校党委的统一安排，作为督导组组长或成员，开展“不忘初心、牢记使命”主题教育、党史学习教育等专项学习教育工作的督导。

从工作职责内容看，高校特邀党建组织员的工作职责不随设置岗位的不同而不同，但从具体实践看，工作职责的侧重点与所设置岗位密切相关。例如，北京交通大学设置在二级学院的特邀党建组织员，工作职责侧重在学生党员的发展、教育和管理，以及基层党支部党建工作材料的检查；而设置在组织部的特邀党建组织员，其工作职责侧重检查二级党组织党委会的会议记录、党政联席会的会议记录、党支部的工作手册记录、党员发展材料等，通过检查发现问题，提出改进建议。

三、网络新媒体为高校特邀党建组织员工作带来的挑战与机遇

当前，以网络技术与数字技术为主要手段的新媒体技术已经成为我们生活中信息获取与传播的主要方式。大学生群体作为使用新媒体技术最为广泛和活跃的主体之一，在享受着新媒体技术所带来的信息传播高效、便捷、广泛、多样化等一系列优点的同时，一些不良信息也通过新媒体对他们产生消极影响。同时，高校的党建工作信息的传递一般也会通过新媒体方式进行，党建工作的开展难免会受到新媒体

技术的影响，这些影响在一定程度上给高校特邀党建组织员工作带来了挑战。

（一）工作环境更加复杂多变

大学生处于世界观、人生观、价值观形成的关键时期，在大是大非上还缺乏足够的辨别能力，新媒体环境中多元的价值理念、一些不良信息等都会对其产生不同程度的影响，新媒体有可能成为错误思想和错误价值观生成和发酵的“温床”。如何实现全面有效的舆情管理，及时有效引导青年学生正确甄别、剔除不良网络信息，已成为高校党建工作必须解决的问题。

（二）工作对象更趋差异化

新媒体为大学生提供了信息分享与交流的平台，同时也带来了新的行为模式与行为环境。以微信、微博及客户端为主要代表的新媒体改变了信息的传播方式，吸引广大大学生的关注和参与，潜移默化地影响和冲击大学生的认知体系。大学是人格形成与发展时期，大学生的政治判断力尚显不足，其信息辨别与分析能力还需进一步提高。新媒体技术提供了广泛的虚拟的信息交流与表达的平台，激发了大学生的主体意识。他们可以畅所欲言，发表自身观点。同时，网络环境的匿名性使得新媒体难以及时规范学生的言行。“键对键”逐渐取代面对面的交流形式容易使大学生在现实生活中的交往减少，不利于学生良好个性的形成。

（三）工作内容更加丰富

在这个信息大爆炸的时代，一些新媒体靠炒作和转发博眼球。大学生接收的信息很多，对信息的免疫也增强了很多，甚至会产生一些信息疲劳，这就对党建与思想政治工作的内容信息提出了更高的要求。一些高校党建工作理论和实践结合不够，内容缺乏创新、资源“碎片化”等问题较为普遍。究其原因，一是片面追求新媒体技术的应用而忽视了教育学习载体所担负的内容的重要性，提供的内容对大学生缺乏吸引力，内容单一、缺乏创新、生搬硬套、同质化问题比较严重，还存在信息更新不及时问题；二是高校基层党组织在使用新媒体技术过程中缺乏整合，各类 App 和公众号、订阅号各自为政、功能单一，或侧重于宣传教育或侧重于组织管理，难以形成资源应用有效合力。

（四）工作载体更加多样化

讲座、论坛以及组织生活会、支部集体活动等组织生活活动是传统党建工作经常采取的形式。随着新媒体的应用和普及，通过腾讯会议、雨课堂为大学生上党课、开展党员教育培训成为常态，微信群和 QQ 群更是成为高校基层党组织开展活动的重要载体。新媒体的广泛应用使得教育内容更加丰富，其即时性、交互性的特点改变了党组织和学生之间的信息交流形式，提升了学生的参与感和获得感，拉近了学生与党组织之间的距离。这种变化在给党建工作的开展带来便利的同时，也使得传统党建工作载体对学生党员的吸引力和凝聚力在逐渐弱化。如何更好地利用网络新媒体开展党建和思想政治工作，很多高校都作了探索，也积累了一定的经验，但更多还是停留在建设类似微信公众号这样的教育平台，进行信息的推送，实现的仍然是单向的信息传送，缺少必要的信息交流和教育效果的检验。

（五）工作主体亟须自我革新

新时代大学生作为“网络原住民”，对于网络技术和信息的接受、获取甚至会早于教育工作者。有的特邀党建组织员退休时间较早，对网络新媒体技术了解不深，对网络新媒体环境下的交流语言了解不多，导致利用网络新媒体工作平台开展工作的积极性不高，难以适应新媒体技术的迅速发展和变化；有的甚至对新时代大学生的特点和其所思所想了解不够，进而影响与学生交流的效果，难以掌握和指引新媒体环境下的大学生意识形态与价值观念的发展。高校特邀党建组织员年龄普遍较大，对新媒体技术了解相对滞后，利用新媒体技术接收和理解党建信息存在一定难度。因此，宣传教育形式单一、内容缺乏吸引力等问题成为新媒体环境下高校特邀党建组织员开展工作面临的普遍问题。

四、特邀党建组织员工作开展的对策和建议

（一）完善体制机制、搭建平台，为特邀党建组织员开展工作提供保障

要建立健全特邀党建组织员“选、培、管、育”机制，完善特邀党建组织员的保障、激励机制。一方面，对有经验、有能力、有热情的已经加入特邀党建组织员队伍的离退休老同志，要努力增强他们对新媒体的运用能力，帮助他们适应新媒体技术的迅速发展和变化，掌握运用新媒体技术开展大学生党建工作的方式方法，主动将新媒体技术运用到大学生党建工作中；另一方面，要积极动员既有党建工作经验、又有网络新媒体技术应用能力的新退休老同志加入特邀党建组织员队伍。要改进党建工作模式，拓展党建工作阵地，搭建党建工作多

媒体平台，丰富党建工作资源，为特邀党建组织员开展工作提供资源和技术保障。

（二）加强新媒体环境下高校党建工作研究，提升特邀党建组织员工作质量

网络新媒体时代的到来给高校师生的思想、学习和生活带来巨大影响，高校党建和思想政治工作面临一系列新的机遇和挑战。特邀党建组织员在参与党建工作过程中，对大学生党建工作中存在的问题有较多的认识。如何由这些问题出发找到解决思路和办法，需要进行工作研究。要结合新媒体环境下大学生的心理特点、认知方式和行为习惯，积极创建具有网络新媒体传播特点和规律、适应大学生多元化的沟通交流需求的党建工作模式，提高党建工作效果和质量。因此，开展新媒体环境下高校党建工作研究就显得尤为重要，通过深入研究高校党建工作，掌握新媒体环境下高校学生党建工作规律，充分发挥新媒体的积极作用，不断提高特邀党建组织员工作的信息化和科学化水平，才能进一步提升大学生党建工作的针对性、生动性和时效性。

（三）线上线下相结合，更好地发挥特邀党建组织员的独特优势和作用

新媒体参与高校党建工作，能够帮助特邀党建组织员获取更新、更全面的信息资源，其及时性和交互性的特点增强了党组织对大学生的吸引力。同时，传统线下谈心谈话等形式可以更好地把握学生需求，在实际工作中具有不可替代性，在运用新媒体技术的同时，也不能忽视传统线下党建工作的开展。特邀党建组织员的独特优势在于政治和经验优势，要把这样的优势转化为适合网络新媒体环境下的教育

资源，例如，可以把如何写思想汇报、党员发展程序、党建工作队伍培训等内容按知识点录制成小视频，直接推送给有关大学生，或放入党建工作平台供学生下载学习。特邀党建组织员要坚持以人民为中心的发展思想，从学生实际出发，时常深入大学生中，把握学生思想脉搏，了解新时代大学生所思所想，关心大学生健康成长，真正成为大学生的良师益友，增加和他们的互动交流，从而使得教育入脑入心，促进学生全面发展。线上线下相结合，可以更好地发挥特邀党建组织员的独特优势和作用，让高校党建工作融入学生日常学习和生活之中，使党建工作取得更为理想的效果。

特邀党建组织员要认真贯彻落实“因事而化、因时而进、因势而新”的“三因”理念，在工作理念与方式方法等方面要紧密结合新媒体时代特征，与时俱进地开展各项工作。在学生党建工作中，在宣传党的理论、入党积极分子培训等工作中，可以借助网络新媒体等青年学生易于接受的载体形式，提高工作效率，取得良好效果；在谈话谈心等环节，应该发挥老同志自身政治优势和经验优势，用亲身经历引导青年学生厚植爱国主义情怀，践行社会主义核心价值观，加强品德修养，为落实立德树人根本任务作出新贡献。

课题组：北京交通大学　陈志新　孙慧环　赵庆先　鲍炯　果志伟　连会仁　薛刚　马黎　康敬东

执笔人：陈志新　孙慧环　赵庆先

第二节 网络新媒体环境下高校特邀党建组织员工作机制研究

一、党建组织员的发展历程

党建组织员是各级党组织专门从事党员发展、党员教育管理、协调和处理上下级党组织关系、指导下级党组织开展组织工作的党务工作者。党建组织员制度在党的建设实践过程中逐步形成，并随着党的建设发展而逐步完善。

1945 年至 20 世纪 60 年代初，组织员制度初步建立。20 世纪 80 年代以后，党中央针对组织员制度在党员发展工作方面的作用提出了一系列具体要求，组织员制度逐步发展。

进入 20 世纪 90 年代后，组织员的功能与作用日益凸显，中央要求各级党委高度重视和选拔组织员，对组织员的定位已经从党员发展逐步转为党员的教育与管理。经过 70 多年的发展，组织员制度逐步充实完善并实现制度化、规范化、长期化。2005 年 4 月，中央文件要求各高校加强组织员队伍建设，配备数量充足的专兼职组织员。这一时期，党加大了高校组织员制度建设的力度并取得了一定成绩，对于保证党员发展质量、高效贯彻党的路线方针政策、提高党员队伍凝聚力与战斗力等发挥了重要作用。

党的十八大以来，全面从严治党、加强基层党组织建设等党建政策全面推进。更好地贯彻和落实这些党建政策，急需有着专业的党建工作能力、有着纯正的党建思想和作风的党务工作者来推进。2013 年，中共中央办公厅印发的《关于加强新形势下发展党员和党员管理工作的意见》指出，要坚持和完善组织员制度，地方党委应建立组织员工作机构，配齐配强组织员，保证专职专用；基层党委可以从实际出发，设置、聘任一定数量的专兼职组织员。2021年印发的《中国共产党普通高等学校基层组织工作条例》中规定，每个院（系）至少配备1至2名专职组织员。

总体而言，党建组织员相关制度逐步完善，队伍建设基本成熟，并向着专业化、职业化的方向发展。各地认真贯彻党中央要求，普遍加强了组织员队伍建设，建立健全组织员工作机构。高校组织员队伍也随着高校领导体制的确立和高校基层党组织建设的加强逐步发展，在大学生党员发展、教育和管理中发挥着越来越重要的作用。

二、高校聘请离退休老同志担任特邀党建组织员的意义

习近平总书记在中国共产党成立100周年大会上的重要讲话中指出，“新的征程上，我们要牢记打铁必须自身硬的道理，增强全面从严治党永远在路上的政治自觉，以党的政治建设为统领，继续推进新时代党的建设新的伟大工程”①。组织员制度作为我们党经过不断总结历史经验确定的一项独具特色的工作制度，不仅是伟大建党精神在实践当中的一种具体呈现，对于保证发展党员质量、加强党员教育管理、推进基层党建工作也发挥了重要作用。健全并完善组织员制度也成为了加强政治建设和推进新时代党的建设伟大工程的重要举措。

① 习近平：《在庆祝中国共产党成立100周年大会上的讲话》，人民出版社2021年版，第19页。

为进一步提高大学生党员发展质量，加强高校学生党建工作，教育部办公厅于2010年下发了《关于在高等学校聘请离退休老同志担任特邀党建组织员的意见》。近年来，许多高校党委和关工委就聘请老同志担任党建组织员的工作进行了积极的探索和实践，积累了一定的经验。高校离退休老同志理想信念坚定、党性和政治责任感强，有较深厚的马克思主义理论功底和丰富的党建工作经验，熟悉学生工作，离退休后依然保持着为党的事业继续作贡献的热情和愿望。可以说，离退休老同志是我们党和国家事业的宝贵财富，是高校人力资源中不可忽视的重要部分，有“讲理想肯奉献的政治优势、懂教育善教育的经验优势、爱学生亲校园的情感优势、学为师行为范的威望优势和较灵活可机动的时空优势”，是加强大学生党建工作的宝贵资源。

实践证明，高校关工委老同志是学校党建工作队伍中的一支重要力量，聘请离退休老同志担任特邀党建组织员，是加强和改进在大学生中发展党员工作和大学生党支部建设的有效举措，有利于培养中国特色社会主义事业的建设者和接班人。

三、高校特邀党建组织员建设的要点分析

近年来，高校特邀党建组织员制度正在逐步健全并完善，然而随着网络新媒体时代的到来，高校大学生的思想政治教育和党建工作方式方法产生了一定的变化，特邀党建组织员制度建设也正面临着一系列新的机遇与挑战。以下将在明确党建组织员基本职责的基础上，研究新媒体环境下组织员工作面临的新任务和新要求，并为做好组织员的选育管用、加强组织员队伍建设提出详细的意见和建议。

（一）高校特邀党建组织员的工作职责

特邀党建组织员的主要职责是在学校党委的统一领导和组织部门的具体指导下，协助学校党委和院系党组织检查、指导、督促基层党组织做好发展党员工作及其他基层党建工作。特邀党建组织员的职责由学校党委和院系党组织共同研究确定，具体可包括以下内容。

第一，根据学校党委统一部署和要求，分别在学校党委相关职能部门直接领导和院（系）级党组织具体指导下，完成日常党务工作和组织交办的其他工作。

第二，受学校党委、院（系）级党组织委派，及时督促、指导和检查基层党组织的发展党员、党员教育管理和基层党组织建设工作。

第三，协助做好发展党员、党员教育管理、党的基层组织建设工作。参与制定发展党员工作规划和年度计划，深入发展党员全过程，严格掌握标准，切实保证发展党员质量；不断总结经验，研究探索提高培训质量有效方法和途径，根据工作需要承担一定的党课教学任务；指导党支部开展组织生活、民主评议、填写党支部工作手册等工作；列席党支部组织生活会等。

（二）网络新媒体环境下特邀党建组织员的工作任务

新媒体是一个十分宽泛的概念，主要指利用数字技术和网络技术，并使用互联网、局域网等渠道，以手机、电脑、数字电视作为终端，向大众传播信息和提供娱乐服务的传播方式，也可以称为数字化媒体。随着科学技术的发展，新媒体已经进入了人们生活的方方面面。大学生喜欢接受新事物，对新媒体的使用更加广泛。

在新媒体被广泛应用的背景下，大学生思想政治教育的环境发生了重大变化，其中最明显的是大学生知识来源的多元化和思想观念的多样化。一方面，新媒体条件下大学生获取知识的渠道大大拓宽；另一方面，新媒体条件下大学生的思想观念正变得日益多样化。在新媒体时代，高校大学生党建工作的环境更加开放，内容更加丰富，方法更加便捷，这既完善了高校党建的制度机制，也创新了高校党建的传播载体，还扩大了高校党建的受众群体，因此新媒体也日益成为大学生党建工作开展的重要渠道。

但与此同时，由于网络信息虚实交织、是非并存，网络新媒体时代多元化价值观的碰撞与融合也在一定程度上影响着党建工作开展的方式与进程，鱼龙混杂的信息洪流容易造成思想混乱。

由此可见，网络新媒体环境下大学生思想政治教育和党建工作的开展既面临着机遇又充满了挑战。新形势对高校特邀党建组织员的工作有着更新、更高的要求，其中最主要的是工作方法和工作手段的现代化，对此，组织员必须特别注重在以下两方面不断提升素质和能力。

第一，高校特邀党建组织员要有坚定的政治立场和丰富的党建工作经验。组织员要在坚定自身理想信念的基础上，运用自身专业知识和丰富阅历，对大学生给予恰当点拨和正确指引，引导大学生树立正确的人生观、世界观、价值观，提高其对于纷杂信息的辨别及处理能力，帮助其在网络新媒体时代守正立场和方向，让学生党员树立坚定的共产主义信念。

第二，高校特邀党建组织员要有学习精神和进取精神，争取及时跟上新媒体技术发展的脚步，既要了解高校学生党员的思想状况和网络规律，又要掌握一定的新媒体技术，不断丰富自己的理论知识和实践能力，与时俱进。要努力适应新媒体环境下党建工作的新方式和新方法，运用新媒体、新技术使党建工作活起来，推动思想政治工作传统优势同信息技术高度融合，增强时代感和吸引力。

（三）网络新媒体环境下做好特邀党建组织员的选、育、管、用

2018年，习近平总书记在全国网络安全和信息化工作会议上的讲话中指出，要加强和改进网上正面宣传，首先要旗帜鲜明坚持正确政治方向、舆论导向、价值取向。要深入开展理想信念教育，深化新时代中国特色社会主义和中国梦宣传教育。要推进网上宣传理念、内容、形式、方法、手段等创新。要把握好时度效，更好凝聚社会共识。习近平总书记关于网络强国的论述为加强网络强国建设和做好网络新媒体背景下青年学生的思想政治教育工作提供了重要指引和基本遵循，高校应当以此为基础，通过做好特邀党建组员的选、育、管、用，锻造一支过硬的特邀党建组织员队伍。

（1）选拔。严格标准程序，选聘好特邀党建组织员。在具体选聘过程中，要坚持德才兼备原则，明确具体要求，按照“政治素质高、敬业精神强，在政治、思想上与党中央保持一致；热爱党建工作，有较丰富的工作经验，能把握学生党建工作规律，身体健康”等基本条件，切实把政治素质高、工作能力强的老干部选聘到党建组织员队伍中来。严格按照尊重个人意愿、学校关工委和离退休干部工作部门党委推荐、院系党委上报学校党委组织部门审核、学校党委批准等程序进行选聘；确定对象后，被批准的特邀党建组织员，由党委组织部根据各基层党组织学生人数情况进行选配。

（2）培育。首先要坚持定期召开组织员例会，党委领导与特邀党建组织员面对面进行交流，并经常向组织部门负责人询问组织员的工作、生活和身体状况。此外，要特别加强对特邀党建组织员的培训。由于退休老党员对新媒体操作普遍不够熟练，获取信息、接受知识的

途径相对单一，因此要通过定期举办培训班、召开学习例会、专题座谈会等多种途径：一方面通报学校党建工作和大学生思想政治工作情况，帮助老同志及时了解国际国内形势、党和国家有关方针政策以及各高校党建工作的好经验；另一方面帮助他们掌握新媒体的基本使用技巧，使其尽快适应运用新媒体开展思想政治教育工作的新途径、新方式。

（3）管理。要加强管理和服务，建立健全特邀党建组织员工作制度，并将其作为充分调动他们积极性和发挥他们作用、扎实做好大学生党建工作的基础和保证。建立工作研讨制度，每年定期召开党建研究会、大学生发展党员工作会、专题工作座谈会等，为特邀党建组织员搭建交流研讨的平台；建立经费保障制度，每年给予特邀党建组织员适当补贴；建立关怀激励制度，从政治、思想和生活上关心老同志，了解他们的所思所想、所需所求，根据实际情况帮助他们解决工作中遇到的困难和问题，为他们创造良好的工作条件和环境，并使他们在倾情关心下一代健康成长中切身感受到党组织的关怀和温暖。

（4）使用。首先，要让组织员当好大学生理想信念教育的辅导员，在学校党委的领导下充分发挥特邀党建组织员的作用，以学生入党积极分子、党员的教育培养为着眼点，积极开展党的基本理论、基本纲领和基本知识的宣传教育活动。其次，要让组织员当好高校发展党员工作的审查员，充分发挥其自身优势，通过“严把材料审查关”和“严把上级组织谈话关”两个重要环节，保证学生新党员发展质量，使发展学生党员工作更加规范化、程序化、制度化。最后，还要让组织员当好大学生党支部工作的督导员，努力发挥传帮带作用，定期深入到学生支部进行督促、检查和指导，认真总结推广学生党支部工作的先进经验，并及时向学校党委和各二级党组织提出自己的意见和建议。

四、加强特邀党建组织员建设的相关机制

特邀党建组织员队伍建设是一项长期性的系统工程，为进一步加强特邀党建组织员队伍建设，应当不断探索建立并完善相应的机制，以便更好地发挥离退休老同志在高校大学生党员培养、教育、发展过程中的积极作用，具体包含如下四个方面。

（一）组织建设机制

针对工作需要，可以面向即将退休的有威望、有能力、有热情、身体健康状况良好的教师党员，组建特邀党建组织员预备队伍，集中培训后提前上岗，为学校特邀党建组织员队伍提供充足的后备力量，使这支队伍始终充满生机与活力；另外，可在学校组织部及学生人数较多的院系，设置兼职特邀党建组织员，建立起专兼职结合的组织员队伍，促进学生党建工作稳步发展。

（二）评价激励机制

要切实加强对特邀党建组织员的管理，为特邀党建组织员开展工作提供必需的经费和办公条件；同时要关心、尊重这些离退休老同志，认真听取他们对加强学生党建工作的意见和建议，关心他们的身心健康，帮助他们解决实际困难和后顾之忧，保护特邀党建组织员的工作积极性；坚持精神和物质激励相结合，除给特邀党建组织员适当劳动报酬外，还要对一些工作积极、实绩突出的老同志进行表彰奖

励，充分调动特邀党建组织员的工作热情，不断增强特邀党建组织员队伍的凝聚力。

（三）学习培训机制

特邀党建组织员必须与时俱进，经常了解学生的思想动态，研究解决新问题。要建立多种适合离退休老同志特点的学习培训制度，引导特邀党建组织员更新观念，改进方法，提高工作的针对性与实效性，增强学校特邀党建组织员队伍的战斗力。特邀党建组织员还可以以自己的理论造诣、学识专长、社会阅历、人生感悟以及教学经验等，协助学校党委加强对学生辅导员、党支部书记和支部委员的培养教育，发挥好传帮带作用。

（四）调查研究机制

善于调研、勤于思考，是特邀党建组织员的一大优势。特邀党建组织员除了经常了解入党积极分子、发展对象的基本情况和支部发展情况外，还可配合学校党委对学生党建工作设计课题，策划调研方案，参加现场调查，参与调查结果分析，协助修改调研报告；还可协助党委组织部、学工部等党务部门，加强调查研究，协助了解情况，总结经验，研究问题与对策，形成调研报告，作为领导决策的参考。

课题组：华北电力大学　葛超　成一平

执笔人：葛超　成一平

第三节　网络新媒体环境下高校特邀党建组织员工作实践研究

笔者认真梳理了有关特邀党建组织员的文献、政策，尤其是党的十八大以来中央对特邀党建组织员工作提出的新精神、新要求；梳理了网络新媒体环境下高校党建和大学生思想政治教育工作方面的文献资料；以北京高校为研究主体，对58所普通高校开展摸底调研，下发《高校特邀党建组织员情况调查表》，对网络新媒体环境下特邀党建组织员配备、管理、培养等工作中的好做法好经验、存在问题和下一步工作建议进行了全方位调研；北京教育系统关工委负责同志带队到北京大学、清华大学、北京师范大学、北京工业大学、首钢工学院等不同类型的17所高校开展实地走访，开展座谈会，面对面听取高校组织部门、关工委、特邀党建组织员的意见建议，在此基础上形成了本节内容。

一、网络新媒体环境下加强高校特邀党建组织员工作的重要意义

（一）网络新媒体环境下加强高校特邀党建组织员工作是贯彻落实中央重大决策部署的重要举措

党的十八大以来，以习近平同志为核心的党中央高度重视高校党建和思想政治工作，先后召开全国高校思想政治工作会议、全国教育大会、学校思想政治理论课教师座谈会等重要会议，习近平总书记均出席并作重要讲话。习近平总书记多次到北京高校视察、给北京高校回信，作出一系列重要指示批示，深刻回答了事关高校党的建设和思

想政治工作的方向性、根本性问题，为我们抓好高校党的建设提供了根本遵循，也对高校党建和思想政治工作提出了新的更高要求。随着网络新媒体时代的到来，人类信息获得方式和交流交往方式发生深刻变革，不可避免地影响到高校师生的思想、学习和生活，高校党建和思想政治工作面临一系列新的机遇和挑战。特别是北京高校，名校云集，数量众多，影响力大，必须强化首都意识、坚持首善标准。北京高校的党建和思想政治工作要求更高、任务更重。

面对网络新媒体环境下的新要求新挑战、新任务，迫切需要加强高校党建工作力量。2017 年，中共中央、国务院印发《关于加强和改进新形势下高校思想政治工作的意见》，提出“选聘党政机关和企事业单位党员领导干部、专家学者以及老干部、老战士、老专家、老教师、老模范，从事高校思想政治工作或党务工作”，对发挥离退休老同志作用提出了明确意见。由离退休人员组建而成的特邀党建组织员队伍，作为高校党建和思想政治工作的一支重要力量，在落实中央系列重大决策部署中发挥着重要作用。

（二）网络新媒体环境下加强高校特邀党建组织员工作是加强高校党的建设的必然要求

中国共产党的最大优势是组织优势。我们党历来重视组织员队伍建设。早在 1945 年，刘少奇同志提出“每一个区党委、地委、县委以至区委，都应该有这样一些经过考验与训练的组织员，进行经常工作”①。在之后的 70 多年里，我们党多次专门研究党建组织员建

① 《建党以来重要文献选编（一九二一——一九四九）》第二十二册，中央文献出版社 2011 年版，第 415 页。

设，出台了一系列文件规定。2005 年 4 月，中央办公厅转发《中共中央组织部、中共教育部党组、共青团中央关于加强和改进在大学生中发展党员工作和大学生党支部建设的意见》，要求各高校“加强组织员队伍建设，配备数量充足的专兼职组织员，党委建制的院（系）党组织应至少配备一名专职组织员”。2021 年印发的《中国共产党普通高等学校基层组织工作条例》规定“每个院（系）至少配备 1 至 2 名专职组织员”。长期以来，高校建设了一支专兼职结合的高校组织员队伍，在高校党建工作，特别是大学生发展党员工作和学生党支部建设中发挥了重要作用。网络新媒体得到广泛运用形势下，人类活动从现实空间拓展到网络空间，党的组织覆盖和工作覆盖也必须要紧紧跟上，党的组织体系建设面临新的挑战，迫切需要更加有力的组织工作、更加有效的思想政治工作。加强组织员队伍建设，特别是加强特邀党建组织员队伍建设，是贯彻落实新时代党的组织路线、加强高校党的组织建设的重要任务。

（三）网络新媒体环境下加强高校特邀党建组织员工作是传承经验、发挥优势的迫切需要

离退休老同志是我们党和国家事业的宝贵财富。实践证明，高校关工委老同志是学校党建工作队伍中的一支重要力量，聘请离退休老同志担任特邀党建组织员，作为专职组织员的有益补充，是网络新媒体环境下加强和改进在大学生中发展党员工作和大学生党支部建设的有效举措，对培养中国特色社会主义事业的建设者和接班人有特殊重要意义。

二、高校特邀党建组织员工作现状

（一）网络新媒体环境下北京高校特邀党建组织员基本情况

党的关系隶属市委、归口市委教育工委管理的普通高校共 58 所，其中部（委）属高校 31 所、市属高校 26 所、民办高校 1 所。

58 所普通高校中有学生的院（系）854 个，共有组织员 1512 人，其中专职组织员 734 人，占比 48.5%；兼职组织员 778 人，占比 51.5%。兼职组织员中有特邀党建组织员 289 人，占组织员总数的 19.1%，是专职组织员的重要补充力量。特邀党建组织员平均年龄 67 岁，最大年龄 85 岁。聘任主体主要是学校党委和院（系）党委，聘期 1—4 年不等，具体根据特邀党建组织员身体状况灵活调整。58 所高校中有特邀党建组织员的高校共 42 所，占比 72%，平均每校 6.8 人，总体上部（委）属高校多于市属高校。

（二）网络新媒体环境下北京高校加强特邀党建组织员队伍建设的做法与成效

北京高校历来重视高校党建组织员建设，有着良好的工作基础。2006 年，北京市委教育工委制定了《关于推进高校基层党建工作创新的意见》，指出："高校党委要着力加强组织员队伍建设，配备数量充足的专兼职组织员。选拔那些政治素质好、热爱党的事业、熟悉党建基本理论和政策、原则性强的专职党政干部、党员教师或离退休同志进入组织员队伍。同时，加强组织员队伍的培训，建立激励机制，充分调动组织员的积极性。党委组织部要配备一至两名处级专职组织员，院（系）党委至少要配备一名专职组织员。专职组织员享受实职待遇。党组织根据工作需要，配备一定数量的兼职组织员，并根据工作任务量给予一定的工作补贴。”2013 年 6 月，北京市委教育工委下发《关于进一步加强和改进高校学生党的建设的若干意见》，再次强调要加强组织员队伍建设，“学校党委组织部配备一至两名处级专职组织员，院（系）党委（党总支）可配备一名专职组织员，可根据工作需要配备一定数量的兼职组织员，注重聘请离退休人员党员担任特邀党建组织员”；同时，还下发了《关于进一步做好在大学生中发展党员工作的若干意见》，也强调要“选拔党性观念强、原则性强、熟悉党建基本理论和政策的党政干部、党员教师担任专兼职组织员，聘请离退休人员党员担任特邀党建组织员”。在北京市委教育工委部署安排下，北京高校长期以来加强专兼职组织员配备，特别是坚持与时俱进，加强网络新媒体环境下特邀党建组织员队伍建设，积累了很多好做法。

一是坚持建章立制，明确工作职责。特邀党建组织员制度，是 20 世纪 90 年代初由在京部分高校首先创立的。近二十年来，北京高校高度重视特邀党建组织员建设，坚持从制度入手，加强网络新媒体环境下特邀党建组织员队伍管理。北京交通大学党委在 2007 年制定了《关于加强组织员队伍建设的实施意见》，清华大学党委在 2010 年制定了《清华大学组织员工作管理办法》，北京科技大学党委在 2012 年制定了《关于聘请离退休老同志担任特邀党建组织员的实施意见》。北京理工大学传承学校“延安根、军工魂”红色基因，实现学生党建组织员聘任全覆盖。

二是加强业务培训，提升工作水平。通过定期或不定期组织特邀党建组织员培训班，帮助特邀党建组织员适应网络新媒体环境下的新要求，熟练应用微博、微信及新闻客户端等载体，及时了解中央、市委的最新政策、文件、要求和学校事业发展的重要工作，推动特邀党建组织员创新党建工作思路、丰富党建工作载体、拓展党建工作空间，增强了特邀党建组织员工作的针对性、实效性。北京交通大学每年组织开展“特邀党建组织员实务培训班”、举办“兼职组织员茶话会”，介绍当前工作形势、重点及要求，部署年度重点工作任务，提升特邀党建组织员党建业务水平，提高业务素质。北京财贸职业学院采取集中培训与日常业务指导、理论培训与实践锻炼、业务研讨与外出考察相结合的方式，不断提升特邀党建组织员履职能力。

三是提供条件保障，健全激励机制。各高校结合学校实际，积极为特邀党建组织员提供必要的工作条件和工作补贴。北京高校特邀党建组织员补贴主要根据特邀党建组织员的工作量测算，有较明确补贴安排的高校有 38 所。注重通过新媒体方式宣传总结优秀特邀党建组织员的先进事迹，把优秀特邀党建组织员表彰奖励纳入学校党建表彰奖励之中，发挥好典型带动作用。北京林业大学每年“七一”开展优秀特邀党建组织员表彰，做好工作宣传。中国石油大学（北京）推荐优秀特邀党建组织员参加上级评选表彰，提升广大特邀党建组织员的工作积极性和荣誉感。

（三）网络新媒体环境下北京高校发挥特邀党建组织员作用的做法与成效

北京高校高度重视特邀党建组织员作用发挥，对网络新媒体环境下特邀党建组织员承担的职责与使命进行了积极探索，在完成发展党员工作和基层党建工作等基本职能基础上，积极组织特邀党建组织员参与学校重大活动、重大任务，注重引导特邀党建组织员主动适应网络新媒体环境，转变开展工作的方式方法，取得了良好成效。

一是紧抓基本职能，在提高基层党建工作质量上作贡献。北京高校在长期研究探索网络新媒体环境下特邀党建组织员作用发挥时，始终把严肃做好发展党员工作和深耕基层党建工作摆在首位，不断强化特邀党建组织员“政治把关人”“党建指导员”的鲜明角色。北京师范大学明确特邀党建组织员队伍主要担任四项基本角色，即大学生党员发展的“守门人”、大学生健康成长的“政治引路人”、学校基层党组织建设的“督促指导者”、破解大学生党建工作难题的“研究者”。特邀党建组织员牢牢把握根本职能，成为学校基层党建工作的重要力量。广大老同志发挥自身政治优势，深度参与基层党组织党建工作，与入党积极分子谈心，审查入党材料和入党志愿书，讲好党课，分享经验，为提高基层党建工作水平和保证新党员发展质量作出了重要贡献。北京航空航天大学特邀党建组织员常年坚持为学生党员和入党积极分子上好党课，积极参加学生党组织举办的各类座谈会和主题党日活动，以自己的人生感悟和体会为学生讲述为什么加入共产党，明确入党动机，受到广大学生的一致好评。首都经济贸易大学组织特邀党建组织员开展年度工作交流座谈会，分析难点及问题，探索了加强基层党建工作的有效途径。北京石油化工学院发挥老同志理论优势，通过座谈交流做好对年轻组织员的培训，发挥传帮带作用，有效带动提升了专职组织员和年轻干部的工作能力。

二是搭建工作平台，在完成重要任务中积极发挥作用。北京高校注重在重大活动、重要任务、重要工作中发挥特邀党建组织员的经验优势，为特邀党建组织员开展工作搭建平台，促进了作用发挥。北京大学特邀党建组织员在“两学一做”学习教育、“不忘初心、牢记使命”主题教育等活动中担任指导组或督导组组长，为工作开展发挥了重要作用。中国政法大学在党建和思想政治工作评估等重要专项工作中，成立由特邀党建组织员组成的专项督导工作组，督促各单位顺利圆满地完成各项任务。北京电子科技职业学院特邀党建组织员参与支部书记述职评议，有效督导基层党建工作开展。

三是坚持与时俱进，在网络新媒体环境下探索新经验。北京高校注重引导特邀党建组织员积极学习新媒体技术，运用微信、腾讯会议等网络媒介，与广大青年学生进行网上沟通交流，实现学生党建由单向引导向互动交流转变，提升了大学生的参与意识，取得积极成效。疫情期间，北京工业大学特邀党建组织员坚持工作不断线，自学腾讯会议的使用方法，通过视频的形式指导二级党组织开展发展党员培训，给基层党组织讲党课，定期召开工作例会和专题会议，沟通交流工作中发现的问题，为疫情防控常态化之后高质量推进工作奠定了良好的基础。疫情期间，北京经济管理职业学院的特邀党建组织员和预备党员、入党积极分子一对一进行线上交流谈心谈话并做好记录，帮助稳定并掌握疫情时期学生的思想动态，发掘出不少入党积极分子主动参与疫情防控的先进典型。

三、高校特邀党建组织员工作面临的困难和问题

网络新媒体具有更强的传播功能和即时交互功能，喜欢接受新事物的大学生，对网络新媒体的使用更加广泛、更加深入。大学生思想政治教育的环境发生重大变化，呈现出知识来源多元化、思想观念多样化特征，对特邀党建组织员开展工作提出了新的更高要求。面对一系列新形势新任务新挑战，当前高校特邀党建组织员工作还存在一些不适应、不完善的地方，面临一些实际困难和问题。

（一）有的高校特邀党建组织员数量不足、年龄老化

北京高校特邀党建组织员一直保持在200余人的规模，近年来并未增长，目前尚有17所高校还没有配备特邀党建组织员，与当前繁重的基层党建任务相比，数量还有待增加。目前，北京高校特邀党建组织员平均年龄67岁，最大年龄85岁，有9所高校的特邀党建组织员的最大年龄在80岁以上，整体年龄偏大。分析原因，一方面，是因为当前随着专职组织员的配备得到加强，高校党委对特邀党建组织员的配备意愿下降；另一方面，特邀党建组织员后备力量培养不足，刚退休的老同志忙于学术研究、社会活动或家庭事务，高校培养和吸收经验丰富、能力突出的特邀党建组织员普遍存在一定难度。

（二）有的特邀党建组织员应对网络新媒体环境的能力还有不足、工作方法相对滞后

有的特邀党建组织员对信息技术掌握不够熟练，对网络新媒体环境下大学生的变化不够敏感，运用新媒体开展思想政治工作效果还不够理想，对网络新媒体环境下的学生党员教育规律还缺乏进一步认识。有的老同志习惯用传统的方式方法跟学生交流，在工作方式、话语体系等方面还存在一些不适应、不协调的问题。有的老同志对新媒体操作不够熟练，获取信息、接受知识的途径相对单一，难以进入学生喜闻乐见的网络空间。

（三）有的高校党委对特邀党建组织员工作重视程度不够、条件保障不到位

有的高校特邀党建组织员工作制度不完善、职责不清晰，未能形

成成熟的制度机制和工作模式，存在“来一个任务找一批人”“临时抓差”的现象。有的高校对特邀党建组织员培训不到位，没能搭建很好的发挥作用平台。有的高校特邀党建组织员条件保障不到位，待遇比较低，调研中发现38所明确补贴的高校中，特邀党建组织员每月补贴2000元以下的高校占79%。

四、加强高校特邀党建组织员工作的对策建议

（一）加强组织领导

各地方各高校要把聘请离退休老同志担任特邀党建组织员，作为加强高校党的建设的重要举措和发挥老同志余热的重要途径。地方教育部门要加强对高校特邀党建组织员工作的统筹规划，定期研究特邀党建组织员队伍建设情况，逐步建立健全特邀党建组织员队伍建设长效机制，有关部门要出台聘请离退休老同志担任特邀党建组织员工作实施意见，进一步明确选聘、管理、使用等相关要求。各高校党委要进一步明确特邀党建组织员的职责内容，把特邀党建组织员和院（系）专职组织员的职责区别开来，注重发挥老同志优势，在协助学校党委和院（系）党组织检查、指导、督促基层党组织做好发展党员工作及其他基层党建工作中发挥作用，注重加强特邀党建组织员队伍的锻炼和使用。

（二）加强队伍建设

一是加强队伍选拔。各高校要提前在即将退休的熟悉组织工作业务、了解新媒体载体运用、善于做青年学生思想工作、有工作热情、有奉献精神、身体健康状况良好的党员干部中物色选拔，组建特邀党

建组织员预备队伍，为学校特邀党建组织员队伍提供充足的后备力量，使这支队伍始终充满生机与活力。选聘上既要考虑年龄、时间上的保障、工作积极性等常规指标的考察，还应结合学生党建工作的实际需要从专业、特长等方面进行有针对性的考察。① 二是加强工作培训。各高校要针对新媒体环境下开展学生思想政治工作的要求，建立多种适合退休老同志特点的学习培训制度，引导特邀党建组织员更新观念，改进方式方法，特别是提高通过网络或线上开展工作的能力，增强其信息处理和网络沟通能力，牢牢把握网络新媒体环境下学生党员的思想教育规律。要建立学习制度，通过定期举办培训班、召开学习例会、专题座谈会等多种途径，组织他们学习中央有关文件，向他们通报学校改革发展、党建工作和大学生思想政治教育工作等方面的情况，使他们及时了解国际国内形势、党和国家特别是党建工作的有关方针政策，以及各地各高校党建工作的好经验、好做法，以利于特邀党建组织员准确把握方向，积极主动开展工作，增强工作的针对性和实效性。② 三是加强作用发挥。实施“院（系）专职组织员导师带教制度”，聘请学校有威望、有能力、有经验的特邀党建组织员担任“院(系）专职组织员导师”，充分发挥老同志的政治优势和经验优势，传帮带教，帮助年轻的组织员快速成长；同时充分发挥年轻组织员熟悉新媒体运用的优势，帮助特邀党建组织员提升新媒体能力素养，提升新媒体环境下党建工作信息化水平。

---

① 参见欧兵、艾鸿、邹涛：《当前关工委老同志参与高校学生基层党建工作的思考》，《学校党建与思想教育》2012 年第 36 期。

② 参见孙建中：《高校特邀党建组织员队伍建设探讨》，《学校党建与思想教育》2012 年第 15 期。

（三）加强条件保障

一是加强关心关爱。各高校党委要注重从政治、思想和生活上关心关爱特邀党建组织员，帮助他们解决工作中遇到的困难和问题，听取他们对加强学校党建工作的意见和建议，合理安排工作量。二是加强长效激励。对老同志的激励应重点放在满足其被尊重、被需要上，建议通过表彰先进人物、事迹报告等形式大力宣传关工委老同志参与基层党建工作所做的大量工作，树立先进，增强老同志参与工作的积极性和主动性。[①] 三是落实经费保障。要设立专门工作经费，根据特邀党建组织员的工作量，按照每日不低于200元标准给予工作补贴，根据实际适当给予交通补助。要提供必要的办公场所和条件，保障特邀党建组织员在网络新媒体环境下顺利开展工作，增强党建和思想政治工作的针对性、吸引力和有效性。

执笔人：北京市委教育工委组织一处　李丽辉　王立锋

① 参见欧兵、艾鸿、邹涛：《当前关工委老同志参与高校学生基层党建工作的思考》，《学校党建与思想教育》2012年第36期。

第六章 网络新媒体环境下高校关心下一代工作体制机制建设研究

第一节　高校关心下一代工作体制机制建设探索与实践

习近平总书记指出，当今世界，网络信息技术日新月异，全面融入社会生产生活，深刻改变着全球经济格局、利益格局、安全格局。

能不能适应和引领互联网发展，成为决定大国兴衰的一个关键。没有网络安全就没有国家安全，没有信息化就没有现代化，网络安全和信息化事关党的长期执政，事关国家长治久安，事关经济社会发展和人民群众福祉。互联网正在影响和改变着人类的思维、生产、生活和学习方式。互联网已成为广大青少年活动的新空间。学校的教育，包括课堂教学、党团活动、思政教育，在疫情期间都由“面对面”切换到“线上见”。线上思政的发展，促使关心下一代工作必须适应新形势，占领新阵地。

网络新媒体的迅速发展对新时代关心下一代工作提出了新的机遇和挑战。本节通过分析调查问卷，阐述网络新媒体环境下北京高校关心下一代工作体制机制的情况，有利于研究和推进高校关工委体制机制建设与信息技术相融合，在新媒体环境下进一步推动关工委工作的创新发展。

一、调查问卷基本情况

（一）调查问卷设计

本节采用的调查问卷主要以《中共教育部党组关于加强新时代全国教育系统关心下一代工作委员会工作的意见》（教党〔2021〕34号）和《中共北京市委教育工作委员会北京市教育委员会关于贯彻落实〈中共教育部党组关于加强全国教育系统关心下一代工作委员会建设的意见〉的通知》（京教工〔2009〕48号）为研究的主导文件。

问卷设有33个选择题、4个问答题，调研采用线上调查问卷形式进行，主要调查了北京部分高校关工委在新媒体环境下组织建设、队伍建设、长效工作机制建设、学校党委重视、关工委宣传工作重视程度及新冠肺炎疫情防控期间关工委工作开展情况。本次调查共收到高校反馈的有效问卷35份。

（二）调查高校情况

本次调查的35所高校，涵盖在京的部属高校、市属高校、职业院校及民办高校，覆盖全部高校类型，具有一定的广泛性和代表性，问卷调查结果可以基本反映北京高校在新媒体环境下关心下一代工作体制机制建设现实情况。

（三）体制机制建设情况

1. 各级党委发挥主导作用，组织建设逐步完善

高校关工委是在校党委领导下，以老同志为工作主体、有在职同志参加的群众性工作组织。体制理顺、组织健全是开展好工作的关键。

目前，在所调查的35所首都高校中，所有高校均已实现二级关

工委组织全覆盖。

现任校级领导干部担任关工委主任、副主任比例较高。校党委书记担任校关工委主任的高校占 22.22%，52.78% 的高校有校党委副书记参加，25.00% 的高校有副校长参加。主任、副主任是否由现任校级领导干部担任可直接说明学校对关工委工作的重视程度。总体来说，首都各高校对校关工委工作还是比较重视的。

在职处级领导干部参加并发挥主导作用明显。在职处级领导干部参加关工委组织的比率高达 97.06%，在职处级领导干部在首都各高校关工委组织中发挥了很好的主导作用。47.92% 的高校有院（系）党委书记参加，35.42% 的高校有二级学院党委副书记参加，6.25% 的高校有二级学院院长参加，二级学院副院长参加的有 10.42%。在职院（系）领导干部参加关工委组织，将有助于二级关工委工作的顺利开展。

在职干部教师参加积极性高。在院（系）二级关工委组织中，在职干部教师参加关工委工作的占 76.47%，还有 23.53% 的高校仅有老同志参与。

主任、副主任及秘书处基本都由校院党委任命。在北京高校一、二级关工委组织中主任、副主任及秘书处由校党委和院（系）党委任命的占 94.12%，仅有 5.88% 的不是由党委任命，充分体现了高校关工委是学校党委领导下的工作组织这一根本性质。

秘书处组成更趋合理化。一级关工委秘书处由现职与离退休老同志专兼职干部共同组成的占比 55.88%，仅由现职干部组成的占 38.24%，仅由离退休老同志组成的占 5.88%。首都高校二级关工委中，秘书处成员仅由现职干部组成的占比高达 74.07%，由现职与离退休老同志共同组成的占 25.93%。在关工委秘书处工作中，现职干部不仅协助老同志处理有关文字及日常工作，而且还帮助老同志解决运用新媒体不熟练的问题，同时还增加了工作活力，锻炼了自己。

2. 积极宣传组织动员，队伍建设得到加强

事实证明，要做好关工委工作，必须建立一支能充分发挥工作主体作用的得力的工作队伍。从对参加关工委工作的老同志年龄统计情况看，以 60—69 岁为主的高校占 76.47%，以 70 周岁及以上为主的占 23.53%。

近年来，高校校院两级关工委对宣传、动员、引导老同志参加关心下一代工作进行了一定的探索实践。据统计，27.50% 的高校会在老同志退休前进行谈话动员，2.50% 的高校建立了相关制度，规定担任一定领导职务的同志在退休后要承担一定时间的关工委工作，依靠传统做法在退休“五老”中筛选的还是占绝大多数，高达 70.00%。在动员、选配组织能力强、理论水平高、有热情和威望、身体健康的低龄老同志充实领导班子时，好做工作的占比还需进一步提升。

3. 坚持改革，勇于创新，长效工作机制逐步完善

“没有规矩，不成方圆”。制度是效益的保障，是实现目标的有力措施和得力手段。关工委长效工作机制建设，是关工委工作正常开展的有力保证。

在北京高校中，94.12% 的高校一级关工委已经完善建立了工作规程，仅有 5.88% 的高校尚未建立。在二级关工委组织中，已经建立工作规程的占 35.29%，还有 64.71% 的高校二级关工委组织还没有建立。多数高校（61.76%）都建立了一级关工委对院（系）二级关工委指导、组织、协调、服务等工作的制度，只有 38.24% 的高校还没有相应制度。工作规程的建立非常重要，这项工作各高校还需要大力推进。缺少工作规程的指引，二级关工委开展工作将无章可循。在长效工作机制建立方面，79.41% 的高校都建立完善了关工委长效工作机制，仅有 20.59% 的高校尚未建立。

在工作、学习培训、奖励等制度建立方面，31.25% 的高校建立了工作会议制度，23.96% 的高校建立了学习培训制度，16.67% 的高校有信息交流制度，19.79% 的高校有档案管理制度，8.33% 的高校有工作奖励制度。以上说明，已经建立相关制度的高校占比还不高，绝大多数高校还应完善相关制度。

在新媒体环境下开展关工委工作，对老同志来说是一项挑战。统计发现，79.41% 的高校老同志还是存在一定的困难，仅有 20.59% 的高校老同志比较适应新媒体环境。针对这个问题，很多高校因势而动，想了很多办法。44.12% 的高校会根据现实情况，及时对本校关工委老同志进行有针对性的新媒体知识指导培训。

4. 高校党委普遍重视，为老同志开展工作创造条件

习近平总书记指出，各级党委和政府要加强对关心下一代工作的领导，支持更多老同志参加关心下一代工作，使广大“五老”在关心下一代的广阔舞台上老有所为、发光发热。

“火车跑得快，全靠车头带”，关工委领导班子主要负责同志非常重要，首都高校 94.12% 的学校党委在选配主要负责同志方面能够积极发挥主导作用。

91.18% 的高校将关工委工作列入同级党委议事日程和工作计划，进行统筹安排部署，仅有 8.82% 的高校还未列入党委的统一部署。97.06% 的高校对关工委工作指定专人分管，定期听取汇报和研究关工委工作，并及时解决关工委工作中遇到的困难和问题，仅有 2.94% 的高校未指定专人分管。

在所调查的 35 所首都高校中，91.18% 的高校会对学校的重要文件、重要会议精神和工作要求及时向关工委老同志传达、通报，未实现的占 8.82%；学校在召开涉及全局性的工作会议和有关德育、思想

政治工作、学生党建等专题性会议时，有 79.41% 的高校会邀请关工委负责同志参加。由此可见，各高校党委对关工委工作很重视，非常有助于老同志围绕学校党委中心工作创造性地开展关心下一代工作。

北京高校党委都对本校关工委开展工作提供了必要的工作条件和经费支持，有 76.47% 的高校对参与关工委工作的老同志给予了适当补助，55.88% 的高校对关工委工作成绩突出的老同志给予了适当表扬和奖励，这有助于老同志更加积极主动开展关工委工作。

5. 主动运用新媒体手段，积极应对新冠肺炎疫情

新冠肺炎疫情的暴发使网络办公、网络教学等互联网新模式成为工作的新业态新模式。在新媒体环境下，关工委老同志也主动适应新形势，积极主动运用新媒体手段开展工作。

在新冠肺炎疫情防控期间，很多高校关工委老同志克服各种困难，主动学习在线教学平台的使用方法，深入线上课堂，开展教学督导。64.71% 的高校在疫情期间利用网络新媒体开展了线上教学督导工作，助力线上课堂教学，助力课程思政和思政课程建设。

在新冠肺炎疫情防控期间，大学生线下学习中断，关工委老同志围绕国家治理能力和治理体系现代化、社会主义制度优越性等内容，开展线上“面对面”网络思政课。部分高校（约占 29.41%）关工委因势而动，抓住时机，开展了线上思政教育主题活动，通过活动带领学生们学习时政理论，讲述防疫抗疫故事，分享心得体会，使学生亲身感悟中国共产党的坚强领导和社会主义制度的优越性。

6. 积极创新宣传形式，营造关心下一代工作氛围

宣传关工委工作是营造关心下一代浓厚氛围的重要途径，具有发动和动员作用，同时也是全面提升关心下一代工作整体水平的重要组成部分，具有引领和指导作用。

我们调查了关工委工作网络宣传平台建立情况，2.38% 的高校建立了独立的关工委网站，4.76% 的高校拥有自己独立的微信公众号，35.71% 的高校在离退休处网站内设有关工委网页，26.19% 的高校在离退休处微信公众号内设有关工委专题栏目。另外，还有 30.95% 的高校还未建立任何宣传关工委工作的平台，关工委网络平台建设有待加强。

首都高校通过多种形式创新宣传关工委工作，30.14% 的高校重视加强关工委宣传工作研究和规划，精心策划和做好重大活动及重要事项的宣传；35.62% 的高校能够充分运用上级单位及本校官网、微信公众号等网络媒体宣传关工委工作；31.51% 的高校积极参加教育部和北京教育系统关工委宣传工作会议；2.74% 的高校会通过其他途径宣传关工委工作。

在网络新媒体环境下，关工委老同志将会越来越多地通过线上开展关心下一代工作，据统计，65.31% 的老同志主要依靠微信群开展工作，26.53% 的老同志会利用腾讯会议等平台，还有 6.12% 的老同志会使用企业微信开展工作，通过其他形式的有 2.04%。统计数据为我们下一步创新开展关工委工作提供了重要参考。

二、体制机制建设取得的经验

近年来，北京高校关工委认真落实教育部党组和北京市委教育工委有关关工委工作文件的精神，主动适应新形势，结合本校关工委工作实际，在工作体制机制方面展开了很好的探索与实践。主要体现在以下四个方面。

（一）加强组织建设，创新工作机制

为切实发挥好党委对关工委的领导作用，部分高校在关工委工作规程中规定，校关工委实行双主任制。由主管学生工作和主管离退休工作的两位校领导任关工委主任，具体分管关工委工作。为把关工委各项工作落实落地，充分发挥老同志的优势，关工委成立若干工作组，如教学督导组、特邀党建组织员组、理论宣讲组、学习指导组、大学生村官指导组、特困生帮扶组等。每个工作组设双组长，现职党政领导任任务组长，发挥工作主导作用，负责下达本组工作任务；老同志任执行组长，负责组织老同志完成工作任务，发挥工作主体作用。这样的工作体制机制，不仅使关工委真正围绕中心、配合补充，因地制宜、量力而为，立足基层、注重实效，而且使关工委工作常态有序有效开展，并充分调动起工作主导与工作主体双方的工作积极性，得到了有关部门的肯定。

（二）重视队伍建设，着力解决队伍不足问题

高校党委重视动员、组织引导老同志，特别是新退休的老同志参加关心下一代工作。近年来，首都很多高校在队伍建设方面进行了很好的探索，建立了与新退休、有能力参加关工委工作的老同志谈话、动员制度，有的高校通过广泛宣传关工委的工作业绩、奖励制度鼓励一些刚退休的老同志参加关工委工作，有些高校关工委通过各种活动吸引了一些老同志参加关工委工作。总之，各高校正在积极解决关工委工作队伍人员不足问题，主动适应形势，及时补充队伍，注重加强队伍建设。

各高校重视关工委领导班子建设，学校党委根据工作需要，在在职领导人事变动、老同志身体和年龄等情况变化时及时调整班子，动

员选配组织能力强、理论水平高、有热情和威望、身体健康的低龄老同志充实班子，特别是选配好领导班子的主要负责同志。

加强关工委日常办事机构（秘书处）建设。在首都高校中，多数高校关工委都很重视秘书处建设，秘书处成员不仅有离退休老同志，还有现职干部。个别高校秘书处还探索聘请研究生助管，不仅解决了老同志对新媒体操作不熟的问题，还锻炼了研究生的实践能力。

多数现职领导注意保护参与关心下一代工作老同志的积极性，并做到从政治上、思想上和生活上关心老同志，对担任关工委领导职务且坚持日常工作的给以适当补助；对因工作需要并经领导批准返聘的秘书处（办公室）工作人员，执行本单位返聘人员有关规定；对工作突出的老同志给予表扬和奖励。很多高校都依据上级文件建立了老同志工作补贴制度和奖励制度，从而保证了工作的正常开展，调动了老同志工作积极性。

（三）完善工作长效机制，为工作开展提供制度保障

很多高校关工委坚持改革，勇于创新，结合本校关工委工作实际，不断总结经验，逐步建立起必要的工作会议、学习培训、信息交流、档案管理等规章制度。在二级关工委组织建设过程中，也建立了工作规程，结合本校开展的特色项目也建立了项目工作规程。根据信息化加速趋势和老同志实际需求，网络培训学习制度也逐步建立。各高校关工委注重顶层设计，加强制度建设，为工作的顺利开展提供了有力的制度保障。

（四）加强领导，为关工委开展工作提供必要的条件

很多高校党委高度重视关工委工作，同级党政领导主动担任关工

委职务，有的高校党委书记主动担任关工委主任。党委将关工委工作列入议事日程和工作计划，统筹安排部署，指定专人分管，定期听取汇报和研究工作，及时解决关工委遇到的困难和问题；学校大力支持关工委工作，有关重要文件、会议精神和工作要求及时向关工委传达、通报；召开涉及全局性的工作会议和有关德育、思政工作，学生党建等专题性会议时，会邀请关工委老同志参加。

学校为关工委开展工作提供了必要的工作条件和经费支持，对关工委加大宣传力度，为关工委和老同志开展工作创造良好的舆论和社会环境。

很多高校关工委工作的实践表明，学校党委重视是关工委工作顺利有效开展并取得成绩的关键。

三、体制机制建设存在的问题

总体看，北京高校关工委的成绩是显著的，体制机制是比较健全的，但也存在一定的问题，有些还是普遍存在的共性问题，概括起来主要有以下四个方面。

（一）重视程度还需进一步提高

虽然各高校都建立了关工委组织，多数高校还实现了二级关工委组织全覆盖，但从整体来说，关工委工作在高校间发展还是不平衡。大部分高校领导重视，关工委工作开展得有声有色；而少数高校虽然形式上成立了关工委组织，但由于思想认识还不到位，重视程度不高，影响了关心下一代工作的开展。

（二）制度建设还需进一步健全

少数高校没有建立工作规程，制度不够健全，对在关工委工作的老同志指导、关心不到位，工作实效不佳。在吸引优秀退休人员参加关工委工作方面缺乏手段和机制，制度不够健全、工作无章可循，这也是少数高校关工委亟待解决的现实问题。

（三）条件保障需要进一步加强

按照上级要求，各高校党委应支持关心下一代工作，在办公场所、人员配备、经费保障等方面给予支持。但是实际情况是，个别高校虽然做了一些工作，但做得还不到位，有的不仅办公场所没有、人手缺乏，而且经费保障不足，甚至对上级文件中规定的基本工作补贴也没有落实，全靠老同志的无私奉献，关工委老同志的工作积极性难以持续发挥，工作难以开展。

（四）“关工委 + 互联网”工作新模式应对跟不上

互联网已成为青年活动的新空间。互联网是关工委必须进入的领域、必须占领的阵地，如何树立新的工作思维，如何用制度保障、提高老同志学网、用网的积极性，推动关工委线上线下相衔接、共发展的新局面都应从体制机制方面探索。

以上是笔者在调研过程中总结梳理出的高校关工委在体制机制建设中存在的一些主要问题。

四、思考与建议

为有效解决以上梳理总结出的问题及不足，提出以下建议。

（一）学校党委应高度重视关工委工作，积极为老同志开展工作创造必要的条件

为保证学校关工委工作顺利开展和健康运行，力求更好地发挥“五老”在教育青年成长成才和立德树人工作中的引领作用，学校党委应高度重视关工委的各项工作，做到三个纳入：一是将关工委工作纳入学校党委重要议事日程，把做好关工委工作作为一件大事来抓；二是将关工委工作纳入领导干部年终考核、干部考察和晋升的重要条件；三是将关工委工作纳入学校奖励体系，加大条件支持和奖励力度，使关工委老同志增加工作的责任感和荣誉感。

（二）关工委要积极主动争取学校党委支持，及时解决工作中的困难及存在的问题

坚持学校党委领导，是做好关心下一代工作的根本保证。各高校关工委应紧紧围绕中心，服务大局，主动向学校党委汇报工作中取得的成绩及工作中的困难，及时报告重要信息，使学校党委了解关工委，重视关工委。在争取支持上，要着眼机制性和全局性的关键问题，争取加强学校党委对关工委的领导和支持，为关工委开展工作创造良好的条件。党委重视，是关工委创新开展工作的关键。

（三）加强工作长效机制建设，逐步完善制度缺失问题

各高校关工委队伍青黄不接问题，固然有各种原因，但更重要的原因应是长效机制的缺失。建立完善退休前谈话制度、主要负责人选拔聘任制度、工作补贴制度及表扬奖励等制度至关重要。

（四）大力营造尊老爱老良好氛围，吸引更多“五老”参与关心下一代工作

老同志是党和人民的宝贵财富，各高校要大力宣传受表彰的“五老”先进典型事迹，弘扬“五老”精神，尊重“五老”，爱护“五老”，学习“五老”，在全校营造尊老爱老的良好氛围，让“五老”从心理上高度认同关工委工作，从而吸引和鼓励更多“五老”参与到关心下一代工作中。

（五）主动适应新形势，创新网络工作模式

新冠肺炎疫情的暴发，成为互联网经济新模式的加速器，网络办公、网络教学成为工作的新业态新模式。大家虽然不出门，但工作效率没有下降。在新媒体环境下，关工委老同志应该主动适应新形势，主动学习新媒体知识，积极主动运用新媒体手段开展工作。要加强对老同志的网络技术培训制度建设。

我们深刻认识到，互联网已成为舆论斗争的主要战场。习近平总书记指出：“有同志讲，互联网是我们面临的‘最大变量’，搞不好会成为我们的‘心头之患’。西方反华势力一直妄图利用互联网‘扳倒中国’……在互联网这个战场上，我们能否顶得住、打得赢，直接关系我国意识形态安全和政权安全。”①

特别是被称为网络新媒体“原住民”的青年一代人，不仅需要面对面的引导，更需要具有时代感、吸引力的网上引导教育方式。而对于“五老”这支队伍，网络新媒体知识技能正是我们的短板。关工委必须认识占领网络高地的必要性、紧迫性，必须树立三个意识——主

---

① 《习近平关于网络强国论述摘编》，中央文献出版社 2021 年版，第 50—51 页。

动占领的意识、主动适应的意识、主动运用的意识。

课题组：北京林业大学　李延安　吕焕卿　张清泉　方国良　刘忆

执笔人：李延安

第二节　网络新媒体环境下高校关心下一代工作体制机制建设的挑战与应对

高校关工委自成立以来，积极配合思想政治工作主渠道，在大学生思想政治教育方面发挥了重要作用。然而近年来，随着信息时代的到来和互联网技术的迅猛发展，高校关工委工作也遇到了新的挑战。

习近平总书记指出，“互联网是当前宣传思想工作的主阵地。这个阵地我们不去占领，人家就会去占领”①。随着网络技术的发展，新媒体数量与日俱增，以客户端为依托的各种自媒体账号逐步兴起，信息传播速度不断加快，这些都已引起舆论生态、媒体格局的重大变化。一大批新媒体公众号快速兴起，并在高校学生中广泛受到欢迎。

高校学生正处在世界观、人生观、价值观形成的人生重要阶段，他们在使用或浏览自媒体信息的同时，会不同程度地受到网络文化影响。多元文化的碰撞促进了青年学生群体的多元化思维格局形成，使

① 《习近平关于网络强国论述摘编》，中央文献出版社 2021 年版，第 65 页。

得他们具有多元化的价值取向和文化标准。在这样的新形势下，高校关心下一代工作作为高校思想政治教育的重要组成部分，面临着全新的考验。如何在网络新媒体环境下进一步发挥老一辈对在校青年学生的思想引领和价值观培育作用，成为高校关心下一代工作体制机制建设的重要课题。

一、高校关心下一代工作体制机制建设现状

高校关工委是在高校党委领导下的工作机构，以现职党政领导为主导，以离退休老同志为主体，以大学生和青年教师为工作对象，在相关职能部门和群团组织的协助下开展工作。做好学校关工委工作，必须建立相应的工作体制机制，并不断完善。我们在研究过程中，较为系统地梳理了当前学校关工委体制机制建设现状，分析了网络新媒体环境下高校关心下一代工作面临的挑战，在此基础上提出了网络新媒体环境下高校关心下一代工作体制机制建设的途径与做法。以下以中央财经大学为例，说明高校关心下一代工作体制机制建设问题。中央财经大学关心下一代工作体制机制建设基本现状如下。

（一）机构设置

中央财经大学关心下一代工作委员会在校党委的领导下，全面负责关心下一代工作，关工委下设秘书处，负责关工委的日常管理工作。

学校各单位、部门设立二级关工委，在同级党组织的领导下开展工作。每个二级关工委下设一个秘书处。2018 年，学校实现二级关工委全覆盖。

（二）人员配置

中央财经大学关工委由现职校领导、离退休老同志及组织部、宣传部、学生处、教务处、研究生院、离退休人员工作处、工会、团委、校友总会秘书处等部门负责人组成，设主任一名，由分管校领导担任；名誉主任一名，由退休校领导担任；副主任两名，其中常务副主任由退休老教授担任，另一名副主任由分管学生工作的校领导担任；委员 15 名，由关工委组成部门的负责人担任。

关工委秘书处实行双秘书长制，设秘书长两名，一名由离退休人员工作处主要负责人兼任，另一名由年龄较轻、业务能力较强的退休老同志担任；副秘书长两名，由学生处、团委相关负责同志担任；秘书处成员由学校办公室、组织部、宣传部、保卫处、教务处、研究生院、工会等部门相关负责人兼任。关工委办公室设在离退休人员工作处，由一名在职工作人员担任关工委秘书。

二级关工委主任由各单位、部门负责人担任，委员由离退休老同志及各单位在职人员组成；二级关工委设联络秘书一名，由在职人员兼任。

（三）制度建设

2017 年，中央财经大学关工委通过了《中央财经大学关工委工作章程》《中央财经大学关工委工作职责》《中央财经大学关工委秘书处工作职责》《中央财经大学二级关工委工作职责》，初步建立起关工委工作体系架构，有效提升了关心下一代工作科学化、规范化水平。

2019 年，为适应新时代新变化，使制度更好地指导实际工作，学校关工委对以上工作职责进行了更新完善；同年，初步草拟了《中央财经大学关工委学习培训制度》《中央财经大学关工委工作交流制度》《中央财经大学关工委宣传、信息工作制度》《中央财经大学关工委总结奖励制度》《中央财经大学关工委文书档案管理制度》《中央财经大学关工委考核制度》六项新制度，为建立健全高效的工作管理体系打下基础。

2020年，学校关工委重新修订了《中央财经大学关工委工作章程》，并于同年6月30日正式实施，进一步加强了关心下一代工作制度体系，使得工作方向更加明确、科学。

（四）运行机制

中央财经大学关工委实行集体领导、分工负责的制度，重大问题经集体讨论决定。关工委主任、常务副主任主持日常工作，相关日常工作由关工委主任、常务副主任、副主任研究决定。

同时，校关工委负责指导二级关工委开展工作。各二级关工委结合自身情况，积极主动参与校关工委组织的大型活动，并结合本院师生特点开展具有学院特色的活动，注重工作实效。校关工委与二级关工委积极加强联系，定期召开工作会议，总结优秀做法，及时推广工作经验。

校、院二级关工委秘书处负责关工委日常工作、落实关工委各项决定和部署，负责与相关单位、部门沟通、协调等工作，形成了校、院两级的分层管理模式，运行状况良好。

（五）经费保障

关工委日常运行经费列入学校预算。为加强监督管理、提高经费使用效率，关工委制订经费使用计划，专款专用，严格审批制度。日常经费管理由常务副主任负责，重大事项由关工委主任审批。

基于上级文件精神，校关工委对参与关工委工作的老同志给予适当补贴，以鼓励老同志更好地开展工作。工作津贴根据职级有所差异。

（六）拓展网络新媒体在关工委工作中的应用

关工委努力适应新时代发展，积极将网络新媒体运用到日常工作中，形成了以微信公众号、关工委网站、学校官方网站为宣传主阵地，微信、腾讯会议等软件为工作途径的应用体系。

2020 年新冠肺炎疫情暴发期间，关工委主动加强疫情防控常态化下网络新媒体的应用力度，充分利用网络特性，努力拓宽线上工作渠道，开展了一系列助力抗疫、弘德明志的线上活动。

（1）在新冠肺炎疫情期间，关工委组织学生在线参加北京教育系统关工委“守正大讲堂”——北京大学援鄂医疗队先进事迹报告会，安排所有该时间上思政课的本、硕、博学生同步在线听课，未能参会的同学通过回看听课。基于网上讲座特性，活动覆盖全校学生，是开展青年学生思想政治与道德品质教育的有力补充。

（2）在 2020 届学生毕业前夕，关工委、学生工作部联合开展线上“党员代表座谈会”。活动依托腾讯会议平台，邀请老教授以“不惧危难，勇于担当，承财经学子重任”为题，激励毕业生党员们不忘初心、牢记青年人的使命担当，努力成为优秀的社会主义事业建设者和接班人。座谈会上，老教授与毕业生党员代表进行了互动交流，认真回答同学们提出的相关问题，会上气氛活跃，活动成效显著。

（3）思政课程创新亮点。为在疫情期间上好思政课，马克思主义学院党总支与关工委指导教师聚焦时代热点，以学生成长为根本，及时回应学生关切，在各大媒体平台发挥好思政课强信心、暖人心、聚民心的作用。2020 年 3 月 9 日，教育部社科司、人民网联合举办“全国大学生同上一堂疫情防控思政大课”。中央财经大学在既定课程内容的基础上，策划了思政课战“疫”系列微课，坚持化危为机、抓住契机，肩负起观察时代、解释时代、引领时代的责任。截至目前，20 讲战“疫”系列微课已全部上线，受到校内外师生一致好评，累计阅读量超过 8000 人次。2020 年 8 月 28 日，教育部思想政治工作司指导推出高校党组织战“疫”示范微党课，马克思主义学院党总支书记为主讲人之一。2021 年，在中国共产党成立 100 周年之际，全校师生积极投入党史学习教育活动，马克思主义学院院长受邀担任中央广播电视总台央视科教频道主办的“全国大学生党史知识竞答大会——‘学史明理’篇”嘉宾，为全国青年学生党史学习教育贡献中财大智慧，让更多青年人在学习党史的过程中汲取前行的力量。

（4）进行课程思政建设。疫情期间，各学院党委与关工委指导专业教师在既定课程内容的基础上，及时将疫情防控内容贯穿融入教育教学，金融学院、经济学院等让学生在专业课程的学习中潜移默化地接受思想政治教育，用具体鲜活的案例、史料解读、政策分析来增强课程思政的有效性和针对性。金融学院党委和关工委一起组织新老教师及关工委离退休人员共同编写全国首部金融专业课程思政专著——《新时代金融专业课程思政建设的探索与创新》。

二、网络新媒体环境下高校关心下一代工作面临的挑战

习近平总书记指出：“随着互联网特别是移动互联网发展，社会治理模式正在从单向管理转向双向互动，从线下转向线上线下融合，从单纯的政府监管向更加注重社会协同治理转变。我们要深刻认识互

联网在国家管理和社会治理中的作用，以推行电子政务、建设新型智慧城市等为抓手，以数据集中和共享为途径，建设全国一体化的国家大数据中心，推进技术融合、业务融合、数据融合，实现跨层级、跨地域、跨系统、跨部门、跨业务的协同管理和服务。要强化互联网思维，利用互联网扁平化、交互式、快捷性优势，推进政府决策科学化、社会治理精准化、公共服务高效化，用信息化手段更好感知社会态势、畅通沟通渠道、辅助决策施政。”①在网络新媒体环境下，我们必须根据环境的变化，在新时期研究问题、解决问题，做好关心下一代的工作。

随着科技的进步，网络新媒体环境下的高校关心下一代工作面临着新的挑战。

（一）网络新媒体环境下关心对象的特殊性

2018 年开始，高校入学的学生已经是“00 后”了。“00 后”大学生群体代表着社会主义现代化建设的新生力量，在新时代呈现新特点。

1.“00 后”大学生的新特点

“00 后”学生出生的年代，正逢中国经济快速发展。学生的教育模式、学生接受的教育内容也正在发生着巨大变化。教育理念和教育模式的变化，使他们这代人的思想更加独立，自我意识也更强。他们能够通过互联网等多种途径获取信息，更加喜欢挑战与冒险。“00 后”在父母及祖辈的细心呵护下长大，进入大学后，生活环境发生很大变化，“00 后”需要适应大学环境。

---

① 《习近平关于网络强国论述摘编》，中央文献出版社 2021 年版，第 21—22 页。

“00 后”从小在长辈的呵护下长大，许多人成长过程中基本上是一帆风顺，没有经历过太多挫折。健康快乐成长、积极努力学习是长辈对他们的最主要的要求。进入大学后，环境改变、学业压力、人际交往、大学前后生活的对比等都对他们来说都是需要应对的问题。在各方面不适应的情况下，少数“00 后”会产生一些心理问题。

“00 后”成长于网络时代，网络的高速发展既为他们带来了便捷，更为他们带来了挑战。少数“00 后”在学习之外沉溺于网络世界，在虚拟的世界体会到真实感，在真实的世界里有虚拟感。一些“00 后”大学生在现实生活中受挫后，会投身于虚拟的网络世界寻找自我价值，以求得自我认同。

“00 后”大学生思维活跃、思想开放、目标高远、充满激情，个性比较突出。

2.“00 后”大学生意识形态形成因素

分析起来，“00 后”大学生的意识形态形成因素是多方面的，主要可以从以下几个维度去探析。

（1）家庭因素

许多“00 后”的长辈文化水平较高，家庭学习气氛浓郁，这为“00 后”大学生提高文化修养、促进身心健康发展打下了坚实的基础。受父母自身教育影响，他们更能体味到学习在人生成长与发展中的重要作用。因此，家长在日常教育中非常注重孩子学习意识的培养、学习能力的提升，并不断地将自己学习的方式方法注入子女学习思维之中，为他们学习与成长提供了人生坐标。

（2）网络因素

“00 后”大学生群体出生于网络信息技术取得重大突破的时代，使得其网络意识较强，使用网络与利用网络的频率很高，伴随着网络的普及，其接受网络教育的环境在悄然改变。各种思潮在影响和塑造新一代大学生的人生观和价值观方面起着重要作用。

(3) 学校因素

伴随教育改革的深入，部分高校教育工作者积极转变教育观念，大胆尝试新的教育理念和教学方式方法，以发挥学生主动性、能动性为前提，引导并鼓励他们探索与研究学科内容，为学生改变传统学习方式方法提供有益平台。通过增强学生的文化自觉与自信心，学生对学校改革发展理念与传统文化的认同感增强，极大地激发学生学习理论知识并付诸实践的兴趣，也在一定程度上为提高学习效率打开方便之门。学校通过加强基础设施建设营造了良好的网络环境，在一定程度上拓展了知识来源的途径。

(4) 社会因素

自我国加入“WTO”以来，社会、经济、科技、文化事业等都实现了快速发展，物质条件的提高使得一些“00后”大学生人生理想淡薄，加之网络环境的冲击，使其中一些人沉溺于虚拟世界，对现实世界缺乏了解和认同，集体主义观念淡漠，政治参与意识不强。某种程度上，一些“00后”大学生群体在个性发展上脱离集体主义的倾向加大，同时在高校校园以“自我为中心”，拒绝接受思想政治教育，一定程度上加大了高校思政教育的难度。

（二）高校关工委应对网络新媒体的技术困境

在网络新媒体环境下，高校如何加强关心下一代工作是目前工作中不能回避的一个非常重要的问题，也是我们工作中必须要解决的实践性难题。网络新媒体是“双刃剑”，如果应用得好，可以起到事半功倍的效果，否则，其带来的负面作用也不可小觑。当前，互联网时代对关工委老同志自身能力提出了挑战。

1. 对教育者观念的挑战

在新的历史时期，大学生思想政治教育者要转变观念，与时俱进，主动接受新媒体、使用新媒体，同时要密切关注学生对新媒体的应用情况和他们关心的热点问题。这需要老同志在离退休之后继续学习新的知识和技能，以便更加了解和适应青年人的思想和特点。老同志要接受新时代新青年的新特点，转变认知观念。

2. 老同志对新媒体的使用能力

老同志不仅应该会使用新媒体，而且还应该会挖掘新媒体中有利于思想政治教育的良好素材，很好利用互联网新媒体来丰富思想政治教育的内容，要善于使用网络新媒体来与青年人互动，从而有效引导青年一辈的健康成长。

3. 老同志对学生使用新媒体的引导能力

新时代的关心下一代工作要求关工委能够引导青年师生正确使用新媒体，获取知识来源，而不沉溺于网络虚拟世界；引导他们生成有效的鉴别能力，自觉抵御网络中的一些负面内容。

而上述要求恰恰是一些关工委老同志的弱项。尤其是20世纪末开始从事关工委工作的老同志，是以年龄较大的离退休老领导、老教师、老专家和老干部为主体。随着时间的推移，这支队伍的人员结构、年龄结构发生了变化，难免存在及时接受信息不足、体力精力下降等问题。在互联网时代，他们需要进一步学习网络新媒体技术。在关工委工作队伍更新补充方面，由于各种复杂因素，许多高校关工委又普遍面临着后继乏人的问题。目前，恢复高考以后最早入学、后来成为高校教育工作者的一批人已经到了退休的年龄，他们在接受网络新媒体方面适应能力较强，这在客观上为网络新媒体环境下做好关工委的工作提供了有力条件。

三、网络新媒体环境下高校关心下一代工作体制机制建设

（一）坚持正确的政治方向

关心下一代工作的首要任务是传播党的声音、宣传和弘扬社会主义核心价值观，高校要旗帜鲜明地坚持正确的政治方向、价值取向和育人理念。

1. 高举中国特色社会主义伟大旗帜

以马克思列宁主义、毛泽东思想、邓小平理论、“三个代表”重要思想、科学发展观、习近平新时代中国特色社会主义思想为指导，坚持服务青年学生的正确方向，引导青年学子树立和践行社会主义核心价值观，培养新时代中国特色社会主义事业的合格建设者和可靠接班人。

2. 把学习贯彻习近平新时代中国特色社会主义思想作为首要政治任务

结合关心下一代工作实际，弘扬理论联系实际的学风，学习贯彻习近平新时代中国特色社会主义思想，用党的理论占领阵地，使之成为关心下一代工作创新发展的强大思想武器，为实现中华民族伟大复兴中国梦努力奋斗。

3. 坚持党的领导

坚持走中国特色社会主义发展道路，保持和增强关工委工作的政治性、先进性、群众性，增强“四个意识”、坚定“四个自信”、做到“两个维护”，坚决维护党中央权威和集中统一领导。

4. 加强思想道德建设

广泛开展社会主义核心价值观教育，强化教育引导和实践养成，引导青年学子树立正确的世界观、人生观、价值观和历史观、民族观、国家观、文化观，继承和发扬光荣革命传统，养成高尚的思想品质和良好的道德情操，成为担当民族复兴大任的时代新人。

（二）加强机制建设、队伍建设和资金支持

1. 强化和完善工作机制建设

学校党委切实把关心下一代工作纳入重要议事日程，纳入社会主义精神文明建设总体规划，每年至少研究一次关工委工作，听取工作汇报，提出工作要求。建立完善各级党委、党总支分管领导研究关心下一代工作和听取关工委工作汇报机制，切实解决工作中遇到的重大问题。明确办公室、组织、宣传、学工、思政、教务、研究生、人事、离退休等相关部门为关工委委员单位，着力构建联合行动的长效机制，进一步完善关工委委员单位职责，将委员单位助力关工委工作纳入工作职责及考核目标。推动关工委与工会、共青团、妇联等群团组织加强联合，各尽其责、协同配合。建立健全各级关工委成员单位联席会议制度，推动各部门各单位密切配合，履行好关心下一代工作的责任，形成党政统一领导、各部门大力支持、关工委主动作为、全员参与的工作格局，把基层关工委建设纳入基层党建工作总体部署，强化督导考核。

学校有关重要文件、会议精神和工作要求要及时向关工委传达、通报。召开全局性的工作会议和有关德育、思想政治工作、学生党建工作等专题会议，要请关工委负责同志参加。

要注重制度建设，并使之不断完善。要根据工作中出现的新问

题、新情况，及时调整关工委的各项规章制度，做到工作有章可循。

2. 加强队伍建设

党委、党总支把关工委组织作为全校教育青年学生的重要组织机构，着眼于“五老”优势的发挥，要按照“新老交替、有进有出、进出有序”的原则，及时调整充实各级关工委领导班子，优化班子结构。各级党委、党总支及组织、人事等部门采取有效措施，支持身体健康、热心干事、有能力办事的老同志参加关心下一代工作。要保护好“五老”的工作积极性和主动性，从健康、学习和生活等方面给予关心照顾。要把关工委教育培训列入干部培训计划，保证关工委班子成员和“五老”骨干定期接受培训。要充分利用网络新媒体环境下的各种手段，督促关工委成员加强政治和业务学习，用习近平新时代中国特色社会主义思想武装头脑、指导工作，不断增强理解青年学生的本领、做好学生思想政治工作的本领、学习的本领和创新的本领，加强调查研究，让关心下一代工作发挥更大的作用。关工委老同志如果在应用网络新媒体方面具有较强的能力和水平，这将为做好关工委工作注入新的活力，使得网络新媒体环境下的关心下一代工作更有成效。

3. 提供工作条件和经费保障

学校及各学院、部门，按照中国关工委“四到位”的要求，提供关心下一代工作的必要条件，要为关工委开展工作提供办公场所和必备设施，在网络新媒体条件下，要保证电脑等设备的完好以及网络的畅通，为工作提供基础保证。关工委所需工作经费要纳入学校年度预算，保证专款专用。要为担任关工委领导职务和坚持日常工作的老同志解决必要的交通、通信、图书资料等工作经费。对由关工委安排，为学生作报告、讲党课和参与教师培训等活动的老同志，要按现任同级职称教师课时费标准进行补贴。

（三）主动研究网络新媒体环境下关心青年学子的途径

现代移动通信技术、计算机网络技术、数字媒体技术，以及大数据处理与人工智能等技术的迅猛发展，使信息在社会中的传播形式与形态都发生了深刻的变化。随着5G时代的来临，以及国家对数字化中国与智能城市建设的日益重视与持续投入，信息基础设施越来越完善。

相比于传统大众媒体的信息传播方式，建立在现代信息传播介质及其应用之上的新媒体手段，为人们提供了更加自由、更加便捷、更加个性化、也更加智能的信息传播与交流方式。

由此，高校关工委要充分挖掘学校相关部门和学院的专业资源，如发挥学校信息学院的优势，建立网上关工委，实现实体关工委工作和网上关工委工作同时开展，线上线下优势互补，以当代青年大学生能够接受和喜爱的方式开展关心下一代工作，真正发挥“五老”对青年一代的价值引领和榜样感召力量。

习近平总书记指出：“各级领导干部特别是高级干部要主动适应信息化要求、强化互联网思维。我们的同志是善于学习和运用互联网的，但也有一些同志存在差距。有的同志对信息化很是‘无感’，对互联网发展视而不见。有的同志对互联网可能带来的风险缺乏预判，遇到问题束手无策。有的同志对互联网一知半解，赶时髦、炒概念。有的同志认为互联网是年轻人玩的东西，不学网、不懂网、不用网。党员领导干部要自觉学网、懂网、用网，不断提高对互联网规律的把握能力、对网络舆论的引导能力、对信息化发展的驾驭能力、对网络安全的保障能力。”①我们正处于网络新媒体时代，现代科学技术的发展大大促进了网络和新媒体的发展和应用。现在的青年人是在网络时

① 《习近平关于网络强国论述摘编》，中央文献出版社2021年版，第11页。

代成长起来的，对各种新媒体接受和应用的速度非常快，而从事关心下一代工作的人大多都是老同志，对网络和新媒体的接受和应用往往不如青年人，这就要求我们不断提高自己对网络和新媒体技术的学习和应用水平，客观上要求我们必须向青年人学习，通过对网络新媒体的学习，熟悉它、掌握它、驾驭它。另外，在应用新媒体方面，要把关心教育下一代的工作做到实处，做得掷地有声。现在，许多网上的微视频从技术层面上看做得非常好，短短几分钟信息量非常大，且表现手法生动活泼。相比之下，关工委同志组织青年学生所做的一些微视频作品和网上的自媒体作品还存在一定差距。我们应在新媒体的应用方面不断下大力气、提高水平，要及时对不断出现的新媒体手段和形式进行了解，并能够熟悉和掌握。对于近年来流行的一些网络语言，也需要知晓，使自己能够融入青年学生之中，摆正与青年学生之间的关系，既做先生、又做学生，同时要努力成为青年学生的知心朋友。要得心应手应用网络新媒体，使青年学生喜闻乐见、易于接受，这样才能使关心下一代工作做得更好。

当前，我国发展仍处于重要战略机遇期，关心下一代的工作也遇到了许多新的问题和新的挑战，网络新媒体的应用显得格外重要。是否能做好关心下一代工作与能否掌握和运用新媒体形成了非常密切的关系，因此，关工委的同志要担负起关心下一代工作的重要职责，必须不断提高自己各方面的能力水平，以适应新时代新形势的新要求，继续为关心祖国下一代贡献自己的热情和能量。

课题组：中央财经大学　韦彦凌　梅阳　孙小莉　王军　林艺茹　于晓红　李岫辉　杨中英　张瑶

执笔人：韦彦凌　梅阳　李岫辉　杨中英　张瑶

参考文献

一、著作类

（一）中文著作

1.《习近平关于网络强国论述摘编》，中央文献出版社 2021 年版。

2.《习近平谈治国理政》第一卷，外文出版社 2018 年版。

3.《习近平谈治国理政》第二卷，外文出版社 2017 年版。

4.《习近平谈治国理政》第三卷，外文出版社 2020 年版。

5. 习近平：《在庆祝中国共产党成立 100 周年大会上的讲话》，人民出版社 2021 年版。

6.《中共中央关于制定国民经济和社会发展第十四个五年规划和二〇三五年远景目标的建议》，人民出版社 2020 年版。

7. 本书编写组：《组织员工作手册》，党建读物出版社 2004 年版。

8. 蒋广学等：《全环境育人理念的探索实践与网络思想政治教育的时代创新》，北京大学出版社 2016 年版。

（二）外文译著

9.［美］玛格丽特·米德：《文化与承诺：一项有关代沟问题的研究》，周晓虹、周怡译，河北人民出版社 1987 年版。

10.[英] 詹姆斯·库兰、[美] 米切尔·古尔维奇编:《大众媒介与社会》，杨击译，华夏出版社 2006 年版。

二、期刊论文

1. 曹继东:《传统媒体与新媒体的融合路径》，《科技传播》2014 年第 20 期。

2. 曹醒:《新形势下高校关心下一代工作委员会创新工作模式探索——以河海大学为例》，《开封教育学院学报》2018 年第 6 期。

3. 陈国成:《融媒体时期高校党建工作的创新路径》，《扬州大学学报（高教研究版）》2019 年第 6 期。

4. 陈浩:《新媒体环境下高校党建工作的挑战与思路》，《智库时代》2018 年第 30 期。

5. 陈莉、高铭竺:《“00 后”大学生的群体特点及意识形态形成环境研究》，《西部学刊》2020 年第 12 期。

6. 陈星、费晓玲、李海立:《高校思政课程与课程思政的耦合机制研究》，《现代职业教育》2020 年第 44 期。

7. 冯向阳、杨浩松、邝兆明:《高校关工委工作融入德育“主渠道”的思路研究》，《华南理工大学学报（社会科学版）》2007 年第 6 期。

8. 付洪涛、郭英才:《论新媒体环境下创新高校学生党建工作对策》，《科教文汇（中旬刊）》2015 年第 3 期。

9. 付思、章洁倩:《大学生视角下高校“课程思政”现状及思考》，《教育教学论坛》2020 年第 42 期。

10. 韩宪洲:《以“课程思政”推进中国特色社会主义一流大学建设》，《中国高等教育》2018 年第 23 期。

11. 何晓丹:《新媒体环境下高校关工委立德树人工作的路径与实践》,《国际公关》2020 年第 10 期。

12. 何秀华、谢佐永、赵书栋:《高校关工委“讲好三个故事”助力高校学生理想信念教育的研究》,《当代教育实践与教学研究》2019 年第 22 期。

13. 胡凯、孙菲:《大学生错误网络价值观:表现、根源及矫正》,《求索》2016 年第 5 期。

14. 胡渠:《新形势下创新高校关工委工作的思考》,《高校后勤研究》2015 年第 6 期。

15. 江凌、徐雨菲、颜欣雨:《当前自媒体乱象及其治理路径探析》,《新闻爱好者》2019 年第 1 期。

16. 李德福:《高校开展网络思想政治教育的困难及对策研究》,《思想教育研究》2014 年第 1 期。

17. 李月:《高校关工委在指导学生管理工作方面的新思考》,《湖北函授大学学报》2018 年第 12 期。

18. 刘佳:《融媒体时代关工委“迭代传承”教育路径探析》,《科教文汇(上旬刊)》2020 年第 2 期。

19. 刘申、厉云莹:《新时代加强高校组织员队伍建设的认识与思考》,《法制博览》2020 年第 17 期。

20. 牟刚俊:《关心下一代工作品牌的持续创新与规范提升》,《中国火炬》2020 年第 6 期。

21. 牟俊因:《高校关工委参与大学生思想政治教育工作的途径探析》,《科教导刊(中旬刊)》2018 年第 11 期。

22. 穆阳、刘雪纯:《社交网络媒体对提升大学生思政教育水平的研究》,《改革与开放》2018 年第 5 期。

23. 欧兵、艾鸿、邹涛：《当前关工委老同志参与高校学生基层党建工作的思考》，《学校党建与思想教育》2012 年第 36 期。

24. 浦秦夏：《谈互联网思维下高校关工委工作途径拓展》，《智库时代》2018 年第 1 期。

25. 齐秀娟：《高校“关工委”在大学生思想政治教育中的作用探析》，《河北科技师范学院学报（社会科学版）》2014 年第 3 期。

26. 阮俊华：《互联网思维与育人机制创新》，《中国青年教育》2015 年第 3 期。

27. 上海工程技术大学组织部：《突出“选、育、管、用” 打好组织员队伍建设“组合拳”》，《学校党建与思想教育》2019 年第 21 期。

28. 沈洁：《大学生网络素养与核心价值观认同》，《当代青年研究》2018 年第 4 期。

29. 孙建中：《高校特邀党建组织员队伍建设探讨》，《学校党建与思想教育》2012 年第 15 期。

30. 田淑兰：《为培养中国特色社会主义的合格建设者和可靠接班人作出新的贡献》，《关心下一代》2011 年第 3 期。

31. 王涛、胡守强：《提升高校监督体制有效性的理论思考与实践探索》，《国家教育行政学院学报》2018 年第 5 期。

32. 王华、殷旭辉：《高校课程思政的核心思想、实践误区与教学策略》，《中国农业教育》2020 年第 4 期。

33. 王贤卿、彭丽：《技术现象学视域下的舆论引导与主流意识形态引领》，《中州学刊》2020 年第 12 期。

34. 王新学：《高校特邀党建组织员参与学生党建工作的作用发挥》，《甘肃高师学报》2019 年第 4 期。

35. 吴乐：《浅析关工委对高校学生理想信念教育的促进作用》，

《知识经济》2018 年第 21 期。

36. 吴琼:《创新主流意识形态传播的话语表达方式》,《红旗文稿》2017 年第 10 期。

37. 杨静娴:《网络时代马克思主义意识形态有效传播的路径分析》,《新闻爱好者》2019 年第 7 期。

38. 易鹏、石定芳:《高校课程思政教学改革的价值逻辑与实践样态》,《重庆师范大学学报(社会科学版)》2020 年第 4 期。

39. 翟佳萍:《论新媒体时代高校思想政治教育的挑战与机遇》,《当代教育实践与教学研究》2017 年第 12 期。

40. 湛风涛:《中国共产党组织员制度的历史考察》,《上海党史与党建》2009 年第 4 期。

41. 张丽君:《探析"互联网 +"时代拓宽高校关工委育人工作的途径和方法》,《教育教学论坛》2018 年第 51 期。

42. 张伟:《高校关工委深化学生思想教育工作作用的探讨》,《时代金融》2017 年第 20 期。

43. 张允金:《基于"四个全面"战略布局的高校思政课程改革与实践研究》,《人文天下》2020 年第 16 期。

44. 赵舫、刘海洋、于金秀:《高校关工委围绕立德树人根本任务构建全过程全方位育人体系研究》,《西部学刊》2019 年第 15 期。

45. 赵晓萌:《建构主义视域下的高校课程思政实践路径探究》,《农家参谋》2020 年第 22 期。

46. 朱洪春:《组织员制度与新时代党的组织体系的逻辑意蕴》,《学校党建与思想教育》2020 年第 3 期。

47. 朱伟雄、蒋正甫、刘念生:《互联网与新媒体环境下高校关工委参与大学生思想道德建设的路径与方法》,《中外企业家》2016 年第 16 期。

三、学位论文

1. 陈雨桐:《新媒体时代下我国高校大学生党建工作研究》，东北石油大学硕士学位论文，2019 年。

2. 高洁:《高校关工委参与大学生党建工作研究》，华东师范大学硕士学位论文，2013 年。

3. 康雅利:《高校“课程思政”建设的原则与路径研究》，河北科技大学硕士学位论文，2019 年。

4. 李佩文:《高校“课程思政”实践研究——以四川省为例》，四川师范大学硕士学位论文，2020 年。

5. 李旭芝:《高校“课程思政”存在的问题及解决路径研究》，河北师范大学硕士学位论文，2020 年。

后　记

将网络新媒体与关心下一代工作相结合进行实践探索和理论研究，对我们来说是尝试性的，起初并不知道会呈现什么样的成果。可喜的是，五年磨一剑，经过大家的不懈努力，不但实践探索取得了良好成效，理论研究也取得了较为丰硕的成果。这本书汇集了这些研究成果，并在北京教育系统关工委30周年华诞之际出版，我们欣喜的心情是不言而喻的。

教育部关工委自始至终关注和支持着课题进展，特别是李卫红主任多次给予了有力指导和鼓励，还对我们出台《关于加强新时代北京教育系统关工委网络新媒体工作的实施意见》作了专门批示，认为“很必要、很及时，是关工委适应新时代要求的重要举措”。这是对我们工作的肯定，也是对在网络新媒体环境下开展关工委工作的期待。

11所高校参与了课题项目研究，它们是：北京大学、北京科技大学、北京邮电大学、北京交通大学、华北电力大学、北京林业大学、对外经济贸易大学、中央财经大学、北京服装学院、北京信息科技大学和北京联合大学。谨以此向这些单位的党委、关工委对课题研究的大力支持表示感谢！

这本书凝聚了广大“五老”和全体参与者的心血与智慧，是大家积极推动、凝心聚力、辛勤付出的成果。市委教育工委组织一处为课题调研提供了大力支持；北京信息科技大学孙毓仁、丁娟、陈亚菲三位老师为书稿的统筹和校对作了大量工作，人民出版社的相关同志也提供了大力帮助。谨以此向所有参与课题研究的“五老”、教师、关心下一代工作者和为本书出版作出贡献的人员表示感谢！

实践探索和理论研究都没有止境。对于关心下一代工作来说，网络新媒体还是一个新领域、新课题，我们的实践探索和理论研究也仅仅是刚刚起步，很多新问题还有待深入研究。2022 年，我们又设立了网络新媒体环境下关心下一代工作专项研究课题，也期待更多的学校和“五老”参与进来，共同探索，共同研究，共同提升。

北京教育系统关心下一代工作委员会

2022 年 8 月

责任编辑：王　淼
封面设计：林芝玉
版式设计：王　婷

图书在版编目（CIP）数据

网络新媒体环境下高校关心下一代工作研究 / 北京教育系统关心下一代工作委员会 编 . — 北京：人民出版社，2022.10
ISBN 978 – 7 – 01 – 024997 – 1

I. ①网…　II. ①北…　III. ①高等学校 – 青少年教育 – 教育工作 – 研究 – 中国　IV. ① G64

中国版本图书馆 CIP 数据核字（2022）第 156994 号

网络新媒体环境下高校关心下一代工作研究
WANGLUO XINMEITI HUANJING XIA GAOXIAO
GUANXIN XIAYIDAI GONGZUO YANJIU

北京教育系统关心下一代工作委员会　编

人民出版社 出版发行
（100706　北京市东城区隆福寺街 99 号）

天津文林印务有限公司印刷　新华书店经销

2022 年 10 月第 1 版　2022 年 10 月北京第 1 次印刷
开本：710 毫米 ×1000 毫米 1/16　印张：17.75
字数：213 千字

ISBN 978 – 7 – 01 – 024997 – 1　定价：80.00 元

邮购地址 100706　北京市东城区隆福寺街 99 号
人民东方图书销售中心　电话（010）65250042　65289539